古代氏族の研究⑯

出雲氏・土師氏

原出雲王国の盛衰

宝賀寿男

青垣出版

目次

資料編

装幀／松田　晴夫（クリエイティブ・コンセプト）
見返し写真／出雲大社大しめ縄

序説

はじめに―本書の目的

わが国（日本列島）の上古からの歴史の大きな流れを考えるとき、畿内の動向はもちろんとして、中央の王権が波及する地方各地がそれを受けてどのように動いたのか、逆に、地方から中央への影響や相互交流もどうだったのか、という視点は欠かせない。とくに大化前代というより応神前代の大和王権の時代においては、有勢で重要な地域の一つが出雲であり、全国でも最大級の豪族の一つが出雲氏であった。

本古代氏族シリーズでは、これまで地方豪族として、⑨吉備氏、⑫尾張氏を取り上げて著述してきたが、日本海側山陰道の中枢部に位置する出雲やその地の出雲国造にも十分な留意が必要である。氏族としては、出雲国造を上古から世襲して現在まで家・祭祀が続く出雲氏も、政治的のみならず文化・祭祀などでもたいへん重要な存在である。本シリーズにおいてもっと早い登場も考えられたが、拙著の関係では、先に『越と出雲の夜明け』を二〇〇九年に刊行しており、この書で出雲地方の上古史についてかなり言及した。そのため、本シリーズでの取上げが遅くなっており、上記書や本シリーズの既刊本なども踏まえ、シリーズの最後のほうになって『出雲氏・土師氏』として取り上げる次第である。

出雲国造一族が中央に登場し政治的文化的に役割を果たすようになる契機は、崇神朝の後期における大和王権の出雲平定である。それ以降では、総じて言えば、出雲国造としては中央王権に従属して割合平穏に推移してきた模様だが、なにぶん現地の文献史料に乏しい。奈良・平安時代では、国造の代替わりに際し朝廷に参向して、出雲国造神賀詞を奏上する儀礼など各種祭祀行事も行っていた。

その支族では、垂仁朝ないし応神朝以降に、土師氏一族が墳墓築造関係の役割をもって中央で活動し続ける。出雲支族はほかにも畿内方面にも遷住してきており、山城・近江や河内などに分布し、平安期でも医道などで官人として活動もするが、これも政治的にはさほど大きな役割を果したたものではない。これとは別に、出雲国造系統では、早くに東方に分岐して武蔵・房総などの東国の諸国造として繁衍した一派もあり、さらにその支族が陸奥方面にも及んだ。これらは、実態が同族の物部氏の一派ではあるが、系譜伝承では出雲国造族と称したから、この辺にも多少言及する。

出雲国造は、天孫族系の流れで、天照大神の子の天穂日命の後裔と称したが、この系譜には疑問がある。すなわち、「天穂日命」の名の神としては古い神祇史料に見えず、「天若日子」の異称をもつ天津彦根命と同神であり、その子の天目一箇命は出雲国造の祖・天夷鳥命（天鳥船神）と同神だとみられる事情がある。天目一箇命は、「片目の神」の名のとおり金属・鍛冶部族の元祖であり、物部氏族の祖・饒速日命の父神でもあり、近江の三上祝等の祖・天御影《みかげ》神とも異名同神であった。これら物部・三上など、元地の出雲に残った出雲国造一派と早くに分かれて畿内方面に向かった同族諸氏が、畿内とその近隣諸国におおいに繁衍した。

これらのうち、物部氏族の多くは本シリーズの『物部氏』で既に著述した。そこで、本書では、物部氏族を除く三上祝同族（太田亮博士のいわゆる「凡河内氏族」にあたる）についても取り上げる。平安前期に編纂、成立の『新撰姓氏録』（以下では『姓氏録』という）に掲載される同族諸氏の数で最も多いのが物部氏族であり、その数は百十氏を超え、他の有力諸氏族グループを圧倒するが、三上祝とその同族諸氏も畿内及び周辺にかなり多いし、これらに加え、その東国分派から中央に出て来て活動した諸氏も多いから、上古以来の大和王権の支配階層の多くを占めたのが出雲氏とその同族諸氏であった。

戦後の考古遺跡の発掘と考古学の進展とともに、出雲では、神庭荒神谷遺跡や加茂岩倉遺跡など遺跡・遺物の出土で大きな脚光をあび、歴史学者や国文学者の認識を一変させた。その主要な担い手として、大国主神一族や出雲国造一族が注目される。この両氏族間では上古から通婚が重ねられたが、本来は、各々の男系を別とする系統（従って、祭祀・習俗も異なる種族）であり、一括りで「出雲神族」と呼ぶことには問題がある。とはいえ、両系が長い歳月のなかで狭い地域で混淆し、国造家系統のなかに系譜を合一にした可能性もある。ともあれ、記紀や風土記に出てくる神々には、的確な把握・理解が必要である。

「出雲」という地名は、『古事記』『日本書紀』などの文献に頻出するが、これらがすべて律令下の出雲国、今の島根県の東部地方を指したものであるかは、個別具体的に十分な検討を要する。出雲の大国主命の後裔と称する富家の「口承古伝」も、最近は言われるが、概ね後世の妄想・造作にすぎないようである。その内容は、具体的な裏付けがなく、何時からのものとも知られないし、総じて信頼しがたいことに留意される。

ともあれ、日本列島を地域的に見れば、真偽はともかく、各種の史資料が割合、多く残っていそうな地域が出雲と思われている。しかし、古代の文献史料は意外に乏しく、『出雲国風土記』という貴重な史料くらいしか現地には残らない。古い祭祀・習俗を後世まで伝えた出雲地域に関しては、歴史研究者の関心が高く、これまでに極めて多くの研究・論述があるが、そこには様々な混同もありそうである。私の見るところでは、これまでの検討はどうも視野が狭く、上面《うわつら》を撫でたような感じもあり、各種系図も含め、偽造の臭いのある文書も多そうである。そうした意味で、上古の史実・実態に迫るような試みを、先の拙著『越と出雲の夜明け』を踏まえつつも、別の視点などからも更に踏み込んでやっていきたい。

それは、出雲国造家の上古からの系譜検討についても同様であり、その系図が著名なわりに、これまでは中味のある実体的な検討に乏しいようにも思われる。すなわち、国造家所伝の系譜の記事を信頼しすぎるか、あるいは後世の造作として簡単に否定するという両極論に近いものが殆どであろう。総じて言えば、検討に冷静さ・徹底さを欠くとみられるので、本書では、具体的合理的で学問的な追求・検討を総合的に行いたい。

神話の多い地域とみられている出雲氏について、生身の人間の行動という視点から、大きな歴史の流れと氏族活動を、具体的な場所・時間などを踏まえて総合的に見ていくということである。その際、人名・神名や地域名や時間観念などについて、先入観の排除が是非とも必要である。本稿は神話論ではなく、出雲国造氏族の歴史論ということである。

なお、鍛冶神たる天目一箇命の後裔の流れについては、すでに物部氏族でかなりを見たところではあるが、それ以外の同族諸氏の鍛冶部族としての特徴を含め、同一遠祖神をもつ出雲氏族に関する諸問題について、広く再検討して、体系的に整合性がとられた上古からの長い期間の歴史像を、本書では提示するよう試みるものでもある。

出雲神族と出雲大神

出雲氏の詳細な検討をする前に留意したいのが、出雲神族及び出雲大神についての理解である。これまで一般の理解では、出雲は大国主神（大穴持命）に関連づけてみられがちだが、そういう前提では多分に誤解を生じるおそれがあるので、まずこの辺を説明したい。

出雲には、天平五年（七三三）に完成の『出雲国風土記』には、官社一八四社を含む三九九社が当国に鎮まり坐す（意宇郡安来条）と記され、神々の多い国とみられている。これら出雲関係の神々は、「**出雲神族**」と一括して呼ばれることが多い。

ところが、国造を永く世襲した出雲氏は、いわゆる「出雲族（出雲神族）」の後裔とは異なる。これをまず明確に留意しておく必要がある。出雲神族という語は、一般に出雲の大国主命（大穴持命）とその眷属神、後裔神について使われており、これら神々は、『出雲国風土記』（以下、出雲の場合には本書は単に「風土記」「出雲風土記」とも記す）によく登場する。しかし、建御名方命（諏訪神）、事代主命といった海神族系の神々はたしかに出雲神族だが、両神は出雲風土記に登場せず、出雲に居たわけではない。実際には大国主命と男系が異なる神々（そのおそれのある神々）、すなわち須佐之男命（素戔嗚神。風土記では、その女婿が大穴持命）、五十猛命、少彦名命や天目一箇命などは、出雲神族の同族神に含めるのは問題が大きい。なによりも、出雲国造家は、男系では大国主命の子孫ではない（大国主神一族の女系の血は様々に国造家に入っていそうではあるが）。広い意味で、女婿神などを眷属神のなかに含めて見ても、上古代では男系が異なることは十分な留意を要する。大化以降の長い期間では、大国主命の男系子孫という氏が出雲では皆無に近いのが実態である。

『風土記』でも播磨のほうで見える「**出雲大神**」は、「出雲御蔭大神」とも呼ばれた。同神は、神尾山に居て、通行人の半数を取り殺すという伝承をもち、同国西部の揖保郡枚方里の佐比岡条に見える（神尾山を現在の太子町とたつの市の境界付近に立地する「明神山」、佐比山をその南側の「坊主山」とみる見方が、飯泉健司氏にある。その根拠の一つは、明神山には、かつての信仰の対象となった「男明神」「女明神」という巨岩が、尾根上に一対の形で屹立する事情がある）。

播磨の地名の「佐比」とは、鉄製品の「鋤」のことである。神の被害を訴えられた朝廷は、額田部連久等《くと》などを派遣して奉祀したが、御蔭大神は鍛冶部族額田部連の祖神の「天御蔭神」にあたり、出雲国造家の祖の天目一箇命（天夷鳥命、天御蔭命）が「出雲大神」の実態、原型とみられる。

関連して言うと、宇佐八幡にも、一身八頭の鍛冶翁が小倉山麓、菱形池のほとりにおり、通行人の半数を取り殺すという伝承が残り、こうした伝承が鍛冶神に関連して頻用される。丹波国桑田郡の式内名神大社の出雲神社の祭神も同様である（丹波一宮で京都府亀岡市千歳町の出雲大神宮であり、背後の「御蔭山」を神体とする。別の論社ともども、ここでも磐座祭祀が見られる）。

もう一つ付言すると、『伊勢国風土記』に「伊勢と云うは、伊賀の安志の社に坐す神、出雲神の子、出雲建子命、又の名は伊勢津彦命、又の名は櫛玉命なり。」と出てくる神もある。「西角井家系」（『埼玉叢書』第三所収）に見えるように、出雲建子命は天夷鳥命の子とあり、この天夷鳥命が「出雲神」ということである。これら諸事情を考えると、曖昧なかたちで「出雲神」を使用することは厳しく戒められよう。ちなみに当該「櫛玉命」は、物部氏の祖神饒速日命の別称でもある（この者も含め、伊勢津彦は複数いたか）。

周防国佐波郡にも式内社の出雲神社（周防二宮とされ、山口市徳地堀に鎮座）があり、現在は大己貴命・事代主命を祭神とするが、この奉祀者が土師娑婆連氏とか佐波臣だとしたら、この祭神には疑問があり、遠祖の天御蔭神を本来は祀ったのではなかろうか。

以上に見るように、史料等に見える「出雲神」には、大己貴命でも大国主神でもない場合があることに十分留意される。そうでなければ、「出雲」関係の神々や関連する物事の解明がし難い。大己貴命、大国主神の別名とされる多くの神名も、同神か異神かの取扱注意を十分に要する。

併せて、**出雲の地形変化**についても触れておくと、上古代における平野部がかなり狭く、神門水海が大きかった事情があり（その痕跡が現在の神西湖）、斐伊川でも規模の大きい川違えが江戸期、寛永年間の洪水の際に行われ、このときの工事により、それまで神門水海を通じ西側の日本海に注いでいた川筋を完全に東向させ、宍道湖に注ぐようにされた。そもそも、地質学・古地理学から見て、縄文時代では島根半島は完全な島で、現在の宍道湖・中海は入海（水道、海峡）をなしてつながり、これを野津左馬助が「**素尊《すそん》水道**」と名づけた（大正十年刊行の『島根県史』）。弥生時代に入って沖積が進み、その西南部・簸川郡の平野部が増えはじめ、さらに半島の東西を、南から延びた砂洲が次第に限るようになった、とみられている（森浩一氏など）。素尊水道の大きさや存続時期については、諸説ありそうだが、これがあった時代には、斐伊川は北流して、この水道に注いでいたのであろう。

出雲の上古からの歴史は、水とくに「井泉・霊水」や滝に大きく関わりそうであり、本書でも随所に出てくるが、これに留意して読んでいただけたらと願うものでもある。

主な出雲氏系諸氏族の概観

出雲大社（島根県出雲市大社町杵築東）

本書での出雲氏の詳細な検討をする前に、これまで一般に把握されてきた出雲氏の姿を概観しておきたい。その要点はおおむね次のようなものとなろう。

出雲国造一族の検討を中心に行おうとするとき、氏族の長が代々出雲大社（明治初期までは名称が「杵築大社」だが、状況に応じて適宜、使用する）の祭祀と出雲国造の称号を受け継いだ氏族を「出雲氏」と規定し、これとは別の系統で大国主神の後裔の人々・諸氏を「三輪氏族」と表現する（「三輪氏族」は、初期段階では大和の磯城県主家であったから、磯城族という表現が妥当な時期もあるが、ともに便宜的な表現であることに留意）。

『先代旧事本紀』（以下は、たんに『旧事本紀』ともいう）の巻十「国造本紀」に拠れば、第十代崇神天皇のとき、天穂日命の十一世孫の宇賀都久怒《うかつくぬ》を出雲国造に定めたと見える。この同族は多く、例えば『古事記』に拠れば、東国の无邪志《むさし》国造・上菟上《うながみ》国造・下菟上国造・伊自牟《いじむ》国造・遠淡海国造も、天穂日命の子神・建比良鳥《たけひらとり》命を同祖とすると記され、「国造本紀」では志摩の嶋津国造、但馬の二方国造も同族とする。

出雲の熊野大社（松江市八雲町熊野）

出雲国造初代とされるウカツクヌは、鵜濡渟とも書き、この者に始まる国造家では、「氏祖命」と系譜で表記される。その子孫は長く出雲大社（杵築大社）を奉斎して現代に至るが、当初は出雲東部の意宇郡にあって熊野大社（熊野坐神社）を奉祀していた。

上古からの主な動きを記紀等を基にあげておくと、次のようなものか。

天穂日命を初代として数えて、第四代の津狡《つがる》命のときが、神武東征がなされた時期にあたる。出雲ではこの神武関係の動向がとくに見られないが、一族には神武朝頃に活動をしたと伝える者もいる。その後、国造家第十一代とされる出雲振根のときが崇神朝にあたり、このときに初めて出雲と大和王権との接触、衝突があった。それまでは、出雲の地域はほぼ独立の国といえよう。当地の首長の出雲振根が筑紫に行って不在のなか、弟とされる飯入根が大和王権からの要請に応じ先祖伝来の秘宝を献上してしまい、出雲に戻った振根の怒りをかって殺害された。この情勢を見た大和王権では、出雲へ出兵を行い、これを平定して鵜濡渟を国造にたて、支配下においたと伝える。このとき王権側で、物部氏一族の出雲に関する活動も見える。

次いで、一族の野見宿祢が日葉酢《ひばす》媛（垂仁天皇の皇后と記紀に見えるが、実態は成務天皇の皇后）の葬儀に関連して、これを取りしきり、子孫は畿内河内に居を移して、長く活動する。

『書紀』の仁徳天皇即位前紀には、淤《お》宇《う》宿禰の名で出雲臣之祖とあり（系図の第十六代意宇足奴に当たる）、倭の屯田司に任じられたが、額田大中彦（仁徳天皇の兄とされる）に職務を妨害された件で韓地まで派遣された話が見える。次ぎの第十七代の出雲宮向宿祢は、反正天皇四年に出雲国造となり、出雲臣の姓を賜ったと伝える。

大化後では、第廿六代の出雲国造果安が出雲国司から風土記の編纂を委嘱され、霊亀二年（七一六）には「出雲国造神賀詞」を宮廷で奏上した（これが奏上の史料初見）。この頃、出雲国造は意宇平野の出雲国府あたり（現・松江市大庭）に居て、近隣の熊野大社などを祭祀していた。神魂《かもす》神社の北方近隣、その参道周辺の土居地区が国造館跡と推定されるといわれる（速玉社跡地を含む地域。意宇郡大庭村の国造北島舘内に速玉大明神（速玉社）があった）。

神社祭祀について言えば、斉明天皇五年（六五九）に、出雲国造に命じて「神之宮」（一に「厳神の宮」）を修造させた。『書紀』には、「この歳、出雲国造、名をもらせり、に命じて、神の宮を修り厳《よそ》はしむ」と見える。この時の出雲国造は、意宇郡の熊野大社を主に祭祀していたとされ、上記の神之宮とは熊野大社であるとみる説（上田正昭・石塚尊俊氏など）が強いが、杵築大社だとの説も無視しがたい。当該記事に関連し続けて見える「於《お》友《う》の役丁」（意宇の国造支配下の民）や「言屋社」（意宇郡の揖屋神社）

という表現なども、熊野大社説の根拠とされる。次の第廿七代の出雲廣嶋が総責任者で『出雲国風土記』を編纂した。

出雲国造は、意宇郡の熊野大社及び出雲郡の杵築大社の祭祀権をもち、併せて出雲国内の神官・神社を統括した。居地で熊野大社鎮座の意宇郡は神郡とされ、国造就任と共に同郡大領を兼帯したが、これは平安前期の延暦十七年（七九八）になって解除された。これ以降に、出雲国造が杵築（現・出雲市）に移ったとみられているが、時期は確定できない。出雲国造家は出雲臣・出雲宿祢の姓であり、長く続いたものの、南北朝期の第五五代国造出雲清孝の後は、その兄弟の後裔である千家《せんげ》家、北島家の二家の系統に分立して、大宮司を毎月交代で祭祀を司り、明治に至る。明治以降の大宮司は、千家家の単独となる。

出雲氏の一族は、『姓氏録』では右京、左京、山城及び河内の神別に掲載されるが、このほか、大和、摂津や近江、丹波などにも分布した。姓は宿祢、臣、連や無姓などで記されるが、後に朝臣姓を賜った一派も中央官人に見える。

出雲氏系諸氏族の系図史料

出雲氏とその一族は、出雲国内で多くの古社の有力な祠官家として続いたが、中世の武家の時代になると、支流の勝部臣から出た朝山氏一族を除くと武家化するものが少なく、祠官諸家を除き、活動が殆ど見えなくなる。このように中世の有力武家もあまり出さずに、祭祀関係に特化した形になるのは、守護の近江佐々木氏一族（鎌倉期の塩冶氏、室町期の京極氏）など、源平争乱・承久の乱の後に出雲に入った東国関係の武家諸氏が出雲各地の武家地頭として繁衍し、守護のもとに大きな勢力をもつようになるからでもある。中世の代表的な系図集の『尊卑分脈』や『群書類従』には、出雲氏自体や出雲の同族諸氏は見えず、支族で中央官人の菅原氏・大江氏の系図しか掲載がない。

主な出雲氏族関係の史料は、それでも諸社に多く残るが、平安後期の久安五年（一一四九）の火災事件により出雲国造家の相伝文書が焼失したと伝えるから、古代のものは現地にかなり少ない。関係系図について、管見に入ったところで挙げてみると、次のとおりだが、出雲や伯耆に関係する系図や文書には、後世の偽造がかなり多いことにも十分、留意される（もっとも、この辺は中世・近世の系図史料一般に言えることかもしれないが）。

千家家が伝える系譜書『出雲国造伝統略』に出雲国造の歴代の名が記される（続柄は不記載）。明治八年（一八七五）の華族提譜では、『千家家譜』（千家尊澄提出）、『北島家譜』（北島全孝提出）及び『小野家譜』（小野尊光提出）が出ており、これらは『須佐国造系図』とともに東大史料編纂所に所蔵されるが、いずれも成立・編纂が遅く、内容的にも良質な系図とは言い難い。だから、これら国造家関係で伝えられる系図類は、内容が総じて乏しい。

出雲国造関係では、中田憲信は、「菅公事歴及系譜」を編して『好古類纂』第八集に掲載した。憲信編の『諸系譜』第十五冊には「出雲系図」があり、同じ編者の『各家系譜』第五冊には「郷男爵家御系譜案」（美濃の郷氏まで、時期は近世まで至る）もある。鈴木真年は『百家系図稿』では、巻五に「出雲」、巻十に「出雲臣」「土師連諸流図」、巻二に「朝山勝部臣」の系図を所収する。

幕藩大名久松氏による『久松家譜』（伊予松山・下総多古藩。東大史料編纂所蔵）、毛利氏関係は、山縣篤蔵編『江家年譜』や三坂圭治監修『近世防長諸家系図綜覧』があり、大江広元後裔については、

『美濃国江氏系図』（修史館本。内閣文庫蔵、原本の愛知県士族郷正巳蔵本を明治十二年に謄写）にも留意され、毛利氏系統本よりも貴重と評価される。

土師氏の一族諸氏の関係では、明治期の鈴木真年・中田憲信関係の系譜史料のなかに、土師氏一族諸氏のかなり多数の系図が見える。ここでは上記と重複するものや、主に中世武家関係のものは提示を控える（各関係個所では適宜、言及する）。また、菅原・大江両氏の公家官人・武家部分や『群書類従』『地下家伝』関係については省略する。

中田憲信編の『好古類纂』第十集に「毛利家譜」があり、『埼玉叢書』第三所収の「西角井従五位物部忠正家系」は武蔵国造一族の系譜である。

三上祝一族関係では、鈴木真年編著の『百家系図』の巻十二の「三上」、巻九の「三上」、巻一の「三上祝家系図」、巻卅二の「長門国豊浦郡住吉荒魂神社中嶋大宮司系図」、巻五四の「蒲生稲寸」、巻五五冊に「山背忌寸」、巻六三に「鷹羽」など、中田憲信編著の『諸系譜』では、第廿八冊に「三上祝家系」「長門国豊浦郡住吉荒魂神社山田大宮司系図」、第一冊に「東国諸国造」、第六冊に「輿石」、第七冊に「古屋氏」、第卅冊に「三枝氏」、第七冊に「甲斐国造」、第十三冊に「恒河」など多く見える。凡河内氏関係は、古代も含め、断片的なもののほかは、殆ど系図が知られず、鈴木真年の推定的な系譜メモが残る程度である。

『続群書類従』巻一三〇の「三上系図」、巻一五七の「蒲生系図」（蒲生系図はほぼ同種のものが数多い）、『広峯系図』（東大史料編纂所蔵）。

中世武家で出雲に栄えた**勝部姓の朝山氏**については、『大伴氏系図』（東大史料編纂所蔵、楯縫郡国富村の稲田栄四郎原蔵）が鎌倉期の記事として重要である。鈴木真年の『百家系図稿』巻二の「朝山勝部臣系図」、島根県立図書館蔵の『朝山氏系図』（朝山八幡神主家の系図というが、内容的に疑問大）、『朝山系図勘記』、京都大学所蔵の『朝山文書』のなかの「朝山系図」や『八束郡誌』掲載の「朝山家系図」などがある。

なお、天津彦根命の後裔では、有力な系統として、三嶋県主・伊豆国造や鴨県主・忌部首など少彦名神の後裔諸氏があるが、これら少彦名神系統の系図は省略する。

今までのところ、これらが出雲氏族や同族諸氏についての古代部分に関する主要な系図であり、中世・近世の出雲氏後裔諸氏（後裔と称する氏も含む）について管見に入ったもののほぼ全てである。これら系譜や所伝では、マチマチな個所や疑問な個所もかなりあるので（とくに出雲に伝わる系図の関係）、記紀や『姓氏録』、各種文献資料などと比較検討しつつ、全体として整合性のある合理的な理解に努めなければならない。全国に分布する出雲氏と関係諸氏族にあっては、系譜仮冒や訛伝の問題もあろう。この辺にも十分留意したい。

本書の流れや記事を理解していただくために、上記の出雲氏部分等を踏まえて、天穂日命から奈良時代頃までの初期段階の出雲氏について比較的通行する系図の概略（第1図。主に『姓氏家系大辞典』に拠る）を先ずあげておく。この系図が出雲氏の史実原型に近いということでは必ずしもなく、従来の認識の一応の目安で、本書で検討する叩き台であり、巻末では出雲氏族を検討後の系譜（推定を含む試案。第2図）もあげることにしたい。

第1図　出雲氏系諸氏族の初期段階における概略系図

※記載順は兄弟順とは異なるものあり。

- ○天照大神
  - 天忍穂耳尊（又天忍骨命）
    - 天火明尊〔高天原王統〕―一に饒速日命
    - 瓊瓊杵命[1]―火遠理命[2]（山幸彦）―彦波瀲命[3]〔以上は筑紫ノ日向三代〕
      - 彦五瀬命
      - **神武天皇**①―綏靖天皇②―安寧天皇③―懿徳天皇④
  - 天穂日命―天夷鳥命（又武三熊命）
    - 伊佐我命（出雲ノ　又櫛八玉命）―都我利命（又津狡命）
      - 櫛瓱前命―櫛月命（又久志和都命）―櫛瓱鳥海命―櫛田命―（知理命へ）
      - 出雲色多利媛（又出雲色命）　彦湯支命妻、出雲醜大臣命母
    - 出雲建子命（又櫛玉命）―神狭命　武蔵国造、海上国造等祖
  - 天津彦根命
    - 天御影命（又天目一箇命）
      - 饒速日命―宇摩志麻治命
        - 味饒田命―神日子命　阿刀連、熊野国造祖
        - 彦湯支命―大祢命　穂積臣、采女臣、物部連祖
      - 意富伊賀津命　三上祝、山代国造　凡河内国造等祖
    - 天日鷲命（**少彦名神**＊　又三島溝咋耳命　鴨県主、忌部首祖）―玉櫛姫　大物主命妻
- ○大己貴命
  - 下照姫（又高照姫）＝**天稚彦**、天若日子
  - 味鉏高彦根命
- 知理命―世毛呂須命―阿多命（イ振根同人）
  - 出雲振根命
  - 飯入根命（又飯幣根）―鵜濡渟命（**氏祖命**　出雲国造　又宇迦都久怒）―襲髄命―来日田維穂命（又岐比佐都美　出雲鞍山祇命）―三島足奴命―意宇足奴命（又淤宇宿祢）―（宮向へ）
  - 甘美乾飯根命（又甘美韓日狭）―野見宿祢　土師連祖
- 宮向（賜**出雲臣**姓）―布奈―布祢―意岐久―美許―叡屋―帯許―果安―広島―弟山……〔以下、省略〕

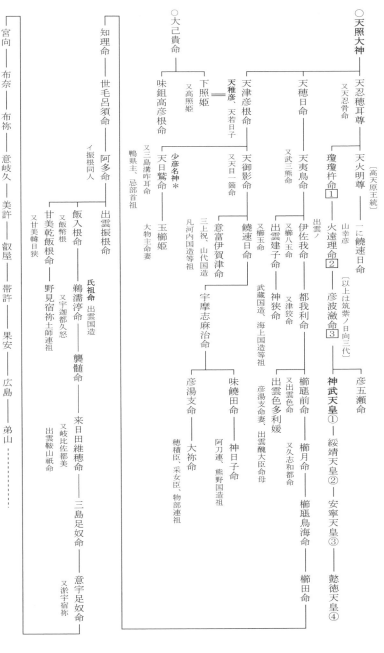

出雲氏系諸氏族についての主な研究

出雲氏一族や支流の土師氏などについては、氏族研究の研究書や論考は、割合、数が多い。しかも、歴史専門家としては割合、特定の研究者により集中的に取り上げられ多数著述されてきた特徴もある。以下にあげる研究書・論考も、これら出雲氏研究の網羅的な掲載にはとてもならないし、順不同でなるべく多くあげるように努めたが、そうはできていない面がある。だから、管見に入ったところで、その主なものを取り上げたものであることをお断りしておく（瀧音能之氏・高嶋弘志氏など特定の研究者には、関連する多くの個別の論考・研究があり、出雲歴史関係の研究史を本書で記述するわけではないから、全てをあげきれないが、主要なところは概ねあげたか。出雲の考古学関係研究の殆どは省くが、『全国古墳編年集成』などを必要に応じて本文で言及する。論考が何度か所収されたものもあり、その一部の掲載にとどまる）。

ここに記載したからといって、本書で高評価したり参考にしたりするわけでも必ずしもない。この出雲氏族の検討に必要なのは、訛伝・妄伝も含む多種多様な資料について、様々な見解（出雲関係では、なかに妄論もかなりあることに留意）を含む主な著述をもとに、具体的に合理的総合的に整理して、地理や習俗・祭祀等も踏まえて的確に論じることである。

出雲氏研究の管見に入った主なところでは、まず氏族研究でいうと、太田亮博士の『姓氏家系大辞典』のイヅモ・ハジ・ミカミ・クマノなどの関連各条や「出雲大社祭神に関する疑義」（『国史と系譜』四巻九号所収。一九二八年）など、佐伯有清氏の『新撰姓氏録の研究』のイヅモ・ハジ関係記事など、いくつかの著作で検討）などがあり、氏族や祭祀などの個別の主な論考・著作としては次のとおりである（「国造本紀」など『先代旧事本紀』関係は除く）。

千家尊統氏の『出雲大社』（一九六八年刊。二〇一二年で第三版）、上田正昭氏編の『古代を考える　出雲』（一九九三年刊。内田律雄氏「原始・古代の出雲」などを所収）、「山陰文化の伝統」など（『古代の日本4中国・四国』に所収。一九七〇年）、朝山晧氏の『神国島根』（一九四一年刊）、水野祐氏の『古代の出雲』（一九七二年刊）及び『古代の出雲と大和』（一九七五年刊）、田中卓氏の「古代出雲攷」（『日本国家の成立と諸氏族』所収、一九八六年。初出は一九五四年）及び『出雲国風土記の研究』（『田中卓著作集』八。二〇一二年刊）。

井上光貞氏の「国造制の成立」（『史学雑誌』六〇―十一所収、一九五一年。後に『井上光貞著作集第四巻大化前代の国家と社会』〔一九八五年〕に再録）、西岡虎之助氏の「出雲国造家の社会史的変遷」（千家尊宣先生還暦記念会編『神道論文集』所収。二〇〇八年）、新野直吉氏の「古代出雲の国造」（神道学会編『出雲学論攷』所収、一九七七年刊。初出は一九五八年）、石塚尊俊氏の『古代出雲の研究』（一九八六年刊）、『出雲国神社史の研究』（二〇〇〇年刊）、瀧音能之氏の『古代出雲の社会と信仰』（一九九八年刊）、『古代出雲の世界』（二〇〇一年刊）、『出雲からたどる古代日本の謎』（二〇〇三年刊）、『出雲大社の謎』（二〇一四年刊）、『出雲古代史論攷』（二〇一四年刊）、『古代の出雲事典』（二〇〇一年刊）、同氏編の『出雲世界と古代の山陰』（一九九五年刊）など、森公章氏の「出雲地域とヤマト王権」（『新版古代の日本④』所収。一九九二年）、平野邦雄氏の「出雲大神と出雲国造」（『古代文化研究』三所収。一九九五年）、曽根研三氏の「出雲国造の治神思想」（『出雲・隠岐』所収。一九六三年）、渡辺貞幸氏の「古代出雲の栄光と挫折」（『日本古代史④　王権の争奪』所収。一九八六年）及び『出雲王と四隅突出型墳丘墓　西谷墳墓群』（二〇一八年刊）。

高嶋弘志氏の「「出雲国造系図」成立考」（『日本海地域史研究』第七輯所収。一九八五年）、「出雲国造

系図編纂の背景」(『日本古代中世論考』所収。一九八七年)、「律令新国造についての一試論」(佐伯有清編『日本古代史論考』所収。一九八〇年)、「神郡の成立とその歴史的意義」(佐伯有清編『日本古代政治史論考』所収。一九八三年)、「ホムツワケ伝承の成立とキヒサツミ」(『日本古代の伝承と東アジア』所収。一九九五年)鈴木正信氏の「出雲国造の系譜とその諸本」(『日本古代氏族系譜の基礎的研究』所収。二〇〇八年)、倉野憲司氏の「出雲国造神賀詞について」(『神道学』三四所収。一九六二年)、平田俊春氏の「出雲国造神賀詞奏上と叙位について」(『出雲神道の研究』所収。一九六八年)、菊池照夫氏の「出雲国造神賀詞奏上儀礼の意義」(『出雲世界と古代の山陰』所収。一九九五年)、山崎謙氏の『出雲大社の謎』(一九九四年刊)、高崎正秀氏の「出雲系文化の東漸―武蔵国造系図を中心として―」(『文学以前』所収、一九五八年。後に『高崎正秀著作集　第2巻』に収め、一九七一年。論考の初出は一九四〇年)、浅川滋男氏の『出雲大社』(二〇〇六年刊)、千家和比古・松本岩雄氏編の『出雲大社』(二〇一三年刊)。

大日方克己氏の「「出雲国造家」の成立過程」(『古代豪族』所収。二〇一五年)、佐伯徳哉氏の『中世出雲と国家的支配』(二〇一四年刊)、平石充氏の「出雲西部地域の権力構造と物部氏」(『古代文化研究』第十二号所収。二〇〇四年)、安津素彦氏の「出雲国造小考」(『神道史研究』一―三所収。一九五三年)、原島礼二氏の「古代出雲服属に関する一考察」(『歴史学研究』二四九号所収。一九六〇年)及び『出雲神話から荒神谷へ』(一九八八年刊)、門脇禎二氏の『出雲の古代史』(一九七六年刊)及び『検証古代出雲』(一九八七年刊)、『古代出雲』(二〇〇五年刊)、八木充氏の「古代出雲の杵築と意宇」(『日本書紀研究』十五所収。一九八七年)及び「畿内と西国の豪族」(『日本の古代十一　ウヂとイエ』所収。一九八七年)、田中義昭氏の『古代出雲の原像をさぐる・加茂岩倉遺跡』(二〇〇八年刊)、加藤義成氏の『出雲国風土記論究』(上・下巻、一九九五、六年刊)、関和彦氏の『新・出雲の古代史―『出雲国風土記』

再考』（二〇〇一年刊）、『出雲国風土記註論』（二〇〇六年刊）、『古代出雲にみた日本神話』（二〇一八年刊）及び「『出雲国風土記』の歴史的世界」（『日本海域歴史大系　第一巻』所収。二〇〇五年）など、三浦佑之氏の『風土記の世界』（二〇一六年刊）、『古事記・再発見。』（二〇一六年刊）など、篠川賢氏の「出雲臣とヤマト政権」（『東アジアの古代文化』一三二号所収。二〇〇七年夏）、前田晴人氏の『古代出雲』（二〇〇六年刊）、武光誠氏の『古代出雲王国の謎』（二〇〇四年刊）、『出雲王国の正体―日本最古の神政国家』（二〇一三年刊）及び「古代・中世の防府天満宮の研究」（『明治学院大学教養教育センター紀要』九巻一号所収。二〇一五年）、新谷尚紀氏の『伊勢神宮と出雲大社』（二〇〇九年刊）、和田萃氏の「出雲国造と変若水」（『国立歴史民俗博物館研究報告』第一一二号所収。二〇〇四年）。

司馬遼太郎氏の『歴史の中の日本―生きている出雲王朝』（一九九四年刊）、池田満雄・東森市良両氏の『出雲の国』（一九七三年刊）、速水保孝氏編の『出雲の歴史』（一九七七年刊）、内田律雄氏の『発掘された出雲国風土記の世界』（二〇一七年刊）、村井康彦氏の『出雲と大和』（二〇一三年刊）、田中勝也氏の『日本原住民と神武東征』（一九八二年刊）、安達巌氏の『原日本統一政権の成立―出雲朝廷と大和朝廷』（一九八六年刊）、『出雲王朝の軌跡を辿る』（一九九一年刊）大橋泰夫氏の『出雲国誕生』（二〇一六年刊）、松本清張氏編の『銅剣・銅鐸・銅矛と出雲王国の時代』（一九八六年刊）、安本美典氏の『衝撃の古代出雲』（一九九七年刊）、倉橋日出夫氏の『古代出雲と大和朝廷の謎』（二〇〇五年刊）、水林彪氏の「古代天皇制における出雲関連書儀式と出雲神話」（『国立歴史民俗博物館研究報告』一五二所収。二〇〇九年三月）、和久利康一氏の『古代出雲と神楽』（一九九六年刊）、梅原猛氏の『葬られた王朝―古代出雲の謎を解く』（二〇一〇年刊）、森田喜久男氏の『古代王権と出雲』（二〇一四年刊）、中村太一氏の「山陰道―風土記にみる古代道路」（『古代を考える　古代道路』所収。一九九六年）、岡本雅享氏の『出雲を原郷とする人たち』（二〇一六年刊）。

いづも財団編『出雲大社の造営遷宮と地域社会』上・下（二〇一四年刊）。『季刊邪馬台国』では、六二号（一九九七年夏号）が「衝撃の古代出雲」特集をしている。

村田正志氏の「出雲大社の古文書」（『季刊神道史学』第四輯。一九五三年）、平野芳英氏の『古代出雲を歩く』（二〇一六年刊）、富田正弘氏の「平安時代における国司文書」（『中世公家政治文書論』所収。二〇一二年、初出一九七五年）。早川庄八氏の「天平六年出雲国計会帳の研究」（『日本古代史論集』下巻所収。一九六二年）、平川南氏の「出雲国計会帳・解部の復元」（『国立歴史民俗博物館研究報告』三巻所収。一九八四年）。

出雲神話関係では、上記のほか、主なもので上田正昭氏の『出雲の神話』（一九六五年）、鳥越憲三郎氏の『出雲神話の成立』（一九六六年。二〇〇六年に文庫本化して『出雲神話の誕生』と改題）及び『出雲の神々』（一九八七年）、水野祐氏の『出雲神話』（一九七二年刊）、井上実氏の『出雲神話の原像』（一九七二年刊）、松前健氏の『出雲神話』（一九七六年刊）、澤田洋太郎氏の『出雲神話の謎を解く』（一九九八年刊）、安本美典氏の『邪馬台国と出雲神話』（二〇〇四年刊）、志賀剛氏の「出雲の神々―大穴持命の出雲統一」（『日本の神々と建国神話』所収。一九九一年）、森浩一氏の『日本神話の考古学』（一九九三年刊）に所収の「大国主命と出雲の古地形」、田中俊一郎氏の『須佐之男の原像』（二〇一〇年刊）、三浦佑之氏の『出雲神話論』（二〇一九年刊）や野村進氏の『どこにでも神様―知られざる出雲世界をあるく』（二〇一八年刊）などがあるが、日本神話や風土記の一般論、総論的な研究は除く。

出雲大社・熊野大社など**出雲あたりの祭祀・神々・諸社関係の研究**はかなりあるが、それが大国主神や素盞嗚神に関連して取り上げられることが多いようであり、しかも多数あるので、この祭祀や出雲神話の関係は管見に入った主なものだけをあげた。

『式内社調査報告』第二十・二十一巻 山陰道3・4（一九八三年刊）、谷川健一編『日本の神々』のシリーズ（7が山陰で、出雲の神社では石塚尊俊・藪信男氏などが執筆。大和や九州、関東などにも関連記事がある）、志賀剛氏の『式内社の研究』の関係記事など、薬師寺慎一氏の『聖なる山とイワクラ・泉』（二〇〇六年刊）、瀧音能之氏の論考「古代の日本海と伯耆国宗形神社」（『歴史地理学』一三二号所収。一九八六年）、菱沼勇氏の「井泉神と式内社」（『日本の自然神』所収。一九八五年）及び『武蔵の古社』（一九七二年刊）等々の各種神祇関係の資料・研究も参考になる。熊野神関係では、宮地直一氏の『熊野三山の史的研究』（一九五四年刊）、宇井邦夫氏の『熊野神社歴訪』（一九九八年刊）など数多いが、あとは省略する。出雲国造関係も、上掲のほか、新野直吉氏の『研究史 国造』（一九七四年刊）や篠川賢氏の『日本古代国造制の研究』（一九九六年刊）、などにも見えるが、古代氏姓国造についての一般論は除いておく。

土師氏一族関係では、直木孝次郎氏の「土師氏の研究」（『日本古代の氏族と天皇』所収。一九六四年）、小出義治氏の「大和・河内・和泉の土師氏」（『国史学』五四号所収。一九五一年）及び「土師雑考」（『國學院雑誌』六〇—一所収。一九五九年）、黒沢幸三氏の「土師氏の伝承と歌謡」（『文化』卅一巻四号所収。一九六八年）、米沢康氏の「土師氏に関する一考察」（『芸林』九巻三号所収。一九五八年）及び「土師氏の改姓（上・下）」（『芸林』十二巻五・六号所収。一九六一年）、前川明久氏の「土師氏と帰化人」（『日本歴史』二五五号所収。一九六九年）及び「土師氏伝承の一考察—野見宿祢をめぐって—」（『日本歴史』三六四号所収。

一九七八年)、「土師氏と渡来系氏族」「贄土師韓竈考」(共に『日本古代氏族と王権の研究』所収。一九八六年)、池田源太氏の「土師氏の分布について」(『清陵』二四所収。一九七四年)、村津弘明氏の「土師氏の研究」(『史泉』二二所収。一九六一年)、上田正昭氏の「土師の舞人」(『日本古代国家論究』所収。一九六八年)、小島俊次氏の「土師氏四腹と古墳」(『末永先生古稀記念 古代学論叢』所収。一九六七年)、田村圓澄氏の「土師考」(『続日本紀研究』五—九所収。一九五八年)など。

山本幸男氏の「大枝朝臣賜姓覚書—和氏・土師氏と早良親王—」(『続日本紀研究』三一一・三一二号所収。一九九八年)、塚口義信氏の「天皇陵の伝承と大王墓と土師氏」(『考古学論集』下巻所収。一九九八年)、溝口優樹氏の「「土師」と土器の貢納」(『史学研究集録』三五号所収。二〇一〇年)及び「土師氏の系譜と伝承—野見宿禰を中心に—」(『日本古代の氏と系譜』所収。二〇一九年)、「政治動向から見た土師氏の系譜」(『日本歴史』八四九所収。二〇一九年)など。

菅原・大江などの諸氏に分かれた後の研究は、後裔の武家諸氏関係も含め数多くあるので、ここでは掲載しない。

地方史では、『島根県史』(一九二一～二六年刊)、『新修島根県史』(一九六六年刊)や、『新鳥取県史』(一九六七～八二年刊)、『新鳥取県史』(二〇一〇～刊行中)、『大社町史』(大社町教育委員会編。一九九一年刊)、『八東郡誌』(一九二六年刊。一九七三年再刊)、『島根県の歴史』(二〇〇五年刊)などや、幕末期の景山粛の著作『伯耆志』(会見郡・日野郡)など。

史料集関係では、曽根研三氏の『鰐淵寺文書の研究』(一九六三年)、村田正志氏編の『出雲国造家文書』(一九六八年。「出雲国造世系譜」も掲載)、島根県教育委員会編の『出雲意宇六社文書』(一九七四年。大半が秋上家文書）がある。

なお、最近では、『季刊邪馬台国』第一三三号（二〇一七年十二月号）で特集「国津神のあしあと」として、出雲主体の特集号が組まれている。

中世武家関係では、佐伯徳哉氏の『出雲の中世』（二〇一七年刊）、堀川康史氏の「中世後期における出雲朝山氏の動向とその役割」（『日本歴史』八二三号所収。二〇一六年十二月）、朝山晧氏の「佐陀庄地頭としての朝山氏」（『社会経済史学』一－三所収。一九三一年）など。個別の出雲氏一族諸氏の研究でも、各種あるが、ここでは基本的に省略する。

このほか、島根県古代文化センター編『古代出雲ゼミナール』Ⅰ～Ⅴ（二〇一四～一八年刊）があり、独自の富家所伝を取り上げる著作として、吉田大洋氏の『謎の出雲帝国』（一九八〇年刊）、斎木雲州氏の『出雲と大和のあけぼの』（二〇〇七年刊）及び『出雲と蘇我王国』（二〇一二年刊）など。

（これら著作・論考の出版元・所収の書など詳細情報は、最近ではネット検索が可能であり、ここでは省略する。上記の年は、論考初出の年よりは、主に所収本の刊行年を記した。ネット関係は除く）

以上の方々やここに掲名はしていない方々を含め、ネット関係を含む多くの研究者の著述・資料提示などから様々な教示・示唆や刺激を多く受けてきた。これら諸事情に関し、それら学恩への深い謝意を予めあらわしておきたい。

出雲氏系諸氏族に関する主な問題点

出雲氏や土師氏については、割合、多くの論究がこれまでにあるが、総じて言うと、私には疑問な結論になっていることがかなり多い。その一因は、記紀や風土記などの文献を無視して否定的な先入観が大きなものであったり、あるいはその逆に、記紀や出雲国造家など諸祠官家の系図伝承に拠りすぎたり、同族の物部氏や三上祝などに関する史料（記紀や「天孫本紀」など）の記事を無視したりする、ということがあげられる。これら関係諸書や所伝の編纂・伝来の経緯からして、現在に伝わる内容をそのまま信頼してよいものではない。ごく基本的なことであるが、そもそも地域と神名・人名が、各々の検討に際し的確に押さえられていないのではないか、という問題がある。要は、記紀神話と風土記神話の整理がうまくできていない事情に因るものが多そうである。

出雲氏の始源が遠く神代に及んでいて、遠い神統譜まで絡むものでもあり、関連する大国主神・事代主神や三輪氏関連などの問題も含め、記紀の神話的な部分について簡単に史実性を否定しては問題が大きい。伝承はもちろん、地名や神名・人名などについても、これまでも史料記事を素朴に受けとりすぎる傾向（その結果、各地の伝承に見える名の異なる神々を別神だと受け取りがちとなる傾向になる）が研究者に見られるが、そうすると、かえって混乱して誤解を生じかねない。研究者の理解が及ばないこと・不明なことを、後世の造作・創出だと逃げ込んだり、切り捨ててはならないと留意される。もっとも、出雲関係には後世に造作された文書・系譜もかなり多そうでもあるが。

津田史学の観点から出雲を論じて、古い部分や神話的な性格のものは端から切り捨てたり、自らが理解不能なことをさほどの論拠なしに「造作」ないし捏造と断じればそれでよいというわけではないということである。津田博士亜流の恣意的な造作論あるいは反映説という観念論では、出雲氏族や出雲の上古史の総合的な実態解明にまるで役に立たないし、却って有害に作用することすらある（この辺は、他の古代氏族にもあてはまるから、本シリーズでは、繰り返しの同様な表現にならざるをえない）。

これらのうち主な問題を、以下に順不同で列挙する。そのなかで特に難解なものの一つが、出雲氏の初期段階の系譜（とくに崇神前代）の原型探索である。この関係では、上古の人・神で同一の者が複数の異なる名で諸書・諸地域に登場するという同人異名の問題がとくに大きい（もちろん、異人同名や異人混同の問題もある）。この辺を的確に把握しなければ、記紀や『風土記』等の神々の系譜関係という問題は、解決せず、他の歴史判断まで影響していく。これに関連して、出雲国造家の故地からの数次の移遷の問題がある。このほか、列挙される問題点は多く、多少の内容重複もあるが、次ぎにかかげる。これら問題点を史料の乏しいなか、どこまで解明できるかというのが本書の課題である。

○出雲氏の遠祖系となる神統譜はどのようなものか。出雲氏の氏祖神とされる天穂日命は、神統譜のなかでどのような位置を占めるか。天照大神との関係はどうか。

○出雲氏の氏祖神は実体的に考えて、誰であって、どの地に天降りをしたのか。これを含め、祖系の神々が活動した地域把握がこれまで的確ではなかったのではないか（出雲と北九州との地域混同）、という重要な問題点がある。

○上古の出雲と北九州や大和との関係はどうだったか。出雲氏は大和から出雲に遷ったか。関連して、出雲の地は、「魏志倭人伝」の投馬国にあたるのか。

○出雲国造族は、崇神朝の出雲平定前までは出雲全体の統治者だったか。そうでない場合には、出雲はどのような統治がなされていたか。有力な主権者はどこに在ったか。
○大国主神統治の「原始王国」が出雲にあったのか。その場合の版図はどのようなものか。この関係の考古学的な徴表があるか。
（大国主神の支配領域はどのようなものか。四隅突出型墳丘墓の分布が示唆するものは何か）
○大国主神のいわゆる「国譲り」はあったのか、その意味するものは何か。神話ではなく、現実にあったとしたら、具体的にどこの場所でなされたのか。
○大国主神の後裔は、出雲ではどうなったのか。その後も出雲に存続したのか。
○出雲大社（杵築大社）の創祀はどうか。祭祀に、どの氏族が関与したか。関係者にどのような神事が行われ、その祭神や関連神社はどうか。これらの祭神には変遷がないか。
○出雲の四大神と四神奈備山は、何を意味するか。それが重要としたら、その後の歴史にどのように影響したか。
○出雲氏一族や同族の諸氏は日本列島にどのように分布するか。その分布や各地移遷の契機は何か。
○出雲氏の初期段階で大和ないし畿内方面への東遷はあったのか、東遷の場合の時期や故地はどこか。畿内への移遷の経由地はどこか。
○出雲氏の成立といえるのはいつ頃か。その国造としての職掌は何か。
○出雲氏（出雲国造）の姓の変遷はどうか。その原始的姓はあったか。出雲積とは何か、出雲氏との関係はどうか。なぜ臣姓を名乗ったか。いわゆる「オウ氏」は存在したのか。
○出雲氏（国造一族）は出雲において、どこが本拠であったのか（杵築郡か、意宇郡か）。出雲国内で移遷はあったか、あった場合は時期はいつか。大和ないし近辺での主要拠点はあったか、あった場合にはどこか。出雲氏を名乗る前に、原始姓やなにか氏の名をもったか。
○神武東征時における出雲や出雲氏族関係者の動向はどうか。
○出雲氏族と同族は、神武王統・崇神王統の時代に后妃を出したのか。出さなかった場合には、どのような背景があったか。
○出雲氏一族と称された諸氏のなかに、「擬制的血縁関係」をもつ氏や、系譜仮冒の氏があるのか。なんらかの系譜混淆はどうか。
○出雲国造という官職は何時、成立したのか。この辺は、『旧事本紀』の「国造本紀」がどこまで信頼できるかの問題にもつながる。
○出雲氏族の出自・同族とされる東国等の諸国造の系譜には問題がないか。これは、「国造本紀」における出雲氏とその関連記事の相互チェックということでもある。
○「氏祖命」とされる鸕濡渟命は、どのような役割で、どのような出自・系譜か。
○大和王権の内征・外征に従った出雲氏一族があったか。韓地で出雲一族が活動したか。
○応神王統以降で大化前代におけるいくつかの内乱・事件などでは、出雲氏一族はどのように動いたのか否か。
○出雲国造族関係の古墳・墳墓、奉斎の神社や氏寺には何があったか。出雲の古社の奉祀氏族は分るか。
○『出雲国風土記』の史料価値をどうみるか。その編纂者は誰で、どのような編纂事情や特色があったのか。古代氏族の分布・活動などの観点から同書を考えてみる。

○同風土記と『記・紀』のいわゆる「出雲」関係神話との関係はどうか。平安前期に活動した出雲氏一族の学究関係者には誰か著名人はいたか。
○中世・近世の出雲氏一族の動向はどうか。中世の有力武家として活動したものはあったか、その系譜はどこまで知られるか。出雲守護の佐々木氏との関係はどうだったか。
○出雲氏と同族に広く見られる特有の祭祀・習俗や技術はどのようなものか。

第一部

出雲国造とその一族

一　畿内王権による出雲平定とその後

大和王権の出雲侵攻―崇神朝の動向

弥生時代後期の出雲では、銅剣・銅矛・銅鐸の青銅製祭器を大量に出土した荒神谷遺跡・加茂岩倉遺跡や、さらには四隅突出型墳丘墓（四隅突出墳）の出雲中心で伯耆など山陰道や北陸地方などの広域分布など、考古諸事情におおいに注目される。

これらに見るように、上古の出雲が独自の文化・祭祀・習俗の地域圏（政治・文化圏）をもち、山陰地方に大きな勢威をもったと分かる。この地域が、当時は畿内や北九州とは別の一種の政治圏（独立的な王国）を構成していたことは確かである。ただ、出雲地域が畿内や北九州にまで勢力を伸ばした形跡はない。これが、古墳時代に入って、どのように変わっていくかの問題であるが、なかでも大和王権との関係が大きな比重を占める。

「天孫降臨の時代から、出雲国造家が一貫として出雲に継続してきた」。これが従来の一般のとらえ方だとすると、出雲国の上古からの歴史を仔細に検討するとき、単独の支配者、族長とはとても言い難い。現在までの出雲国造家につながる血統が、上古からつねに最大の政治権力としての拠点が出雲国出雲郡あたりにあったわけではないし、出雲国造家による大国主命（大穴持神）の奉斎が当初から一貫していたともいえない。

その辺を見ていくと、畿内の王権勢力による出雲の鎮定という事件はたいへん大きなものである。それが、『書紀』では崇神朝後期のこととされる。同書の崇神六〇年条（崇神の全治世期間が同書では「六八年」とされることに留意）にこの大事件が見えており、それには、吉備津彦と阿倍氏の武渟河別が大和王権側の軍事当事者として出雲攻撃に関わった。

出雲の地に始祖天夷鳥命が「天（＝高天原）」から将来した神宝をめぐる大和王権への対処策（要は、大和王権への服属の是非につながる）に関して、当時の出雲の首長たる出雲振根とその弟とされる飯入根・鸕濡渟《うかつくぬ》親子との対立が生じた。振根が北九州へ行って留守の時に、対大和親和策をとる飯入根は、出雲大神の宮に所蔵の神宝を大和に献呈したということで、出雲振根が飯入根を斐伊川（肥河）の止屋《やむや》の淵（塩冶の淵で、西側に塩冶郷がある地付近。東側には出雲郷）で殺害する事件が起きた。これをうけた形で、大和王権が介入してきて、振根を殺した。その跡を継いで、出雲の首長には鸕濡渟がなった、とされる。

現在に伝わる出雲国造家の系図では、出雲振根と飯入根とは「兄弟」とされるが、実際には、これが疑問とされる。当時の出雲国内には、西の出雲郡（含神門郡）勢

斐伊川（島根県出雲市内）

力と東の意宇郡勢力という東・西の部族勢力の並立があって（なんらかの連合もあったか）、その場合、両者が各々の勢力（血縁的には別族か）の族長であった、とみられている。

出雲郡勢力による飯入根殺害の事件を契機として、大和王権が西部の出雲郡を主対象に討伐をして出雲全域を平定した。これにより、親大和で東側の意宇郡勢力が出雲第一の勢力となって、出雲全域の国造に任じた。そして、出雲東部が出雲国造の本拠地となり、やがて意宇川が平野部にかかるあたりの大庭の地に国造家が居住するようになった。祭祀も、当該居地の上流部の南方山間地に鎮座の熊野大社（現・松江市八雲町熊野に鎮座。旧地名は八束郡八雲村）を主に奉斎したとみられる（系図的には、出雲国造家は物部氏族と同族だから、後者が紀伊熊野などで奉斎した熊野神を同様に祖神として奉斎したのは自然である）。

出雲の両勢力並立に関して、井上光貞氏ら諸先学の指摘が既に多くある。総じて言うと、出雲西部の杵築勢力（大穴持神奉斎の勢力）と東部の意宇勢力（のちの出雲国造家につながる熊野大神奉斎の勢力）とが相い争い、意宇のほうが崇神朝頃に大和朝廷の後援を得て、西部勢力を圧倒して出雲全域を押さえ、後には杵築大社の祭祀等をも掌握し、やがて本拠を出雲西部に遷したとみる見方が強い。これには、反対説もあるが、出雲の祭祀・習俗状況や考古学的知見などからみて、こうした井上説がほぼ妥当だと考えられる。ここで問題となる両勢力の本拠地については、井上氏の記述を踏まえ、東部の意宇の勢力は「上流に熊野大社を持つ意宇川流域一帯」で、西部の杵築は「下流に杵築大社の存した簸川流域一帯」だとしておく（意宇の勢力は、古墳等の諸状況からみて、当初はむしろ意宇郡東部（後に能義郡となる飯梨川流域）のほうに主体があったようであり、これを「安来勢力」という名で呼ぶ見方もある）。

こうした杵築・意宇相克説（並立説）や大和王権による出雲鎮定を裏付ける状況や資料が、文献的にも考古学的にも多いので、これらはまず間違いない見方といってよい。杵築と意宇のどちらに力点を置くかの違いは見られるが、少なくとも、杵築と意宇との両勢力の分立ないし対立を否定する見解は成り立ちがたい。

意宇のほうの勢力範囲に東部の安来《やすぎ》地区（旧能義郡で、平安期以前の古い時期は意宇郡の一部）あたりまでを入れて考えれば、さらに東西対立は否定しがたい。大和朝廷による四世紀中葉頃の配布と考えられる三角縁神獣鏡も、安来市の北西沿岸部、荒島丘陵の上にある大成古墳・造山一号墳から出土しており、四世紀半ば頃の出雲東部には親大和勢力の存在が厳然とあった。なお、出雲西部統合の時期を六世紀代まで引き下げる見方もあるが、これは恣意的な年代引下げで、具体的な論拠がない。大成古墳の築造時期も、四世紀初頭頃とみるのは、これも疑問で、やや引き上げすぎと考えられる（最近の考古学年代評価は、年輪年代法や放射性炭素年代測定法などに依拠してか、年代引上げの傾向が強く出すぎるとみられる）。

出雲統合に際し、武光誠氏は「考古資料からみて吉備氏が出雲平定に加担したのは事実だ」とみる（『日本誕生』）。ただ、出雲の首長殺害について、『古事記』では倭建命の手柄だとして景行段に記すから、これが何時の事件なのかを具体的に確かめる必要がある。

出雲の地が吉備から北方へ中国山地を越えたところに位置するから、上古からの両地の相互交流も考えられ、大和の王権に服属するようになる時期も、地理的にみて、おのずと上限が定まる。大和勢力の出雲方面への侵攻には、同じ日本海沿岸で東側の丹後方面からよりも、南方の吉備・美作方面から来た軍事力が大きく働いた。これは、その後の山陰道諸国地域の古代氏族の分布などから窺える。

そうすると、大和王権がまず吉備を押さえ、次いでその北方の出雲の討伐にかかったという順序が自然で、出雲の服属時期も、同じ崇神朝のなかでは遅い頃、後末期以降となる。鎮定側の将軍のなかに阿倍氏の祖・武渟川別命があげられるのも、それを示唆する（『書紀』では、同人は崇神天皇十年条～垂仁天皇廿五年条に見え、出雲討伐は崇神六〇年とされる）。

『書紀』にもいうように、吉備勢力が出雲鎮定に主担ないし加担したのなら、崇神朝の末期（具体的な年代比定を崇神六〇年について試みると、西暦三三〇年頃か）という記事の年代は不自然ではない。その場合、『古事記』に見える倭建命の出雲建誅伐は、後世の転訛伝承にすぎず、倭建命の事績とは考えられない（出雲国に子代の建部の設置があっても、倭建命自身やその他皇族が出雲に立ち入った形跡はないし、風土記に見えない）。

次の『書紀』垂仁七年条には、出雲から出てきた野見宿祢の角力伝承が見える。この者の系譜は飯入根の甥とされるから、垂仁朝初期頃までに出雲全体が大和王権に服属した事情が先にあって、それが野見宿祢関係の逸話でも窺われる。

同じく垂仁朝の二七年条には、出雲国造の祖・武日照命が「天」（高天原）からもたらした神宝に関して記事がある。まず物部一族の武諸隅（矢田部造の遠祖）を出雲に遣わして献上させようとし、次いで物部十千根大連を遣わして、出雲の神宝を検校させた記事が見える。「出雲大神の宮」に所蔵された神宝の献上・検校が大和王権へ服属に関して大きな意味があった。この関係の記事を踏まえると、先に崇神朝に飯入根が秘宝を大和に献上したとある記事は、重複のきらいがあって、おそらく事実ではなかった。そもそも、出雲振根が飯入根と別族であったのなら、併せて、武日照が持ってきた財宝なら、飯入根一族が熊野大社（ないし能義神社）で管理されていたはずのものである。この財宝献上が実際には垂仁朝のことであれば、振根が飯入根を殺害した理由は、別のものであった。「出雲大神の宮」が杵築大社なのか熊野大社なのかという問題も、崇神朝の出来事なら生じるし、別族ならその当時の飯入根は杵築大社に関与できるはずがない。そして、垂仁朝のことなら、杵築大社のほうでもあまり問題がない（当時、既に杵築に大社がおかれたかどうかは不明だが）。

出雲侵攻を裏付けるもの

大和王権の出雲侵攻・鎮定に関する文献上のものでは、吉備部姓の人々の分布がとくに出雲西部の出雲・神門の両郡に多く見られる（『出雲国大税《たいぜい》賑給《しんごう》歴名帳』などの史料）。これも、出雲侵攻に吉備関係者が加担した証左とされる。『出雲国風土記』の編集時には、神門郡主政として吉備部臣も見える。太田亮博士は、出雲郡の漆部《ぬりべ》郷・河内郷、神門郡の朝山郷（加夜里）・滑狭郷等に吉備部を名乗る人々三十一名をあげ、「吉備の勢力の出雲に及びしを知るに足らん」と指摘する（『姓氏家系大辞典』一九三九頁）。併せて見える漆部は、久米氏族の漆部造に所属の部民であり（吉備の美作にも漆部が多く分布した）、「加夜」の地名は吉備一族の賀陽臣に通じる。出雲郡には、後に吉備を本貫とする笠臣氏の居住があり、逆に備中国の「大税負死亡人帳」には出雲部の人も見える。

出雲南部の飯石郡には、粟谷村（現・雲南市三刀屋町粟谷）に**吉備津社**があり、『出雲風土記』に所載の粟谷社で、境内社に木山神社がある。その南方近隣にあった詫和社も、同じ吉備津彦命を祭神として、『風土記』所載の古社で、古来、中野・六重・神代・深野・上山・曽木・川手という広範囲の七村（深野以下は旧吉田村域、現・雲南市吉田町域）の惣社であったが、今は旧社地から北方へ遷座して、多久和（現・同市三刀屋町多久和）の飯石神社の境内社となる。更にその南方の雲南市吉田町上山の上神社（八組神社）も、『風土記』所載の古社で、『雲陽誌』には八組大名神と吉備武彦命が祭神で、今は相殿に祀ると記される。これら吉備津社の分布や吉備関係者の祭祀は、備後の庄原方面からの侵攻も示唆する。

出雲郡にある古社・県《あがた》（縣）神社の存在も、大和国に六つある御県神社などと同様に、大和王権の直轄地（服属の証しで朝廷領として献上された地）がここに設けられたことを示唆する。千田稔氏は、出雲郡出雲郷に「県」の存在を考えるし（『日本歴史地理総説　総論・先原史編』一九七五年）、篠川賢氏も「出雲国内でアガタの存在が確認できるのは西部地域（出雲郡）のみである」という八木充氏の見方を首肯する（「出雲臣とヤマト政権」）。

出雲郡の縣神社は式内社だが、現在は、出雲市の美談町に美談神社の境内社としてあり、天穂日命を祀り、その北方近隣の国富町にも同名社がある（祭神が若帯彦命という）。『出雲国風土記』には「阿我多社」「縣社」と見え、もとは斐伊川対岸の今在家の国長の地（東側の出雲市斐川町今在家の域内。旧出雲郷域か）に鎮座したが、江戸期に寛永の洪水で流されてしまい、現在地で祀られるようになったと伝える。

出雲市の美談町の西南近隣、東林木町には古墳前期に築造の出雲最古の前方後円墳である大寺古墳（大寺一号墳。全長約五〇メートル。柄鏡形古墳か）があり、その畿内型古墳としての墳丘形式と前期後葉頃に推定される築造年代から言うと、縣神社と関連し大和王権の出先としてこの地域を押さえた者が被葬者に推される（内田律雄氏「原始・古代の出雲」も、同墳とアガタ設置との関係を重視する）。近くに大寺二号墳もある（円墳らしきも規模・型式が不明）。

考古遺物の知見では、纏向遺跡から出土した「鼓形器台と土製支脚」が取り上げられる。橿原考古学研究所・関川尚功氏の記事に拠ると、両土器は共に山陰地方を出自とする点で共通性をもつが、出土量こそ少ないものの九州から関東まで幅広く分布しており、纏向遺跡の外来系土器の中では最も広範囲にわたる（『大和・纏向遺跡』増補版、二〇〇八年）。「纏向遺跡における土製支脚などの出土は、土器の搬入などの事象が単なる交易などのみに限定されるものではなく、頻繁な人的移動を考えさせるに十分であったと思われる」と指摘する。両土器の時期別の出土量を見ると、纏向３式（当該３式新期が布留０式に対応する箸墓古墳の築造時期にあたる）から増えだし、次の纏向４式の時期に両土器とも急激に増加する。

こうした山陰道系の土器の動きは、崇神朝末期の出雲鎮定と動きが符合する。伯耆・因幡でも、考古学上の知見で、古墳時代中期頃までは吉備勢力の影響が強く見られる。崇神朝はほぼ布留０式土器の時代で、古墳時代前期に当たるから、主に吉備氏一族と久米部など配下（随従）関係者の加担による大和王権の出雲討伐は、事実とみて良かろう。

出雲街道と楽々福社の分布

諸文献や伝承からみて、大和王権による出雲制圧にあたっては、吉備氏が軍事主体で、その配下の武力として、**久米部族**や伯耆国造族、石見・因幡の国造族などの関与があった。久米部族は大和から吉備津彦（桃太郎）に随従してきた「犬」（犬トーテミズムを持つ山祇種族の表象）にあたるが、吉備平定の後では、続く出雲の制圧にも吉備氏とともに関与した。「雉」（同、鳥トーテミズムを持つ天孫種族）にあたるのが、天若日子・少彦名神後裔の伯耆国造族であり、「猿」（これも天孫種族で、鉱山師を象徴するか）にあたるのが、物部氏族や鏡作氏族だとみられる。「犬、猿、雉」の後裔と称する諸氏は長く吉備地方に残り、諸古社の祠官家などで続いた（これら吉備関係社家は、拙著『越と出雲の夜明け』『吉備氏』をご参照）。

久米部族が古代から繁衍した地域が美作地方である。もとは吉備の備前国北部を構成したが、吉備と出雲との間にある政治的交通的な要衝で、美作中央部の久米郡や苫田・勝田郡などを横切って、出雲街道が通る。

この「**出雲街道**（出雲往来、雲州街道）」は、東の播磨国衙の飾磨郡姫路から北西に向かい進んできて美作に入り、美作中央部の久米郡久米郷辺り（津山市西部の院庄辺りで、いま同市に編入の旧久米町の東方近隣）で二つに分かれる。その本道は、さらに北西に進んで四十曲峠《しじゅうまがり》を越えて伯耆西部に入り、米子地域に至る道（出雲街道。概ね現在の国道一八一号）となる。分かれたもう一つの道は、久米郷辺りで向きを真北に変えて進み、人形峠を越えて伯耆東部に入り、倉吉地域に至る道（同、現在の国道一七九号）になる。これら美作からの二つの道が伯耆の東・西の平野部に出る地点に、各々久米の地名が見られる。東伯の現・倉吉市域には伯耆国久米郡久米郷があり、西伯では米子市久米町があって、その地の米子城は別名「久米城」と呼ばれる。備前でも、津高郡に久米村（現・岡山市北区白石地域）があった。

出雲の松江市域にも、島根郡法吉郷、現・法吉町字久米の地名がある。「法吉（ホフキ、ホホキ）」は「伯耆・伯岐（ハハキ、ハウキ）」とほぼ同訓とされよう。『古代地名語源辞典』では、ハキ・ホキともに「剥ぎ」に由来して、崖地の意味と解するが、この記事の是非はともかく（というより、私にはやや疑問であるが）、両語が同源であることは認められる。

島根郡の法吉郷は『出雲国風土記』や『和名抄』に見えており、同地には延喜式内の法吉神社もある。同社は、「ウムガイヒメが法吉鳥（鶯のこと）となって飛来し鎮座した」という『風土記』法吉郷条の記事に拠り、祭神をウムガイヒメ（宇武賀比比売命）とされる。ハハキが伯耆、箒の意であるとしたら、天若日子（倭文《しづり》連や鳥取連などの祖）の殯をしたとき、その箒持を川鴈という鳥が務めたという記紀の所伝も関係する。

吉備等による出雲平定は、上記で見るように概ね出雲街道筋を通ってなされた（備後北部の三次郡から出雲〔飯石郡の神戸川上流域〕への侵攻も先に述べた）。このことは、伯耆西南部の日野郡を主にして、会見郡にも分布する**楽々福《ささふく》神社**関係の所伝によっても分かる。

出雲街道は難所の四十曲峠を越えると日野郡に入り、日野川に沿って北上する。日野川水系流域には楽々福神社とそれに関連する神社の分布が多い。日野郡日南町宮内の楽々福神社（東宮・西宮の両社が日野川を挟んであったが、平成十六年に東西が合祀）を中心として、そのほか、同町印賀、伯耆町（旧・溝口町）宮原や、西伯郡南部町（旧・西伯町）篠相、米子市上安曇が鎮座地として現在、あげられる（後二社は会見郡域にあって、幕末期の社名は、神主相

楽々福神社（鳥取県日野郡南町宮内）

見氏に因ってか、八幡宮か）。同社は延喜の式内社ではないが、「古くは鉄生産の守護神として崇敬された日野郡開拓鎮護の総氏神」だと宮内の神社では言っている。

楽々福社の祭神としては、孝霊天皇、皇后細媛命と大吉備津彦命（彦五十狭芹彦命）・稚武吉備津彦命（彦狭島命）の全てか、その一部の人々を祀る。これは、吉備氏族が孝霊天皇を祖先とするような形の系譜を後に造作し、そのように記紀等で称したからである。

余子神社（境港市竹内町）

その関連社としては、社の名前は違うが、高杉神社（西伯郡大山町宮内。元汗入郡大社）や余子《あまりこ》神社（境港市竹内町）、菅福神社（日野郡日野町上菅）、日谷神社（日野郡日南町笠木）などがあり、祭神は孝霊天皇等を祀る。高杉神社は孝霊山の北東麓にあり、伯耆国妻木《むき》郷の朝妻という美女を寵愛した孝霊天皇が同地へ臨幸した伝承もある。境港の余子神社の神主家は森氏で、往古は宮脇を称し、家記に孝霊天皇の皇子正武彦命の後裔とされる（これは、系譜の原型が吉備氏の族裔ということか。鎮座地付近に「上道」（現在の訓みは、あがりみち）の地名が見え、この地を含む境・竹内など六村の産土神。神社名の「余子」は、鎮座地の余戸里に因む。吉備氏は皇別で、孝霊天皇の皇子と称する大吉備津彦の後裔の仲彦命が上道臣・賀陽臣の祖と伝えるが、米子市域には蚊屋の地名も残り、当地に名和氏一族の加悦氏（肥後に行って嘉悦）が起った）。

楽々福関係諸社の由来の中核をなすものに、「悪鬼退治」の伝承がある。これは吉備の「温羅《うら》」という鬼退治の伝承につながるが、宮内の本社の東南近隣に鬼林山、その東側に牛鬼山（大倉山）があり、伯耆町に鬼住山もある（合併前の溝口町では、日本最古の鬼伝説の町として鬼を題材とする「町おこし」をした）。出雲には鬼神神社やスサノヲ神の鬼退治伝承もあり、吉備と同様に、「鬼」とは当地原住の鍛冶民を意味したか。出雲風土記には、大原郡阿用郷条に人食いの「目一鬼」の伝承が見えるが、これが現存文献で確認される最古の鬼の記述とみられており、鍛冶祖神が天目一箇神とされることとの関連を考える見方もある。

坂田友宏氏は、「ササフク信仰は吉備津系の信仰であった」と記述する（『日本の神々　7山陰』二五〇～六〇頁に掲載の「楽々福神社について」）。ササフク神社は、出雲国内にあっても、東部の能義郡に佐々布久神社（安来市広瀬町石原）として鎮座する。楽々福神社伝承では、孝霊天皇の皇子鶯王という者も登場し、これが上記の吉備津彦兄弟に代置されるが、鶯が法吉鳥と呼ばれたという『出雲国風土記』島根郡法吉郷の前掲記事と関連して興味深い。とすると、「鶯王」なる者は伯耆国造の祖か吉備津彦兄弟近親にあたりそうでもある。

出雲街道が吉備による出雲平定に密接な関係があった場合、楽々福神社は、吉備の楽々森彦（ササモリヒコ）につながる可能性も指摘される。この者は、桃太郎（吉備津彦）の「猿」に当たるとされる人物であり、「ササ（楽々）」とは、砂鉄を意味するとみられている。楽々福神社が数多く分布する日野川流域は、「たたら製鉄」による砂鉄の産地であり、ササフク信仰は製鉄神信仰（砂鉄生産の守護神）とされる。吉備でも鉄産地を流れて、吉備津彦の温羅退治伝承が残る足守川流域には、楽々森彦を祭神とする神社が少なくない。猿が神体とされる美作一宮中山神社は、鉄鍛冶に関係深い天孫系氏族（鏡作氏族か物部氏族）の奉斎した古社であり、同社の祭神は諸説あるが、金山彦命あるいは鏡作命とされよう。美作国苫田郡には香美《かがみ》郷があることにも留意される。

西伯耆の日野郡東北部には「金持《かもち》」の地名があり、この地（同郡日野町金持。日野川支流の板井原川の中流域）に中世の有力豪族金持氏が起った。砂鉄・玉鋼の産地を地盤にして財力・勢力を貯え、鎌倉期から現れ、一時は伯耆守護にも任じた。姓氏は藤原を称し、頼朝のときの長谷部信連の後裔ともいわれるが（信連の縁由があっても、系譜仮冒）、その実、製鉄・鍛冶関係部族の出か（カモチが「賀茂地」とみれば、鴨族同族という出自の可能性もあるか。金持神社〔三体妙見宮〕の祭神の淤美豆奴命などに着目し、平安前期に出雲の神官〔薗妙見宮、現・長浜神社〕の次男が金持の地に来て同社を創祀したとの所伝を考慮すれば、出雲国造族の日置部臣とか財部臣の支流の出かもしれない。日置部が鍛冶・製鉄に関わったとの見方もある）。金持党は船上山に援軍として参じ、以降は南朝に属して京・越前など各地を転戦するなか、本拠地を北朝方の山名氏に奪われて衰亡し、今では鳥取県にも島根県にも金持姓はまるでない。

出雲街道はまた「鉄の道」でもあった。出雲・伯耆では良質な砂鉄がとれるので、鉄の文化・技術が両地域で発展したが、出雲から大和を結ぶ道はそう呼ばれた（山間地の産鉄河川の上流域で産まれた砂鉄からの鉄製品を、平野部の交易拠点へと運ぶ交通網が出雲侵攻に使われたとする見方も、ネットなどで示される）。美作はその街道沿いの地域として栄えた要素もあったうえ、美作自体でも鉄・銅を多く産出した要地であった。

楽々福社奉祀の祠官諸氏

楽々福神社旧神主の入沢（名沢、那沢）氏は、吉備氏の祖・稚武彦命に随従して伯耆にまで来た

大矢口宿祢を祖とする物部姓だという（『伯耆志』）。物部氏も鏡作氏も、ともに鍛冶神天目一箇命の後裔にあたる。入沢氏は美作国大庭郡にも多く分布しており（現・真庭市蒜山《ひるぜん》の上・下長田に集中）、備前や因幡にも見える（この意味で、伯耆西南部、日野郡の郡領家で中世武家たる日野氏も、美作に支族らしきものが見え、入沢同族の可能性がある）。同じ美作国大庭郡の下長田には式内社の長田神社があり、もとは牛頭天王社といい、今は主祭神は事代主命、素盞嗚命とされる。境内に真名井神社があり湧水もあって、当社の元だと伝える。

日野郡の楽々福神社往古の旧祠官家には、真氏、足立氏があり、神征陪従の子孫だと『伯耆志』（幕末期に死去した景山粛の著作）に記され、これを受けて『姓氏家系大辞典』にも見える。真氏は、「会見郡進氏と同家なるべし」と両書に見える。進氏は紀姓を称した会見郡の中世大族で、美作・因幡にも分布したが、名和氏に属して肥後下向した支族もある（この系統は、もと三能氏と伝える）。鬼住山の鬼征伐では、遠征軍側の総大将・鷺王は戦死したが、功績のあった者が「進大連」と呼ばれたという（溝口町発行の『鬼住山ものがたり』）。中世の進氏は、「進大連」の後裔にあたるものか。

足立氏は、鳥取県の境港市・米子市や島根県の安来市・松江市あたりに多く残る。いま旧・溝口町宮原（伯耆町域）の楽々福神社の神主家に蘆立（あだち）家があり、『伯耆志』には「芦立氏」と記載があって、大蔵村の大山祇神社などの神主も兼ねた。日野郡江府町宮市の宮市神社は、もと若一王子権現と称し、この地の豪族進氏の崇敬厚かったが（近隣の同町江尾の江美神社は、進氏が大和国石上神宮の分霊を勧請と伝える）、この神主家も芦立氏で、助沢村の龍王権現や下蚊屋村の山神の神主も兼ねた、と同書に見える。これら「芦立」の名字は、美作の大庭郡にも分布が多く（現・真庭市蒜山の上福田・湯船に集中。上記の長田の西方近隣）、鳥取県でも米子市や伯耆町でかなり見られる。足立の名字は、岡山県では、岡山市北区足守の葦守八幡宮の北方にあたる久米郡美咲町江与味に最も分布が多く、新見市の西北部には大字足立（あしだち）やJR伯備線の足立駅、足立神社（祭神不明）もある。

蘆立と足立は、陸奥では陸前国柴田郡の同名地に因み、互用されるという（『姓氏家系大辞典』）。もちろん、同じアダチでも陸奥のほうは伯耆とは別系統とみられ、東京都足立区でも、もとの武蔵国足立郡の語源が「葦立（アシダチ）」だという認識が見られる。

真庭市北端部の**蒜山地区**は、出雲街道にほぼ沿っており、難所四十曲峠の北方の内海峠の手前、美作側に位置する。同地は蒜山の南麓にあって、かつて蒜山三村（八束・川上・中和の三村）と呼ばれ、上記の真名井神社・真名井の滝などで「高天原」伝説もある（蒜山西茅部の茅部神社の側で同社の山を登ったあたりには、真名井の滝、天岩戸、天の浮橋等もある。昭和初期に佐竹淳如氏が著『神代遺蹟考』で提唱）。「高天原」はともかく、美作北部の蒜山地区は、吉備氏・物部氏など出雲への侵攻軍の前線基地的な役割を果たしたものか。伯耆国会見郡の雄族であった進氏の苗字も、蒜山地区の下福田・下見・西茅部に多い。

日野郡東村（西村と合併して宮内村）の楽々福大明神の祠官家には、三吉氏（神主家。三能氏と同じか）、田辺氏（東村・西村双方の祢宜家）があり、同郡西村の楽々福大明神の神主が入沢氏だ、と『伯耆志』に記される。往古では西村のほうの社家に足立、赤木、真、和田、野村、木山、倉光の七家があり、所領を失い土民となった。これら諸家は、太古の神征（出雲・伯耆への吉備からの遠征）の陪従者の子孫なりといえども、その系伝さらに考える所なし、と同書に記される。倉光の名字では、現在は鳥取県の日野郡日南町宮内のほか、東伯郡琴浦町や米子市淀江、鳥取市楠根などに見える。三吉、赤木は、岡山県に分布が多いが、三吉は島根県の安来市・出雲市でも見られる。木山は、鳥取県日野郡日野町でも多く、同郡の旧新屋村の稲倉神社（現在は、日南町新屋の多里神社。倉稲魂命などを祀り、孝霊天皇伝承もある）の旧神主家であり、美作国真島郡木山村（現・真庭市木山）から起ったとみられる。同村には木山神社が鎮座し、須佐之男命を祀っており、もと木山牛頭天王とされる。

上記の大矢口宿祢は因幡の宇倍神社祠官家伊福部氏の祖先にあげる人物である（『伊福部系譜』のなかで、一般に「武牟口命」と解されるが、「牟」は誤記に因る理解にすぎないことに留意）。この家が因幡（稲葉）国造だという主張もあり（『因幡志』）、「国造本紀」の記事（彦坐王後裔と記す）とは異なるが、こちらのほうが正伝とみられるかもしれない。

これら氏族の分布に限らず、考古学上の知見に拠れば、伯耆・因幡は、古墳時代中期頃までは吉備勢力の影響が強く見られるとされる（もともとは、出雲勢力の影響圏でもあろう）。

中国地方の国造設置時期

中国地方の国造設置の時期についての所伝を考えたとき、興味深い点もでてくる。大和王権が出雲を平定したとき、在地の意宇郡勢力のなかから鵜濡渟命《うかつくぬ》（宇迦都久怒命）を出雲の国造に登用したと伝える。同じ崇神朝に、「国造本紀」では波久岐（一に與止岐）国造、石見国造、吉備中県《なかあがた》国造という三国造も定めたと見える。なお、「国造」といっても、この当時、実際に国造という職名がこの設置当時から使用されたかどうかは疑わしい面もある（「国造本紀」のなかでの山城国造（設置当初の実態は「山代県主」か）と山背国造の記載例対比などから考えて、当初はある程度の広域の統治者で「県造（県主）」くらいの名で始まり、成務朝頃になって、「国造」という名に改められたものか、とも推される）。

戦後の古代史研究では、大和王権による「国造」設置の時期を無闇に引き下げ、学究では六世紀代中葉頃の設置とする見方（篠川賢氏『日本古代国造制の研究』など）が多いようだが、これは具体的な根拠・年代に欠く。その時期なら『書紀』になんら掲載がなく（安閑紀元年条には各国の屯倉設置まで見えるのに対し、不自然）、なによりも各国の風土記なども含めて文献無視の議論である。その場合、出雲国造など全国諸国造の初代の名をいったい誰とするのだろうか。大和王権が地方を版図に加えたときに、その地域に支配権を及ぼすなんらかの組織・機構（ないし直轄地も）を置かないと考えるほうが、むしろ不自然である。

古代出雲には、多くの名代・子代（大王や王族の部民）が見られ、建部（倭建命の部民）・伊福部（成務天皇の部民）・若帯部（成務か仲哀天皇の部民）・若倭部（仲哀天皇の部民。開化天皇関係とするのは疑問）・品治部（応神天皇の部民）等々が早い時期から置かれた（「大日本古文書」等）。出雲国健部郷波如里に見える印支部龍口・印支部馬女の「印支部」も景行天皇の名代（印色部）かもしれない。これらと併せて、鎮定に伴い、大和王権の様々な支配構造のなかに出雲が組み入れられた。皇子のための壬生部や、后妃のための私部の設置もある。

中国地方の山陰道あたりでは、上記四国造が他の諸国造に先行して設置がなされたとされる。これは、何らかの事件をきっかけにした同時の設置とみられるが、その事件とは何だったのか。明治期の鈴木真年は、「與止岐国造以下ハ此ノ御世ノ幾年ナリシヤ未詳ドモ、與止岐石見等ノ国ハ出雲国造ヲ定メ玉ヘル比ナルベク、吉備中県国ハ吉備津彦命十一年ニ平定ノ功ヲ奏セシ比《ころ》ナルベク」という指摘をする（『日本事物原始』）。

まず、基本的な点を押さえると、「国造本紀」の記事では、
波久岐国造　瑞籬朝、阿岐国造同祖、金波佐彦の孫、豊玉根命、定賜国造。
石見国造　瑞籬朝御世、紀伊国造の同祖、蔭佐奈朝命の児、大屋古命、定賜国造。
吉備中県国造　瑞籬朝御世、神魂命の十世孫、明石彦、定賜国造。
と記される。

このうち、**吉備中県国造**は久米氏族の出であり（遠祖の「神魂命」は、出雲で同じ表記とされる神とは実体が異なることに留意）、その国域については、従来は備後国後月郡とか備後北部の山間部という説が従来、多かった。ところが、それらの地域比定が漫然としたもので根拠が弱いうえに、いずれも地理的にも狭小であって枢要の地ではないこと、古墳など考古遺物や鉱物資源にも乏しいなどの諸事情から、疑問がある。このため、総合的に考え直すと、久米氏族の分布が多く、地理的にも重要で、古墳などでも当時の豪族の勢威が示される美作国を中心とする山間地に吉備中県国造の本拠をおく形（出雲に接する備後北部・安芸北部まで、美作北部から領域が伸びていた可能性もある）の比定が割合、妥当であろう。

波久岐国造については、「鼇頭《ごうとう》旧事紀」といわれる延喜本『旧事本紀』に「波久岐可作與之岐疑今周防国吉敷郡」と記され、真年翁もこれを受けた形で「與止岐」と記される。しかし、周防国吉敷郡に玉祖郷があっても、同説の決め手にはならない。波久岐国造が周防国吉敷郡とすると、近隣の佐波（沙婆）県主との関係でも不自然さがある。それに加え、「波久岐」の意味は何なのか、なぜ崇神朝という早い時期に設置されたのか、という視点からの検討が欠かせず、これら諸点から肯けない。とくに、周防国吉敷郡という吉備からかなり離れた飛び地（しかも、畿内により近く、広域であ

る安芸国すら国造が置かれていない時期にあって、安芸を飛び越えた遠隔地）に崇神朝当時に国造を設置する意義は、まず認めがたい。

そうすると、「波久岐」の意味としては同訓の「伯岐」、すなわち伯耆と同じとみるのが自然である（「国造本紀」には、「波久岐国造」と「伯岐国造」との重複掲上があるとみる）。波久岐国造条が置かれる「国造本紀」の記載位置からは、周防国内とするのがよさそうであるが、同書の記事には数多くの混入・倒置・重複などの混乱例があるので、やはり内容的に考えて実際の地理配置を重視するのが妥当であろう。

「国造本紀」の伯岐（一に波伯）国造の記事には、「志賀高穴穂朝御世、牟邪志国造同祖の兄多毛比命の児、大八木足尼」が国造に定められたと見える。この記事からは、山陽道の周防国大島におかれた大嶋国造家（「无邪志国造同祖の兄多毛比命の児、穴委古命」が初祖という）と同族であって、設置時期も同じ成務朝とされる。とはいえ、伯岐・大嶋という中国地方の国造の系譜が、この当時、遠い東国の武蔵国造家一族から出たとはまず考え難い。この辺には、系譜などの所伝の錯乱も併せて考えられる。

伯岐国造家が倭文神（建葉槌命）を奉斎して、伯耆国内に一宮たる倭文神社（河村郡）や同名の倭文神社（久米郡）を祭祀し、当地に鴨神の奉斎も多いという点が重視される。こうした事情からみれば、「国造本紀」記事の系譜との相違があるものの、その系譜は大和国葛城地方に発する天孫系の倭文連・鴨県主の一族とみられる。烏（カラス）が周防の島明神の神使と『古今著聞集』に見えるのも、大嶋国造の出自を傍証する。

西伯耆の日野川流域には、吉備津彦と一緒に行動した大矢口宿祢や「鴬王」（伯耆国造の祖にあたるか）の所伝が残り、関連する楽々福《ささふく》神社の分布も著しいと先に述べた。伯耆国造や倭文連については、系図が具体的に伝わらない。その系譜は不明かつ難解であるが、地名や衣服管掌などから追いかけると、山城の鴨県主や三野前国造の一族で、後者の始祖神骨命（神大根王、八瓜入日子とも書かれる。『記』に神骨が「彦坐王の子」とする系譜は仮冒）の近親子弟から出た可能性が大きい。

神骨命は長幡部の祖ともされるが、長幡部と倭文連という繊維・衣服部族の分布は、ともに武蔵・常陸などの東国にもある。長幡部の遠祖・多弖命は崇神朝に美濃から常陸の久慈に遷り、機殿を建て初めて織ったと伝える（『常陸国風土記』久慈郡条）。そうすると、多弖命は神骨命の子くらいの近親になろう。その先は、『斎部宿祢本系帳』などによると、天羽雷雄命であり（少彦名神の子という位置づけ）、これが美努宿祢（三野前国造と同族）・委文宿祢・鳥取部連などと共通の祖とされるから、鴨県主との同族性がここでも示される。

以上の事情から、伯耆には、崇神朝に先ず「波久岐」という名の「県造」級の地方官が設けられ、それが成務朝に「伯岐」という表記の国造に変わったとみられる。伯耆国造が倭文連一族に出自したとしたら、古代の出雲国内に多く分布する倭文部は、出雲平定に伯耆国造族が関与した傍証とされよう。東隣の因幡にも、高草郡に倭文神社（鳥取県鳥取市）がある。征討対象地域の出雲西部の神門郡（朝山・日置・滑狭・多伎の諸郷）には、臣・臣族・首及び部姓（無姓）という各種の倭文部が顕著に分布した（『大日本古文書』）。倭文郷・倭文神社が美作国久米郡にもあり（岡山県津山市油木北）、美作の名族には長畑・永幡（ともに長幡部に由来）もあった（『姓氏家系大辞典』）。

伯岐国造家が倭文連一族に出自したとして、「ははき」が鳥の名の「鵟」に通じるという伝承は無視できない。というのは、吉備の桃太郎伝説に見える「雉」が、その名を留玉臣命（遣靈《やりたま》彦命、置玉彦命）と言ったと伝え、この名は「国造本紀」に見える波久岐国造の祖・豊玉根命に通じる。新見市豊永赤馬にある日咩坂鐘乳穴《ひめさかかなちあな》神社は、備中国英賀《あが》郡式内の比売坂鐘乳穴神社に比定されるが、その末社に明日名門神社があり、天手力雄命・豊玉彦命と素盞嗚命を祀るとされる。この「明《あ》日名門《すなと》神」の実体は久米・大伴氏族の祖たる天手力雄命ではなく、倭文連・鴨県主等の遠祖・天背男命のことであるが、そこに豊玉彦が祀られるのは興味深い（おそらく鴨族と同族ないし縁故の者）。

石見国造の領域についてはとくに疑いがなく、系譜も山祇族系の紀伊国造と同祖というから、同族の久米部族と行動をともにしたのであろう。伯耆の東隣の因幡では、因幡一宮たる宇倍神社（鳥取市国府町宮下）の祠官で因幡（稲葉）国造一族から出たという伊福部氏は、祖先の武矢口命（武牟口命とするのは誤伝だと既述。物部氏族の大矢口宿祢に相当）が吉備津彦などとともに当地に来たと伝えるが、国造設置は成務朝と伝える。

以上のように見ていけば、出雲とそれをぐるりと取り囲む地域において、崇神朝に国造（実態としては、国造級の地方官の前身というところか）が置かれたという所伝は、十分に重視される。研究姿勢として、「国造本紀」の記事を簡単に否定してはならないと考える。

出雲国造家の初期動向と素賀国造

出雲東部の意宇郡あたりを本拠とした鵜濡渟が初代の出雲国造に任じられ、西部の出雲郡あたりに居た出雲振根の一族が滅びて、その支配地も併せて出雲全体が一つの国造のもとに管掌された。このように単純に考えてしまいがちなのだが、どうもそのようではなかった面もある。

というのは、富氏の口承古伝では、大国主神の後裔はその後も出雲西部に存続した模様であり、この所伝の信用度は総じてかなり薄弱そうであるが、それはともかくとして、出雲国内の諸古墳を見ても、東部と西部では、古墳時代前期から古墳の形態がかなり異なる事情がある。氏族分布や祭祀・習俗なども、東部と西部では様相がかなり異なる。

こうした諸事情を考えると、大国主神の後裔は、衰えたりとはいえ、その後も出雲西部に部族として存続し、それが後の神門臣氏などになったとみるほうが自然な模様である。

出雲国造家の系譜で先祖歴代を記載する初期段階（神武朝から崇神朝頃までの期間に対応）の部分を見ると、歴代の人数が多すぎて（しかも、それが直系でつながるとされるから、これらの活動期間が長すぎることになる）、系譜としては信頼しがたい。

出雲国造家の系図では、とくに上記の初期段階の世代数が他の諸氏族に比べ極端に多く、しかも歴代が殆ど直系で結ばれており、この説明が困難である（後に『記・紀』に見られる初期の皇室系譜に合わせて、歴代の世代数を増やしたとみる見方もあるが、恣意的に世代増加をさせたという見方は疑問が大きい。畿内の多くの古代氏族にあっては、まずありえないような世代数の多さが出雲国造の初期段階に見られることに留意される）。この間、同世代の傍系相続が多くあったとしても、判別しにくく、かつ疑問でもあり、むしろ可能性としては、杵築・意宇両系統の系譜が混合して、それらが接合された事情あるのではないかと示唆される。すなわち、二つ系統の人名を一つの系として取り入れて接合した結果、初期段階の国造系図の世代数が多くなったのではないかとみられる（この推定は重要で、後でまた触れる）。

このほか、初期段階の出雲氏の系譜では、領域や何時まで継続したかは不明だが、素賀国造や国造級の津嶋県造（津嶋県直。対馬国）も初期に分岐したと系譜に見える。

素賀国造は、遠江国東部の佐野郡曽我庄、素賀邑（現・静岡県掛川市領家あたり）を中心とする国造だと考えられている。遠江国城飼郡の式内社、比奈多乃神社の論社が、掛川市の上土方に鎮座する比奈多乃神社や、下土方に鎮座の高天神社とされており、各々が出雲国造の遠祖神を祀る（前者が建比良鳥命、後者が天菩毘命など）。比奈多乃神社と同じく城飼郡式内社の奈良神社（現・春日神社で菊川市上平川に鎮座）の境内に水がよく湧く小池があり、祭事に使われたという。なお、同国造後裔と称するものが因幡国岩美郡に残る事情（菅野村の長尾氏）もあり、この所伝が妥当な場合には出雲国大原郡須賀の地も関係ありか。

『記』で建比良鳥命後裔とされる遠淡海国造とは、この素賀国造を指すとしてよい模様だが、不明な点が多い。系譜が伊勢から東国へ逃げた伊勢津彦か近親の流れ（ないし、その東遷随行）とすれば、遠江への移遷事情はわかるが、そうした内容の所伝が初祖の美志印命《うましいに》（一に美志卯命）にはとくになく（太田亮博士は「饒速日命の後ならんとの説あり」と記しており、これが妥当なら、初祖が伊勢津彦〔神狭命〕と同人か子弟か）、素賀国造は物部系とされる遠江国造の前身とするのが妥当な模様であり、その一部領域は、女系を通じて他の系統（皇親系の土方君一族）に受け継がれたものか。

掛川市の西隣、磐田市見付にある遠江国磐田郡の式内社、淡海国玉神社は、『三代実録』（貞観七年五月八日条）には「遠江国淡海石井神」に従五位下を授くと見える。もとは清泉が豊かに湧く岩井原にあったと伝えるが、この辺は出雲系統の色彩がある。

イハヰ神は、東遷先の武蔵国に多いイハヰ・イハヒ神に通じるという見方もある（荏原郡の磐井神社は勿論として、横見郡の伊波比神社、入間郡の出雲伊波比神社、男衾郡の出雲乃伊波比神社も同類か。武蔵一宮の氷川社神主家に岩井氏もあった）。伊勢の皇太神宮内宮の末社十六社のうちに、石井神社があり、旧跡が岩井田（伊勢市宇治館町）にあって、石清水を守護の水神とされる。遠江の淡海国玉神社の相殿には熊野神社・須波若御子神社なども祀るから、この辺までは諏訪氏族も伊勢津彦後裔と同行したことも考えられる。

ちなみに、遠江には素我神社が静岡県掛川市下土方にあり、その北方近隣の同市上内田に出雲神社もあって、掛川市域には曽我・横須賀の地名も残る（同国造の遺領が母系をひく皇別の土形君・日置君一族に伝えられた故か。土形が土器・土師氏に通じると、日置ともども出雲国造族にある）。「素鵞神社」の表記では、神奈川県下足柄郡湯河原町や茨城県小美玉市小川古城にあり、「須賀神社」が茨城県稲敷市など東国に多く、埼玉県には川口・蓮田・北本などにあり、武蔵国埼玉郡に須賀邑もあって、「スガ、ソガ」の東国へ続く流れも見られる。

津嶋県造については、系譜や『古事記』の記事は正しいかもしれないが、出雲から対馬への移遷の事情は不明であり、系図も短くしか残されないので、この辺の判断が難しい。

岐比佐都美は何者か

出雲国造家の「氏祖命」とされる崇神朝の鸕濡渟以降の系譜では、世代数的に見て、あまり問題ないとみられるが、それでも注意すべき点が若干ある。

とくに垂仁記に見える**岐比佐都美**（キヒサツミ）という者の存在である。この者は、出雲国造家系図に見える「来日田維穂命」と同一人物だとして国造歴代（出雲氏第十四代。初代を天穂日命とする数え方。以下も、同様な数え方で記述する）のなかに数えられるものの、その伝承には系譜混入の匂いがある。氏祖命とされる鵜濡渟とは習俗・居地等から見て異なるようであり、別族・別系統とするのが妥当そうである。

『古事記』垂仁天皇の段には、同天皇の皇子とされる本牟智和気《ほむちわけ》王が出雲の「石硐（いわくま）の曽の宮」に鎮座する出雲大神（葦原色許男大神）の参拝に来たとき、出雲国造の祖・岐比佐都美が肥河（斐伊川）付近に仮宮を造り、そこで大御食《みけ》を献上したとあるが、前後の諸事情（斐伊川流域や、葦原色許男大神を斎く祝、蛇性の肥長比売などがこの物語に登場）からみて、この者はもともと西部の杵築大社絡みの神社に関与したとみられる。「出雲大神」とは、一般に大国主神を指すとうけとられることが多いが、問題の「石硐の曽の宮」が曽枳能夜《そきのや》社だとすると、別神にもなりうる。

仏経山（出雲市）

岐比佐都美を、出雲の四神名火山《かんなび》（神奈備山などの表記あり）の一で、出雲郷域（ないし近隣）の仏経山（四神名火山の中では標高が最も高く、三六六メートル）に鎮座するキヒサカミタカヒコ神（伎比佐加美高日子神）に比定する説もあり、この神自体への直接の比定は疑問だとしても、年代的に見て同神の一族後裔にあたるものか。出雲郡の風土記掲載社には支比佐《キヒサ》社があり、同社は、仏経山北西麓の出雲市斐川町神氷《かんび》に鎮座する式内社・曽枳能夜神社（祭神が伎比佐加美高日子命）の境内社として、本殿の背後にある（現社名は伎比佐神社）。支比佐社の元宮が仏経山中腹の「伎比佐の大岩」の付近にあったとみられている。

昔は、神名火山一帯を「キヒサ」と呼んでいて、この地の首長を祀るとされる（加藤義成氏）。そうすると、岐比佐都美とは、当該地区の首長（キヒサのツミ（積））を指す名前だったか（その場合、出雲郷南部・健部郷辺りに居た族長で、大穴持命の後裔にあたるか）。なお、曽枳能夜社は、近世以降は社家がないとされる（『式内社調査報告』）。

同じ伝承に見える「肥長比売」は、同族の娘とみられ、竜蛇信仰（大穴持命など海神族の特徴）の体現とみられる行動をとり、「肥長」も出雲西部を流れる斐伊川に関係して、その付近流域に居住したと窺わせる。ホムチワケは、記紀にいう垂仁の皇子ではないが皇族相当で（実体が応神天皇の前身とみられる者）、出雲に下向した時にこの媛と婚を通じたことで、媛が蛇に変身して追いかけてきたという所伝まで記される。これが、現実に関係するような事件があったのであれば、応神の幼年時として成務朝の出来事となろう。

ところで、国造のカバネとして多く用いられた直姓の諸氏も出雲にある（山部直、漆部直など）。

曽枳能夜神社（出雲市斐伊川町神氷《かんび》）

それが西部の出雲郡に主に見えるから、紀国造族たる西隣の石見国造からの流入が主かとみられる（山部・漆部の性格からも山祇族系と知られる）。国造のカバネとして用いられたり、三輪氏族系統によく見える君姓の諸氏（凡治部君、雀部君など）も出雲西部にあって、系統不明だが、これは西部の国造級かその下の豪族の流れの氏なのかもしれない。

このように考えれば、崇神朝に出雲に国造が設置された当初段階では、東部の「意宇」の国造が出雲郡出雲郷を含めて出雲一国をほぼ押さえたとしても、西部には大穴持命後裔の国造級のやや下程度の豪族（神門臣ないし健部臣につながるもの）が残存した可能性もある。その意味で、岐比佐都美が出雲西部のこれら豪族の祖かもしれない。大穴持命の後裔氏族が明確な形では古代・中世の出雲に残らず、同神を祭神として奉祀する神社も出雲大社を除くと、あまり多いとは言いがたい。そのなかで、飯石郡の三屋《みとや》神社は、大国主命の御門・御殿や神戸が在った場所（雲南市三刀屋町給下に鎮座）といい、同神を祀る。出雲風土記には「御門屋《みとや》社」とあげ、延喜年間以前は松本古墳群の上に鎮座したとされる。

三屋神社の裏山近隣には、雲南地方最大規模の松本古墳群として六基の古墳がある。そのうち、松本一号墳と松本三号墳は、古墳群の中核であり、前者の一号墳は全長が約五〇メートルの前方後方墳で、斜縁獣帯鏡やガラス小玉、刀子などの副葬があった。築造時期は、出土の土器などからみて、神原神社古墳よりやや遅い古墳時代前期後半頃とされる（四世紀半ば頃か）。松本三号墳も全長約五二メートルの同型墳で、前方部が撥《ばち》形に広がる型式をもち、備前車塚古墳との関連性もいわれる（未発掘。一号墳よりもやや古いか）。これらの諸事情から、大和王権に服属した勢力か出雲侵攻勢力の関係者による築造かと考えられる。

淤宇宿祢の事績と出雲の古墳

出雲国造家の先祖歴代の名のなかに、オウスクネ・ミシマスクネなど出自・居地を示唆するような者が見える。

出雲国造家の系図には淤宇足努命があり、『書紀』仁徳即位前紀にも「屯田司出雲臣の祖淤宇《おう》宿祢」と見えて、倭の屯田についての相論で登場し、遠く韓地まで派遣されている。この倭の「屯田」を大和国にあった屯田とみる説が多いが、出雲国に置かれた大和朝廷の屯田ともみられよう。ともあれ、「淤宇」は意宇郡の意宇であり、意宇郡に居した特定の人物とみられる（この名はいわば通称であって、実名ではあるまい）。淤宇宿祢について、王権との緊密な関係のもと意宇川の灌漑システム開発に成功し、権力基盤を確立した故に子孫に語り継がれたとみる見方もある（池淵俊一氏「遺跡からみた五世紀の出雲と王権」、『古代出雲ゼミナールⅡ』所収）。この意宇宿祢のときに、国造一族は、意宇郡東部の安来・能義駅家あたりからすこし西遷して、同郡でも西寄りの大草・山代郷あたりに来たものか。

出雲中部、松江市南部では、廻田《さこだ》一号墳（真名井古墳。松江市竹矢町廻田で、茶臼山山頂の北東麓）から古墳が現れる。同墳は前期末～中期中葉頃の築造で、全長五七メートル《メートル》ほどの規模、出雲中部で最古級の前方後円墳ではないかとされる。畿内王権の墳丘型式を受容したことや年代を考えると、被葬者が淤宇宿祢という可能性もあろう。範囲確認調査で四世紀末頃の埴輪が出土したともいう（年代は多少幅があろうが）。次いで、井ノ奥四号墳（同市竹矢町井ノ奥。消滅）もほぼ同規模で同墳丘型式の古墳がその後の古墳時代中期に築造された。こうした型式の古墳の出現は、出雲国造家の大草郷一帯への移遷があって、それが古墳時代中期の中葉頃までがメドとして捉えられる。ただ、隣国の伯耆や石見に比べても、百㍍超の巨大古墳が出雲にはなく、出雲国造の五、六世紀代の財力が大きかったとは言い難い。

出雲の古墳状況から見て、出雲東部に比べて出雲西部の劣勢が窺われる。全国的に見て、出雲は前方後方墳が多い地域と知られるが、その築造時期も特異であって、全国の前方後方墳は殆どが古墳前期に築造され、中期以降は消滅したのに対し、出雲では約八割が中期末以降から後期に造られていて、全国の趨勢とはかけ離れた動向がある（松本岩雄氏）。その時代でも古墳の規模はあまり大きくなく、後期古墳の時代になって、中部の山代二子塚古墳（前方後方墳。円筒埴輪Ｖ式を出土し、出雲国造の本拠地にある）、西部の斐伊川下流域に大念寺古墳（前方後円墳。円筒埴輪Ｖ式・金環・轡・杏葉等を出土）という出雲最大級の古墳がようやく出てくるが、それでも共に全長が九二～九四㍍ほどであった（伯耆地方で最大級は馬ノ山四号墳・北山一号墳で全長約一一〇㍍、石見地方では大元一号墳で全長約八八㍍とされる）。

付記しておくと、三嶋足努命という者も、淤宇宿祢の父として出雲国造家の系図に見える。この名からは、伊豆にあって伊豆国造一族が奉斎した三嶋大社や、伊予で小市国造（越智宿祢）一族が奉斎した三嶋神社が想起される。

全国に広く分布する「三嶋神」は、事代主神や大山咋命（あるいは大山祇神〔大山積命〕ともされるが、「大山祇」は転訛か）にあてられることが多いが、実体が少彦名神とみられる。伊豆国造は熯之速日《ひのはやひ》命を祖神とする服部連の同族であり、伊予の小市（越智）国造は物部連の同族であって、両国造家はともに少彦名神かその兄弟神の後裔である。摂津の三嶋県主もその例に漏れず、系譜は少彦根命の後とされる。そうすると、「三嶋」という名は、同じ天孫族の系統でも、天穂日命の流れとは異なる。

大和王権への服属

出雲氏が大和王権に服属したことは、先に一族の野見宿祢が垂仁朝に畿内で活動したと『書紀』等に伝えることでも知られる（この者の事績・系譜は、土師氏のほうで後述）。

次ぎに仁徳朝の出雲国造（名は不明）も、『播磨国風土記』に見える。それが餝磨《しかま》郡の餝磨御宅《みやけ》に関する記事で、仁徳朝に意伎・出雲・伯耆・因幡・但馬の五国造を召喚したことがあったが、各々の国造が朝廷の召喚使を粗雑に扱った故に、その罰として播磨に御田を作らせたが、この田から採れる稲を収納する御宅（屯倉）が当該御宅の起源だとする所伝である。これが、姫路市街地南方の飾磨区三宅が遺称地とされる。奈良時代に播磨国宍粟郡三方郷野里の出雲部生手が藤原京跡出土の木簡（文武二年（六九八）頃）に見えており、貢進の記録とされる。出雲部は、このほか備中、丹波や山城などで見え、天平神護二年（七六六）九月の越前国の「足羽郡司解」では主政外少初位下出雲部赤人と郡司で見える。

出雲国造の系図を見るかぎり、この時の国造は、「屯田司出雲臣の祖淤宇《おう》宿祢」と先に見た者しか該当者がいない。だから、王権が「罰」として御田・屯倉を造らせたかは疑問ではあるが、五国造それぞれが餝磨御宅へ寄与したのは認めてよい。この時の国造のなかに成務朝に置かれたはずの二方国造が見えないが、かなり衰えていた事情があったか。ちなみに、田道間守の後裔の豊背古（別伝には、名は香志斐）には、「仁徳御宇造播磨飾磨御宅、為三宅連」と系図に記されており、この御宅の管掌に因み、姓氏を負ったと知られる。

播磨国人で大初位下出雲臣人麻呂が『続日本紀』延暦十年（七九一）十一月条に見えており、外従五位下に叙せられた。「水児《かこの》船瀬」（賀古郡の加古川河口の港で、その維持・保全の意）への稲献上の賞だという事績等から考えると、賀古郡あたりに居住したものか。系図によると、楯縫郡大領出雲臣大田の弟の稲麻呂が播磨に遷居したといい、その孫が人麻呂とされ、その子孫が京都の武官にあった。『類聚符宣抄』長和四年（一〇一五）四月に、大宰権帥藤原隆家の随身で従七位下左近衛の出雲宿祢国重が見え、この者は人麻呂の七世孫とされる。

賀古郡について言えば、『播磨国風土記』賀古郡条に、印南別嬢に仕えた出雲臣比須良比売を息長命の妻に給うと見える。印南別嬢は和珥氏の出で、景行天皇に求愛されて妃となるというが、この活動の実際の主体は成務天皇とみられるし（景行の后妃の播磨稲日大郎姫とは別人）、息長命とは東国の武蔵国造等の一族の出で、播磨国賀毛郡や和泉にあった山直の祖にあたる。


出雲国造一族のなかで、王権により韓地まで派遣されたという者は、『記・紀』や六国史などでは淤宇宿祢のみである。朝鮮半島と向かい合う位置にあって、韓地から国土を引き寄せて造出したという伝承をもつ出雲地域の氏族としては、やや不思議な感もある。倭系百済官僚を含め朝鮮関係伝承のなかにも、出雲国造一族は登場していない。

古墳時代の出雲を見れば、朝鮮半島系の円筒土製品や甑（蒸し器）・長胴甕という軟質土器、初期須恵器が、五世紀前半頃の出雲国府跡下層（松江市大草町）や夫敷遺跡（同市東出雲町）から出土した。それより早い弥生時代には、朝鮮系無文土器と呼ばれる土器が、出雲市大社町の原山遺跡、同市矢野町の矢野遺跡や、松江市の西川津遺跡・古浦遺跡などで出土した。最近では、出雲市の青木遺跡の西南近隣の山持《ざんもち》遺跡（西林木町）から、楽浪土器でほぼ完全形の壺や土器破片をはじめ、無文土器である勒島《ぬくと》式土器（勒島は朝鮮半島南端沖の島）や三韓土器等がまとまって出た。

これらを担った部族や渡来人の痕跡が具体的に知られないから（「出雲国大税賑給歴名帳」に見える出雲郡の辛人部があるいはそうか）、あるいは北九州を通じて、その往来のなかでもたらされたものだったか。すべてを淤宇宿祢の事績関係とするのは無理であろうが、弥生時代から五世紀当時の出雲は、朝鮮半島とのかなりの交流があったのであろう。

出雲宮向宿祢の臣姓賜与

淤宇足努の次の第十八代の出雲宮向宿祢は、允恭天皇元年（五世紀前葉か）に国造となり、初めて出雲臣の姓氏を賜ったという（一説によれば、時期は反正天皇四年ともいうが、いずれにせよ、記紀には記載がない。この氏の名「出雲臣」を名乗る前に、何と名乗っていたかは不明であり、これを「意宇氏」（オウ氏）とする説も学究にかなり見られるが、意宇氏は史料にはまったく見えず、その痕跡もなく、疑問が大きい。原始姓とみられる「出雲積」を名乗る者が奈良時代の天平年間にも見えており、出雲積と出雲臣との関係も不明だが、出雲積から出雲臣へ変わったとするのが比較的自然か）。

宮向の時に出雲臣の姓を賜ったことは、北島家所蔵の建保二年（一二一四）八月の新院庁御下文にも記される。いま出雲大社の摂社に「氏社」（うじのやしろ）があるが、国造家は杵築に移住する際に自分の祖廟と祖神たる国造家の祖・宮向宿祢命を持っていき、国造館の近くに祀った。近くにもう一つの氏社があって、これは祖神天穂日命を祀るという。

全国各地におかれた氏姓国造で「臣姓」のものは、神別を称する氏としては特異である（実際には神別の流れでも、天皇の後裔すなわち皇別という系譜を称する国造はあるが）。これを端的に説明する説は管見に入っていない。私見では、出雲国造家は神別・物部連氏と同族であり、物部連氏の本宗は穂積臣氏であり、その一族には采女臣氏もあったことが背景にあるとみる。ちなみに、神別・中臣連の同族にも倉垣臣、荒木臣や伊香具臣という臣姓の氏があり、これら諸氏は地名に因る地方豪族であった。

宮向宿祢命の後では、出雲国造一族について大化前代の動向は知られないが、現伝の国造家系図の不備を示すのが第廿四代とされる「帯許督」なる表記の者の存在である。この者について、「評督を帯びる」という註記だとして、その前代の叡屋臣の説明とする見方がある。名が「帯許」としても「帯」としても、当時の名前としては不自然であるが、その一方、この者の先代・叡屋臣が推古朝に仕え、次代が霊亀二年（七一六）に国造と見える果安とされるから、白鳳八年（六六八か）に国造になったと伝える当該国造歴代を年代的に消すわけにもいかない。おそらくは、実名がどこかで欠落してしまい、その者の註記が名前と間違えられて、後世に伝えられたものではなかろうか。

出雲国造一族の分出

出雲国造の本来の本拠が出雲東部の意宇川流域であり、なかでも松江市南郊の大庭町あたりが中心地であった。この一帯の古社とその奉祀者に注目されるが、この地域には出雲国造一族と相関連を有する「意宇六社」が鎮座しており、神魂《かもす》神社（大庭大宮。大庭町。中世末期ごろ以前の祭神は不明も、速玉神か）、熊野神社（式内社。熊野大社。八雲町熊野）、真名井神社（式内社。伊弉諾社。山代町伊弉諾）、国府総社六所神社（大草町）、八重垣神社（佐久佐社。佐草町八雲床）、揖夜《いや》神社（式内社。言屋社。東出雲町揖屋）がそれらにあたる。その殆どを国造一族が長く奉祀したとみられる。荒神社も、それらの殆どにおいて、境内社として鎮座する。

　揖夜神社の摂社に韓国伊太氏神社があり、東方近隣には「黄泉《よもつ》比良坂」（現世と冥界、すなわち黄泉の国〔根の国、根之堅洲国〕との境界）に擬定される「伊賦夜《いふや》坂」があり、千引の岩という巨岩も置かれる。

　これら六社に加え、松江市では和多見町の**売布《めふ》神社**（意宇郡式内社で、旧県社）にも注目される。元の鎮座地は意宇郡の海辺とされ、天正年間に現鎮座地に遷座したという。祭神は速秋津比売神（水戸神）で、その孫が摂社神たる櫛八玉神だというが、各地の売布神社は、摂津国河辺郡式内社の売布神社・高売布神社（各々、現・宝塚市売布山中町、現・兵庫県三田市酒井宮に鎮座）などのように全国に見えており、国譲り神話に関係がある大己貴神の娘・下照姫とその夫・天若日子（天津彦根命）を祀る例が多い。そうすると、「速秋津比売＝下照姫」というこ

現世と死者の住む他界の境目にある黄泉比良坂《よもつひらさか》と伝承する伊賦夜坂（松江市東出雲町）

とになるのか。ともあれ、国造家の遠祖神を祀る神社なのだろう。

このほか、玉湯町の玉造湯神社や東忌部町宮内の忌部神社（大宮神社）にも注目される（これら二社は、少彦名神の後裔の奉祀したものか）。松江市玉湯町布志名の布自奈大穴持神社（鷹大明神）も式内社で、その神薬が『大同類聚方』（現伝本は後世の偽撰ともされるが）にあげられる。ちなみに、出雲の国造家や豪族、神社に伝わる薬方（いわゆる出雲薬）が三七方もあり、他の地方を圧倒する（伊田喜光等監修『古代出雲の薬草文化』）。

玉造湯神社（島根県玉湯町）

出雲国造一族は出雲国内に多く分布しており、その分出過程は、鈴木真年や中田憲信が明治期に採集した系図類にかなり見える（その真偽は史料で確認しがたいが）。

これら一族諸氏は、本拠地の名に因ったほか、王権に服属した崇神朝以降では、名代・子代や職業部の長となってそれに因んだ氏を名乗り、殆どみなが臣姓であった。管見に入ったところを次ぎにあげるが、大国主神の後裔かともみられる諸氏の混入もなかにあったようであり、この辺を的確には識別できないことに留意される（後に宿祢姓を名乗るものもあるが、これは省略して臣姓だけを記す。全てを網羅できていないことに留意)。

地名に因るものでは、神門臣、林臣、宍道直、朝原臣、太智直、佐波臣。

名代・子代の管掌に因るものでは、建部臣、若倭部臣、若帯部臣、品治部臣、蝮部臣、刑部臣、日下部臣、財部臣、若桜部臣など。

職業部では、勝部臣、語部臣、額田部臣、日置部臣(置部臣、日置臣)、社部臣、鳥取部臣、民臣、舎人臣、倉舎人君、海部臣(海臣)、倭文部臣、丈部臣。

その他の他氏従属関係などでは、吉備部臣、物部臣、有臣。

須佐神社(出雲市佐田町)

飯石郡式内社の須佐神社(出雲市佐田町須佐)の祠官須佐氏は稲田氏ともいい、足名椎の末裔で稲田首姓と称する。同社は須佐能袁命を主神として祀り(配祀には妻の稲田比売やその両親・脚摩槌夫妻)、出雲国造同族ないし姻族か。現伝の系図は、大国主命の子の鳥鳴海命の子・国忍富命の後裔という形のものだが、すくなくとも初期部分では、系譜記事に疑問が多くある。スサノヲ神の子の八島士奴美神(また、八島篠命)を祖とするともいう。この家に国造家から養子が入ったという所伝もあり、須佐郷司が出雲宿祢を名乗ったとも史料に見えており、「出雲」とか「雲太郎、雲次郎」を通称とする者が系図に多く見える。なお、須佐神社の境内付近には塩井（社前の小池で、万病に効く水という）があり、雨壺と呼ばれる巨岩や境外摂社の厳島神社に巨岩があって、旧社地の宮尾山に磐境が残るという。

関連して、仁多郡奥出雲町稲原に稲田神社があり、奇稲田姫命を主神として祀るが、創祀由来が古くないようである（棟札に見える最古の年号は元禄十五年）。この姫を単独で祀る神社は、これ以外は殆どなく、常陸国笠間の稲田神社（新治郡の名神大社。新治国造の奉斎で、本宮の祠左手に巨石の磐座があり、好井の水がある）が知られるくらいである。

同町大呂には鬼神《おにかみ》神社があり、式内社伊賀多気社の論社だが、一の鳥居の右手に素戔鳴尊・五十猛命が乗ってきたという巨岩が「岩船大明神」として祀られる。この親子が新羅から乗ってきて「鳥上峯（船通山）」に降り立ったという埴土船が、岩化したと伝える巨岩である。「鬼神伊我多気大明神」とも表現され、「鬼神」とは鍛冶神の五十猛神を示すとみられる。鎮座の大呂は、斐伊川上流域にあって、良質の砂鉄（玉鋼）を産出した。出雲国造一族が意宇郡西部の大庭あたりに落ち着いて以降で

稲田神社（島根県奥出雲町）

は、出雲国外へは支流の分出が知られない。それより前に、畿内や因幡国高草郡方面に野見宿祢一族の分出が系図から知られるが、ほかでは周防の佐波川流域への支族移遷くらいではなかろうか。

出雲国造一族の有力諸氏

これら出雲国造一族の分出する関係の系図には、一部に疑問な面がないでもない。国造一族の有力なものは、出雲国内の有力社の祠官家を世襲して中世・近世まで続くので、それら祠官家などを出して活動が注目される主な諸氏を取り上げる。

(1)勝部臣

系図によると、第十九代国造布奈臣の弟の莵臣が長谷朝倉朝に勝部となって供奉したので、勝部臣となったといい、『出雲国風土記』には大原郡の大領勝部臣虫麻呂、主帳勝部臣東人にあたる人物が編纂関与者として見えるが、同書ではこれらが欠名で記される。

勝部氏が奈良の大仏殿建立にも関わったようで、「大原郡佐世郷郡司勝部□屋智麻呂」の名が木簡に記されて、東大寺大仏殿回廊西地区から出土した。なお、勝部は、隠岐国海部郡や因幡国気多郡にも分布しており、これらは系統不明だが、平城京出土木簡に見える。

大原郡朝山郷に居た勝部臣支流から出た朝山氏が、中世の出雲では在庁官人として国衙で上位にあり、鎌倉中期に「在国司」の地位でも見える。起源の地・朝山には朝山神社（雲井瀧大明神、宇比多伎大明神）があり、この神主も出したが、この辺は具体的な系譜が不明である（杵築大社の東南近隣の出雲市松寄下町に朝山八幡宮もあるが、両社の関係は不明）。

朝山氏の本宗は、室町期には秋鹿郡式内社の**佐陀神社**（佐太神社。松江市鹿島町佐陀宮内）の神主を兼ねており、これを現在まで長く世襲する。麻須羅神（天目一箇命と同神か）の子とされる佐太大神の実体が饒速日命とみられるので（この辺は拙著『物部氏』参照）、勝部臣はその男系後裔ではないが、女系などなんらかの縁由があったものか。朝山氏は諏訪神の末裔とも言うが、これは明らかに疑問である（朝山氏には、『大伴系図』の古代部分とか、嘉住などの名が見える系図など中世部分でも、後世の偽造系図がかなり通行するので、注意を要する）。

朝山一族が平安後期頃から出雲国内で武家としておおいに繁衍し、南北朝期には備後守護になる者（朝山景連）も出した。戦国期には、尼子氏の配下として活動し、戦国末期まで武家で続いた（支流に戦国末期以降の京の九条家の諸大夫家もあるが、詳細は後述）。

(2)日置部臣

出雲諸祠官家のなかで一方の雄であったのが**日御碕社の神主家小野氏**である。島根半島の西端部に鎮座の同社は、風土記出雲郡の在神祇官社の「美佐伎社」で、『延喜式』掲載の「御碕神社」に当たる。小野氏は同じ出雲宿祢姓と称しながら、出雲国造家と別の祖神や系譜を伝

日御碕神社。背後は日本海（出雲市大社町）

えるが、その祖系の所伝・系譜は疑問が大きい。同社の境内の東西に「上の社、下の社」があって、祭神は上の社が素戔鳴尊、下の社が天照大神とされる。『日御碕文書』によれば、最古に属するのが十世紀後葉の寛和二年（九八六）というから、それより古い時代のことは分からない。

ともに出雲郡にある杵築大社と日御碕《ひのみさき》社（出雲市大社町日御碕）との間では、鎌倉末期から室町期にかけて社領の相論が繰り返された。一方の当事者たる日御碕社の神主家小野氏は、日御碕検校職を世襲して、明治になって千家・北島氏の両国造家とともに男爵となった。明治初期には、出雲国内で杵築大社に次ぐ千三百石弱の所領をもっていた。小野家には、千家・北島両国造家とはまったく別の系譜を伝え、『小野家譜』として明治に小野尊光が提出したものが、東大史料編纂所にも所蔵される。

同家の系譜では、天葺根《ふきね》命の後裔とするが、同神は素盞鳴尊の五世孫とされ、神代紀の一書に素盞鳴尊の五世孫と見える天冬衣《ふゆきぬ》神（大己貴命の父神とされる）と同じだと一般にみられている。しかし、その系譜や所伝を多角度から検討してみると、当該系譜は歴代の名前などに後世の色彩が強く、世代数が多すぎるなど混乱が多い。この見極めは難しいが、①中世には日置を名乗ったこと（『島根県史』など）とともに、②日御碕社の下社は日沈宮ともいい、もとは近くの日置島（経島《ふみ》、文島）に鎮座したが、のちに陸地に移したと伝える事情などからみて、その出自は、出雲国造支流の日置部臣（のち宿祢）氏の流れとみられる。日置部は太陽を祀る祭祀集団とされ、『出雲国風土記』には、出雲郡の現大領として置部臣（名は佐底麻呂と系図に言う）が見え、その祖父が旧大領の置部臣布禰という。「置部」は、「日置部」の文字欠落か日置部と同じ義である。

日置部臣氏は、欽明天皇朝から神門郡家の真東四里に位置する同郡日置郷を本拠としたが（『出雲国風土記』）、同郷の比定地は出雲市上塩冶町〜今市町あたりとされる。当地には、**今市大念寺古墳**という島根県最大級の前方後円墳（全長約九二㍍。松江市の山代二子塚古墳とほぼ同規模）がある。豪華な副葬品（円筒埴輪Ⅴ式や金環・金銅製飾履など）をもち、その家形石棺は日本最大級の大きさで、六世紀後半頃の築造とみられている。これに続く南方近隣の上塩冶築山古墳という古墳時代後期後半の古墳（直径四六㍍の円墳。前方後円墳説もある）もあり、石室・石棺の規模や金銅冠・大刀など副葬品の豪華さで知られ、被葬者は今市大念寺古墳の後継かとみられている。さらにその南側の上塩冶地蔵山古墳という円墳もこれに続く。これらは西谷墳墓群の西側にあり、大穴持命族裔らしき神門臣氏関係の墳墓かとみる見方もある。ただ、この当時は神門臣氏がやや衰えていたかとみれば、新来の日置部臣氏関係が被葬者かという見方があり、このいずれかであろう（後者にやや傾くか）。

神門郡日置郷には日置部臣・日置部首・日置部の居住があったが、その西隣の出雲郡河内郷あたりにもこれら姓氏の居住が多くあった（『出雲国大税賑給歴名帳』）。神門郡の東隣が出雲郡で、「出雲国計会帳」（正倉院文書）には天平六年八月時の出雲郡大領外正八位下の日置臣佐提麻呂が見えるが、この者は前年の『出雲国風土記』編纂時にも同職にあった。

日御碕社の末社にも熊野神社があり、同社で行われる和布刈《めかり》の神事が出雲の美保関や北九州市門司区の和布刈神社等と同じ伝統をもつ。大晦日に社前の天一山で行われる秘事の神剣奉天神事もあって、これは鍛冶神天目一箇命の後裔を窺わせる。正月の釿始《ちょうのはじめ》神事も鍛冶部族に由来か。そうすると、祖先の天葺根命とは、音の近い天津彦根命に通じよう（天津彦根の子の天御影神を祀る近江の御上神社にも、正月に手斧始式という神事がある）。このように見れば、神主家小野氏の系図は、古代部分は後世の偽造系図だと疑われる。

鎌倉期、建長頃の日御碕検校職の日置政家、その子で文永頃の検校日置政吉の頃から後の系図部分は、ほぼ信頼性がありそうで、南北朝期には三崎三郎次郎政高がおり、その後も歴代が続いて小野氏（出雲姓と称する）を名乗る。一族には神西、真野などもあり、日御碕社の上官などをつとめ、武家にもあった（後述。上官の古庄、大野、赤坂は系譜が不明）。

ここまで出雲西部の日置部臣について書いたが、東部の意宇郡舎人郷にも一族が居たことは『出雲国風土記』に見える。その記事では、やはり欽明朝に日置臣志毗が大舎人として供奉して倉舎人君等の祖となったが、この志毗の居住地に因み舎人というとされる。意宇郡の山代郷に日置君目烈《めつら》が建立した新造院があり、その子孫の日置君猪麻呂が出雲神戸に居た。飯石郡の山国郷にも、出雲臣弟山が造った新造院のなかに三層の塔があって、これは日置部根緒が造りし所なり、と風土記に見えており、「日置」を名乗る氏の出雲での分布は広かった。なお、意宇郡の忌部大宮神主も日置といわれるが、真偽不明である（これが妥当ならば、『姓氏録』未定雑姓和泉に忌部首一族の日置部の掲載があり、その同族か）。

(3)財部臣

杵築大社には**別火職**という要職があり、これを世襲したのが財部臣である。鎌倉期の建長元年（一二四九）六月に「別火散位財吉末」「別火吉末之子息吉高」が見えており（「出雲北島家文書」、『鎌倉遺文』所収）、室町期の応安三年（一三七〇）八月廿八日付文書の連署者にも「別火　財貞吉」が見える。その一族はいくつかに分かれて、出雲郡の富神社、出雲井神社の祠官なども世襲したといい、後者のほうは後に向氏とか富氏を名乗った。

富氏では、口承で長く古伝を伝えてきたというが、内容には史実等に矛盾する面があり、そのままではとても信拠し難い（最近のネット上や出雲関係の著作・記事では、この関係の所伝がかなり見えるが、内容は要注意）。富氏の祖先からの具体的な歴代を伝える系図は管見に入っておらず、祖先を大己貴神とか、出雲大社の摂社・出雲井神社で祀られる岐神《くなど》（実体は五十猛神か）ともいうが、出雲国造家から出た支流一族という説もあって、「財」の名乗りも先祖に見えるから、これが妥当であろう。出雲氏本宗家の系図を見ても、庶子に向とか富とかを名乗る者がいるから、本宗家一族から入った養子も時にあったものか。

財部臣の祖先が国造家本宗から分かれた時期は不明であり、子代・名代の「財部」（皇極天皇〔財皇女〕の部民として設置という説は疑問。当初の設置時期はもっと早いか）という氏の名から考えると、五世紀代ではないかと思われる。祖先の名が系図に見える岐多志古命だとしても、この者が「キイサツミ」（成務朝ないし垂仁朝の人か）と兄弟だという系譜の是非は不明であり、むしろ疑問である。

良く分からないのが「別火」という職を担った氏である。出雲において、杵築大社の別火のほか、他の神社にあっても、同名の職を名乗る者が見える。意宇六社でも長官が別火と呼ばれた。揖屋社に別火職があって、平安末期頃の助宗（資宗）に続いて、承安二年（一一七二。この前年には、杵築大社の仮殿遷宮が挙行）九月に子の大宅助澄が補任された（「出雲揖夜神社文書」）。その後も、宗澄、為澄……と続いて、戦国期には別火を号したが、同社社家の井上氏になると言う。この大宅氏が実際に財部臣と同族かどうかは不明である。

熊野大社（熊野坐神社）の神主別火に熊野重忠がおり、永禄八年（一五六五）に『熊野大社社記』を著した。この熊野神社にも杵築大社とは別に同名の別火職があったことで、別の氏となるが、別火職につく者は皆がほぼ同じで、国造同族の系統となろう（出雲では佐陀神社にも別火職があり、磯崎氏が世襲した）。「鑽火祭」（さんかさい）という火を鑽り出すのに使う燧臼《ひきりうす》と燧杵《ひきりきね》を出雲大社へと送りだす神事が、熊野大社では毎年十月十五日に行われてきた事情から言うと、「別火職」は同一の氏かそれに近い同族とみられる。

意宇川の上流部に鎮座する熊野大社は、本来は意宇系統の至高の神であり、出雲一宮ともされる。『令義解』にも、天神（天津神）として、出雲国造の斎く神があげられるし、天孫族系統の氏族の奉斎神にふさわしい。熊野大神が当初に鎮座したという熊野山（現・天狗山）の山頂には巨大な磐座の祭場があり、これも天孫族系統の祭祀と調和する。熊野大社の本宮の近くには「天狗山の水」の湧水があり、意宇川の水源といわれる。先に、『書紀』の斉明天皇五年（六五九）条に見える「厳の神」の宮修造の記事に触れたが、これが熊野神にあたると多くみられているが、この当時、社殿をもったかは不明である。

社家は、当初は鈴木氏、のちに熊野氏を号した。同社の摂社に荒神社があるから、祭神も素戔嗚尊（五十猛神）で疑いないが、出雲国造同族の物部連氏の流れではなく、やはり出雲国造一族の流れとみられる。『姓氏家系大辞典』にはクマノ条の十八項に旧社家系図が掲載されており、古代の部分は疑問が大きいが、「熊野財臣武重―熊野宮主財臣武作」という記事が中世頃に見えるから、熊野神主家の姓氏は財部臣と伝えたことが分る（系図には、途中に源姓を称したことも記される）。

天平六年の『出雲国計会帳』には、仕丁火頭財部木足等七人が逃亡したことが見える。

(4)物部臣

出雲国造一族にも物部臣が見えており、楯縫郡主帳で『風土記』に見える（系図では日置部臣の支流で記す）。意宇郡の**神魂神社**神主の秋上《あきあげ》氏は、物部後裔と称したが、これは中央の物部連ではなく、出雲の物部臣のほうかとみられる（山陰道には、因幡一宮宇倍神社祠官の伊福部氏がおり、物部連一族の大矢口宿祢〔系図に武牟口命と記すが、この名は誤伝〕の後裔であるが、出雲物部はこの流れではなかろう。近隣の石見国安濃郡に物部神社を奉斎する物部支族〔明治の金子男爵家につながる〕があるが、この流れも出雲へは分岐所伝をもたない）。一に藤原姓ともいうが、これは実態としては信じ難い。本来は、神魂神社神主たる北島国造家のもとで権神主をつとめており、同社には宮畠氏や菅井氏など（ともに系譜不明）、千家国造方の神官もいた。神魂神社の裏山にある岩を用いて、野見宿祢が修行したという伝承もある。

秋上氏に関する最も古い史料は、嘉吉三年（一四四三）六月の「藤原秀尊譲状」とされ、応永頃の秋上三郎左衛門尉藤原末國一跡の揖屋・大庭御代官職が、北島幸孝・高孝の命をうけ秋上助六栄國に譲られた。ここでは、秋上氏の「末國―秀尊―栄國」という系譜関係が読み取られる。

秋上庵介宗信（伊織介久家）は、戦国時代末期の尼子義久・勝久に侍大将で仕えており、「尼子十勇士」の秋宅庵助のモデルとされる。宗信は、元亀元年（一五七〇）の布部山合戦に敗れた後、翌年には毛利方に降った。父は三郎左衛門綱平（幸益）で、神職のほうは兄の孝重が継いで長く続き、現代まで多くの文書を残した。神魂神社の本殿は現存する最古の大社造建造物であり、昭和二七年三月に国宝に指定された。

(5)額田部臣

銀象嵌の文字「各田卩臣（額田部臣）」が掘り込まれた鉄剣（円頭大刀）が、松江市大草町の岡田山一号墳（全長約二四㍍の前方後方墳）で、内行花文鏡・馬具類などとともに、大正四年（一九一五）に発見された。文字は昭和五八年（一九八三）にX線撮影により一部が解読され、六世紀後半頃のものとみられている。同墳は、山代二子塚古墳（出雲最大級の前方後方墳）や茶臼山の南方近くに位置し、西南近隣には神魂神社が鎮座する。意宇川左岸の地域で、東方近隣には出雲国庁跡があるから、出雲国政治の中心域にある。

岡田山１号墳から出土した銀象嵌円頭大刀
（六所神社・島根県古代文化センター提供）

額田部臣は、国造三島宿祢の弟、櫛万呂足奴命の後裔だと系譜に伝えており、『風土記』には大原郡少領の押嶋、それを承けた同じ少領職で従弟の伊去美が見える。同郡の屋裏郷《やうち》（現・雲南市大東町西北部）には、額田部臣押嶋が建立したと伝える寺院の記事も見える。出雲には、額田部首（秋鹿郡人）や額田部の分布もあった（『大日本古文書』）。

天平六年（七三四）の『出雲国計会帳』には、大原郡屋裏郷の賀太里戸主として額田部宇麻呂があり、その戸口の額田部羊が盗人と見える。出雲郡の山持遺跡出土の木簡には、地名の「神戸」（斐川町鳥井周辺）と人名の「額田部」の記事が見える。

山城二子塚古墳（松江市山城町二子）

出雲国庁跡（松江市大草町）

なお、近世出雲の鉄師として著名な田部家（雲南市吉田町）は、その元祖・彦左衛門が文明三年に死亡（一四七一年で、享年八一歳）と伝え、明治時代に刊行の『国乃礎』には、祖先は「出雲国屋裏郷ノ少領タリ、子孫世々出雲ニ居ル、時人西亭殿ト称ス」と記される。大原郡の郡家は当初、屋裏郷にあって、後に斐伊郷に移った事情から推して、この所伝が正しければ、田部家の本姓は額田部となり、鉄鍛冶を古来、家業としたことになる。

(6)若倭部臣

出雲郡平田の鰐淵寺《がくえんじ》（後に中世では杵築大社の別当寺。現・出雲市別所町に所在）にある青銅の観世音菩薩立像（高さ八〇センチ、台座十五センチ弱）は、山陰道における初期仏教の歩みを示唆するものとされるが、その台座框には「壬辰年五月出雲若倭部臣徳太理、父母のために菩薩を作り奉る」という銘記が見られる。壬辰年は、白鳳期持統天皇六年の六九二年とされる。現在までのところ、「出雲」表記の最古ともされている。

鰐淵寺（出雲市別所町）

上記の出雲郡山持遺跡出土の木簡には、「伊努郷　若倭部」の記事も見える。

出雲郡主帳の若倭部臣は、『風土記』編纂に関与した郡司として名が見え、天平十一年（七三九）の『出雲国大税賑給歴名帳』にもこの一族部民が出雲・神門両郡に見える。

平安前期の延暦廿年（八〇二）六月には、出雲郡人の若和部臣真常が見え、介従五位下の石川朝臣清主共々悪行をした咎で長門国へ流罪とされた（『類聚国史』巻八七）から、出雲郡の在地豪族と知られる。

以上の諸氏諸家のほか、真名井神社社家の広江氏、八重垣神社社家の佐草氏（国造家からの養子もあり、佐草自清〔千家慶勝の子孫。江戸前期の出雲大社の上官職で、佐草孝清の養子〕が著名である）などが知られるが、これらの姓氏・系譜は不明ないし真偽不明なことが多い。

例えば、広江氏では、『雲陽誌』に能義郡の西母理城は、「応永中、郡司広江兵庫、築く」と見えるから、古代郡司の末裔なのであろう。意宇郡の神名樋野たる茶臼山の南東麓に鎮座する**真名井神社**の東方には、「清冷希代の霊水」とされる真名井の滝という井泉があり、近くに真名井荒神があると『雲陽誌』に記される（いまは荒神社は合祀）。この滝壺で汲まれた水は、古来より出雲国造の神火相続式や新嘗祭の際に用いられたという。いま同社の祭神では、伊弉諾神と天津彦根命（天若日子）を祀ることに留意される。

出雲大社の境内にも「真名井の清水」があり、大社の神事「古伝新嘗祭」でもその水が使用されるが、本殿後方の八雲山が水源とされる。丹波一宮の出雲大神宮でも、摂末社に荒神社があり、神体山の御影山（御蔭山）には磐座群や御蔭の滝があり、同山から湧く「真名井の水」（泉）がある。

真名井神社（松江市山代町）

ちなみに、筑後の御井（三井）郡には、名泉が三ヶ所あり、それが高良山の御手洗の井、朝妻の井（高良山麓の泉。後述）、益影の井とされ、「三井の三泉」と呼ばれる。益影の井は、高天原の「天の真名井」（天照大神と素戔嗚尊との誓約に関して、『古事記』に登場）の水を、蚊田淳名井に移された霊泉といわれる。大和の藤原京にも宮都繁栄を祈る「御井の清水」という霊水があり、これが『万葉集』作者未詳の「藤原宮御井の歌」（歌番一―五二）で知られる。賀茂真淵が宣長宛の書信に、この歌は「殊によろし」と記している。

　八重垣神社の神池「鏡の池」に見られる水霊信仰も、宮沢明久氏が指摘しており、「神秘的な山や巨石、そして滾々と湧き出る池泉などに神霊を感じ、朝夕に祈りを込めて祀ってきた」と記される（「出雲の祭祀遺跡」、『出雲の神々』所収）。

　祠官の佐草氏は、須佐能袁命の子、青幡佐久佐日子命の末裔と称し、佐久佐社（八重垣神社）の神主職に因むが、後に出雲総社の神官として大草に移住し、更に杵築大社上官として杵築に移住した。江戸期の『懐橘談』には、媒《さくさ》氏とも書き、稲田宮主の後裔と伝えるが、青幡佐久佐日子命の実体が不明である（後述するが、出雲忌部・玉作の一族か）。

八重垣神社の「鏡の池」。スサノオミコトと櫛稲田姫ゆかりの神池で、縁占いの名所となっている。小銭を乗せた半紙が早く沈めば早く縁づくといわれる（松江市佐草町）

火神岳と佐比売山

ここまで出雲の古社と国造一族との奉祀関連などを見てきたが、出雲国の東隣で伯耆国西北部の会見郡《あいみ》は、境港や夜見嶋（現在の弓ヶ浜となる）を含め国引き神話や各種祭祀などの面で、出雲の影響圏とみられるので、併せてこの会見郡あたりにも触れておく。

「会見」は、『伯耆国風土記』逸文に「相見」と表記される。『和名抄』では、会見に「安不美（あふみ）」の訓（淡海、大海の義か）があって、古代・中世を通じ相見、会見とが併用され、近世以降に会見に表記統一された。郡域には中海につながる美保湾が更に湾入していたともみられ、これらの意味で海神族関連を思わせる。能登の羽咋郡に相見神社があり、式内社で大海（相見）一郷の総社とされ、大国主命を祀って、海神族奉祀であろうとされる例もある。当郡では、伯耆国として式内社が二社あげられるのも、地域の重要性を窺わせる（川村・久米両郡も各二社で、他の郡には式内社が不掲載）。

平城宮跡出土の天平年間の木簡に相見采女が見え、会見郡の奈良期の豪族はまったく不明だが、刑部・賀茂部・安曇の人々が史料に戸主で見える。賀茂部は会見郡鴨部郷の住人と記され、西伯地方には賀茂神社が多く、米子市加茂町（賀茂神社天満宮。境内には米子三名水の一つ「宮水」が湧出）と大山町の加茂・所子・羽田井、南部町には宮前・阿賀・掛相・倭に、伯耆町では坂長・岩屋谷に同名社がある。

平安中期、十世紀の丹波康頼の著『神遺方』には、「会見薬、伯耆人会見舟手が家方」と見えるが（『姓氏家系大辞典』）、この記述に拠れるものならば、奈良・平安期の会見郡随一の豪族が相見氏（系譜や姓は不明）なのかもしれない。相見氏は日野郡にも神主家で存在した。天平神護三年（七六七）、但馬国分寺に運搬される荷物を運んだ仕丁として、会見部大国（また会見大国）と読解される木簡記事があり（但馬国分寺遺跡から出土）、会見氏の存在が認められよう。

大山（鳥取県）

国引き神話に登場する東側の綱を繋ぎ止めた杭が**火神岳**におかれ、これは伯耆大山（大神山）のことであり、この付近や西側地域に種々留意される。大山の麓の地（鳥取県米子市尾高に里宮）にある**大神山《おおがみやま》神社は**伯耆二宮とされ、山頂中腹に奥宮（西伯郡大山町大山）があって、ともに大己貴神を祀る（一に出雲祖神の久那斗神（岐の神）を祀るという説あり）。本社境内の末社に龍神社がある。山頂の剣ヶ峯が旧社地とされ、奥宮近くに御神水が湧く火口池があって薬草が生えるので、七月に古式祭（神水汲取神事）が行われる。もっとも社地は何度か変遷しており、確認される最古の里宮社地は西伯郡伯耆町丸山の大神谷という。

当社宮司の相見氏は、味耜高彦根命の末裔だという（具体的な系譜は不明。幕末時の神主を内藤氏ともいい、大山領下の神職が交互奉祀とか戦火により失われたともいう)。会見郡会見郷が「相見氏」に通じるから、この辺りが大穴持命の勢力圏を示唆する。同じ会見郡にある もう一つの式内社が胷形神社(宗形神社。米子市宗像で日野川下流西岸に鎮座。アヂスキ神の母神は宗像女神。神主はもと加茂氏という)で、同郡安曇郷(米子市域で、宗形神社の南方約三キロに位置。『和名抄』)の存在もあり、古代海神族の分布が示唆される。米子市淀江町小波には三輪神社もあり、現在地の南東近隣の小波字三輪山が旧社地とされる。

なお、吉備にも備前国上道郡式内社の大神神社があって、伯耆の大神山神社が当地古来(出雲系)か吉備経由で来たかは不明であり、後者の可能性もある。備前国の式内社では、赤坂郡及び津高郡に「宗形神社」があって、これも同様ではないかとも考えられる(出雲の影響圏という観点から、瀧音能之氏が伯耆国会見郡の宗形神社を取り上げて考察し、宗像の海人と出雲の海人との間に対馬海流を媒介とした交流があり、「律令制以前において出雲地域の勢力が夜見島・粟島から大山にかけての地域にまで及んでいたこと」の反映と指摘する。その可能性もないではないが、会見郡の宗形神社は、「宗形、胸形」の表記からも吉備勢力がもたらした可能性が棄てきれない)。

米子市淀江町から西伯郡大山町にかけての丘陵地にある**妻木晩田遺跡**《むきばんだ》からは、大小十数基の四隅突出型墳丘墓(合計で墳丘墓二四基)が発見された。この遺跡は最大級の弥生集落ともいわれ、弥生時代後期頃を中心とし(四世紀代の古墳前期前葉頃までか)、農工具・武器など大量の鉄製品や破鏡・臼玉、土師器などが出土した。西南方近隣には、尾高浅山四隅突出型墳丘墓もある(大神山神社里宮の近隣)。伯耆西部では、日野川中流部の西伯郡伯耆町に父原墳丘墓群(父原一号墓、同二号墓で、ともに一辺十数㍍で弥生後期後葉)もある。

大山の山麓には湧水が多く、最も有名なのが米子市淀江町域の「本宮の泉」(県下随一の湧出量を誇る名水）と「天の真名井」（淀江町高井谷。環境庁指定の名水百選の一つ）であって、後者の近隣には妻木晩田遺跡や上淀廃寺跡がある。宗形神社の南方に赤猪岩《あかいわ》神社があり（西伯郡南部町寺内で、旧会見郡天万郷域、天万の山麓）、大穴牟遅の神跡として、同神を焼き殺したという伝えの大石が境内にある。同神が蘇生した霊泉の近隣の清水川集落にあり、かつては荒神として祀られた。大山町上萬の壱宮《いちのみや》神社は、妻木晩田遺跡の北方近隣に位置して、大国主神の娘・下照姫（高照姫）を安産神として祀り、境内社に杵築神社等がある。

相見氏の系譜にもう少し付言すると、一に武内宿祢後裔の巨勢氏ともいうから（これは巨勢郷に因む苗字か）、どうも良く分からない（紀朝臣姓とも称した村尾海六成盛〔『源平盛衰記』。進貝録兵衛、進海陸兵衛とも書く〕の後裔、同族の模様だが、この関係の系譜の原型は不明。伯耆の古族末流が伯耆国司の紀氏に系譜を関連づけた可能性もある。紀成盛の屋敷跡は伯耆町坂長にあり、その西方近隣の米子市安曇・別所あたりに墓所があった、と伝える）。米子市八幡には相見氏が神主をつとめた八幡宮（相見八幡）があり、その家に伝来した南北朝期の中世文書が「相見文書」で、後醍醐天皇の綸旨《りんじ》や巨勢氏（相見氏のこと）への恩賞を含む八通からなる（鳥取県教育委員会文化財課のHP）。同文書には、元弘三年（一三三三）五月五日付で巨勢家盛が船上山合戦に馳せ参じた勲功により但馬国土田一分地頭職を与えられた記事も見える。いま、米子市福成（八幡の西南方）の福田正八幡宮の祠官家を相見家がつとめる。会見郡では、八幡の本家筋が馬場で、この両家よりも谷川村（現・南部町福成の域）の神主家が元だったか。この三地点は、日野川支流の法勝寺川流域にあり、馬場↓谷川↓八幡の順で下流となる。

日野郡日南町下石見の大蔵神社も、旧神主家が相見氏でその創祀という（祭神は山祇系の神々といい、宮内の鬼林山東麓に近い石見神社にいま合祀）。この日野郡の相見氏は、花口村の大国主大明神や石原村の山王権現の神主なども兼ねた（『伯耆志』）。日野郡の相見氏は、能登から来た伝承もあるが、景山粛は、能登に相見神社はあれど相見という地は見えず、会見郡の谷川村の神主や馬場村・八幡村の農家があり、相見と会見は同じだからと能登由来伝承を否定して、会見郡の相見氏と同族とする（『伯耆志』）。

三瓶山。「国引き神話」の佐比売山にあたると伝わる。
左が男三瓶山、右が子三瓶山（島根県太田戸三瓶町）

米子市八幡には巨勢神社（祇園さん）もあり、同地を含む旧五千石村が会見郡会見郷にあたるという。南隣には同郡巨勢郷があり、上記紀成盛伝承の長者屋敷跡もある。

国引き神話での西側の綱の杭が置かれた山では、薗の長浜を通じて**佐比売山**にいたる。佐比売山は現在の三瓶山であり、『出雲国風土記』には飯石郡にあげ、石見と出雲の国堺と見える。同山に鎮座するのが石見国安濃郡式内社の佐比売山神社で、山頂の北西麓、太田市三瓶町（もと佐比売）多根に鎮座の神社が比定される。現在の祭神は、大己貴命・少彦名命・須勢理姫命とされるが、国引きの舞台が東の大神山と西の佐比売山で、男神・女神の対比であり、山容からも、三瓶山は本来は女神の祭祀であろう。

三瓶山には麓に八社もの佐比売山神社があって、八面大明神ともいわれ、石見物部神社の一瓶社《いっぺいしゃ》と同じ神を祀るとされる。八所のうち六社が大田市内、二社が飯石郡に属するが、それらの社地はいずれも三瓶山を仰ぎ見る湧水の地である。この事情から、水に関わる竜蛇神の性格を思わせ、佐比売信仰には鑪など鍛冶職との関わりも見られる、と白石昭臣氏が指摘する（『日本の神々七』）。多根の佐比売山神社は、水滝の西にあり、南に茶臼山があって西隣に「野城」という地名もあるという近隣配置は、意宇郡の真名井神社あたりに似る感もある。大田市大森町の石見銀山（大森銀山）の中にも、佐毘売山神社が鎮座して、祭神は金山彦命とされる。

これら諸事情を見ると、「佐比売」という女性は、須勢理姫ではなく、鍛冶・金属関係で出雲国造・物部連に関連しており、それら諸氏の祖の女神で、大己貴命の娘・高照姫（高姫）に比定するのが妥当そうである。この姫は、出雲東部や伯耆西部の社にまで登場する。

国引き神話の東側の線、西側の線を考えると、「上古の出雲」勢力圏としては、この両方の線の間に入る地域を考えていくのがよいとみられ、そこに同神話の意義もあろう。

二　奈良・平安時代の出雲氏族の活動と動向

奈良時代の出雲国造一族の活動

壬申の乱の時に出雲狛なる者が見えており、大海人皇子（天武天皇）方につき、玉倉部邑（岐阜県不破郡の関ケ原町域か。一に近江北部の滋賀県坂田郡米原町醒井あたりかという）で戦い、さらに近江の三尾城を攻略した。その功で大宝二年（七〇二）に従五位下に叙され、出雲臣姓を賜った（『書紀』及び『続紀』）。この者は、畿内かその周辺に在住の出雲氏一族とみられ、居地・系譜等は不明も、近江国蒲生郡の出雲氏一族の可能性がある（後述）。

奈良時代の出雲国造は、重要な任務の一つとして、国造初任などの際に参内し、宮中で「**出雲国造神賀詞**」を奏上し、土産物を献じることがあげられる。この奏上の史料初見は、①第廿五代の国造出雲臣果安が元正天皇の霊亀二年（七一六）二月に行ったとされる。

それ以降、②第廿六代の国造出雲臣広島が聖武天皇の神亀元年（七二四）正月に、③第廿七代の国造出雲臣弟山が孝謙天皇の天平勝宝二年（七五〇）二月及び同三年二月に、④第廿八代の国造出雲臣益方が称徳天皇の神護景雲元年（七六七）二月及び同二年正月に、⑤第廿九代の国造出雲臣国成が桓武天皇の延暦四年（七八五）二月及び同五年二月に（第廿九代の国造出雲臣国上の記事なし）、⑥

第卅一代の国造出雲臣人長が桓武天皇の延暦十三年（七九四）二月に、⑦第卅三代の国造出雲臣門起が桓武天皇の二十年（八〇一）閏正月に（この国造歴代に関して、「兼連」という名がなぜか国造家に伝えられるが、不審で、不実在とみられる）、⑧第卅四代の国造出雲臣旅人が嵯峨天皇の弘仁二年（八一一）三月及び三年三月に（第卅二代の国造出雲臣千国の記事なし）、⑨第卅五代の国造出雲臣豊持が淳和天皇の天長十年（八三三）四月に、各々が奏上して奏位を賜ったことが知られる（六国史、『類聚国史』や『出雲国造家系譜』の注記）。ここまで史料には合計で廿一回とされる。その後も、十世紀末の長徳元年（九九五）まで引き続いて、神賀詞奏上がなされたようにもみる説もある。

『延喜式』には、神賀詞の全文も記される。その内容から見ると、神賀詞は、国造任命後の潔斎の一年間で、出雲一八六社の神々、特に出雲大社に朝廷と国家の安泰を祈願したことを朝廷に復命する性格のものとされる。神賀詞に「神」の字がつけられるのは、国造が神々になり替わって奏上したことによるとみられている。神賀詞は出雲大社創建の由緒、すなわち皇室の祖先が現世を治め（国土支配）、出雲大社の祭神が幽界を治めるという神徳により行われるとみられている。

神賀詞奏上の性格について、これまで諸説あり、出雲の服属儀礼とか神話上の報告儀礼の現実における再現儀礼などとみられており、時代により性格も若干変わるようである。古代大和王権の地方平定過程を考えると、四道将軍派遣の後に出雲が最後に王権に服属した地域であって（南九州や東国・陸奥の服属がこれより遅くとも、その地古来の豪族が奈良時代には殆ど残存しない）、出雲の服属儀礼とみるのが基本にありうる。霊亀二年（七一六）の出雲臣果安より前には行われなかったのだとしたら、その頃までに「大国主神の国譲り」伝承が王権のなかで確立した事情があるのかもしれない。なお、地方の服属儀礼については、延暦年間成立の『高橋氏文』に景行天皇東国巡狩のときの食膳奉仕などで見られる。

「出雲国造神賀詞」では、「加夫呂伎《カブロキ》熊野大神櫛御気野命、国作り坐し大穴持命の二柱の神」を出雲国造が奉斎したと記される(カブロキ・カムロキは祖神の意)。名が櫛御毛野命(食物神・穀霊神の意の模様)と記される「熊野大神」の実体は必ずしも判然としない。古代の神社の命名などから考えると、紀伊国牟婁郡や越中等に式内社が見られる熊野(速玉)神と同じで、素盞嗚神に当たるとみられる(素戔鳴尊のわが国での実態は「五十猛神」。本来は、熊女から生まれた朝鮮の始祖「檀君」に相当か。その場合には、櫛御毛野命の名とはそぐわず、後世に神格が付加接合されたか。千家尊統氏はその著『出雲大社』で、大国主神の父神と伝えると記すが、熊野大神が「父神」ではありえない。大国主神の父神にあたるのなら、「櫛御毛野命」とは味鉏高彦根命の別称か舅神なのかもしれない)。熊野大神は、古代では天孫族系の物部連や鳥取部造など天目一箇神・少彦名神兄弟の後裔氏族により、紀伊熊野・越中・武蔵などを含め各地で広く奉斎された。これらの同族たる出雲国造家の遠祖神でもあった。

「神賀詞」の最終段では、「変若水《おちみず》」(飲んだり浴びたりで若返りする水)にまで言及して、宝祚の長久を祈念する。風土記には、仁多郡三沢郷(奥出雲町三沢)条に国造が神賀詞奏上で朝廷に参向する際に三沢(御沢)で禊ぎをすると見える。この水が変若水とみられ、それが献上物に加えられていたと和田萃氏は推測する(三津田の泉の水ともいうが、斐伊川上流の旧河道からの湧水とみるのが和田説。千家和比古編『出雲大社』などで記述)。「をち」は、物部氏族の越智氏にも通じる。三沢郷の三沢神社(もと大森大明神社)では、祭神を阿遅須枳高日子根命とし、その蘇生の三澤池の神水を汲み、樽神輿として担いで神前に献納する。当該霊水の具体的比定はできないが、いずれにせよ、大穴持命関係ではなかった。

『類聚三代格』には「慶雲三年（七〇六）以来、令国造帯郡領」とあって、律令制下の出雲氏は、平安初期の延暦十七年（七九八）十月、第卅二代千国の時に兼帯が解かれるまで、出雲国造を名乗るとともに、意宇郡の郡司の職に任じられた。それが、兼帯を解かれ、意宇郡大領という政治的権限を失った。ここで、本拠であった意宇郡には大庭の熊野大神遙拝所と国造館を残し、やがて大国主神が鎮座する杵築に移転して、同神を鎮めまつるなど宗教的権威に生きることになった（国造家の杵築への移転時期は、延暦十七年以降ではないかとみられるが、具体的な時期は不明。上田正昭氏は、七〇八～七一六年とし、和銅四年（七一一）九月の太安万侶の『古事記』筆録以前の可能性が大きいとみるが、疑問が大きい。北島家の『出雲国造世系譜』では、奈良時代の霊亀年間（七一五～一七）に西遷とするが、意宇郡領兼帯のまま杵築に移遷したとは考え難いし、『古事記』撰定の見方も疑問が大きい。『三代実録』貞観九年（八六七）五月条の記事でも、当時は、熊野神のほうが神階神勲で杵築神よりまだ若干上位にあった。熊野大社の鎮座する意宇郡が、朝廷から出雲の神郡として指定されていた事情も無視できない。おそらく平安中期の十世紀前半頃に移遷したか。井上寛司氏も、十世紀以後とみる。平安時代の出雲の郡司は、現存史料に見えない）。

国造の代替わりの儀式「火継式」では、意宇郡の熊野大社と神魂神社とで儀式が行われ、杵築移転後でも現在に至るまで熊野大社との関係は維持されている。

国造の系統については、系図によると、奈良時代初期の広島・弟山兄弟（ともに果安の子）以降は、平安前期まで暫時、二系統に分れて国造職が世襲されたが（現伝の『千家家譜』では、この時期でも歴代を直系でつなげるが、史料や年代的に見て疑問が大きい）、その後の平安期は人長（広島の孫）の子孫系統のみに国造が世襲されるようになる。

なお、杵築大社の祭神は、古代及び近世の十七世紀後葉以後は大穴持命（＝大国主神）とされるが、中世では、これと異なり、大社の祭神がスサノヲ神だと各種文献に見える（石塚尊俊氏など。『島根県の歴史』で井上寛司氏も、ほぼ同旨の記載）。当該祭神の原型が大穴持命かという問題については、太田亮博士が論考「出雲大社祭神に関する疑義」で疑問を呈したが、これに肯ける面もある（後述）。

『出雲国風土記』の編纂と関係者

「風土記」の編纂命令が和銅六年（七一三）に諸国に対し下された。これを承けて作業がなされ、その二十年後の天平五年（七三三）二月三十日に完成したのが『出雲国風土記』である（以下、「出雲風土記」とも書く）。諸国では、長い歳月のうちに風土記の多くが失われ、現在かろうじてまとまった内容を伝えるのが常陸・出雲・播磨・肥前・豊後の五か国しかない（しかも西国の肥前・豊後は散逸が著しい。他の国々でも、若干の逸文が残る）。

そのうち、ほぼ完本の形で今日に伝わる唯一の「風土記」が『出雲国風土記』である（二十年という編纂期間の長さから二度くらい編纂されたのではないか〔再撰説〕とか、平安時代に修正加筆した部分がかなりあるとみる説〔志賀剛氏の増補説〕もあるが、ともに必ずしも肯けない）。しかも、編纂者や完成年月日が唯一、記されており、出雲国造で意宇郡の郡司大領の出雲臣広島を責任者にして、在地の郡司が編纂に関わった。このときの郡司には、次のような氏名（殆どが欠名だが）が掲載され（掲載順であげ、無位及び動等は省略。異伝・誤記は適宜、判読。「□」は欠字で、「□置」は日置の箇略表記か）、当時の出雲の有力豪族の地域分布が知られる。

古代の出雲

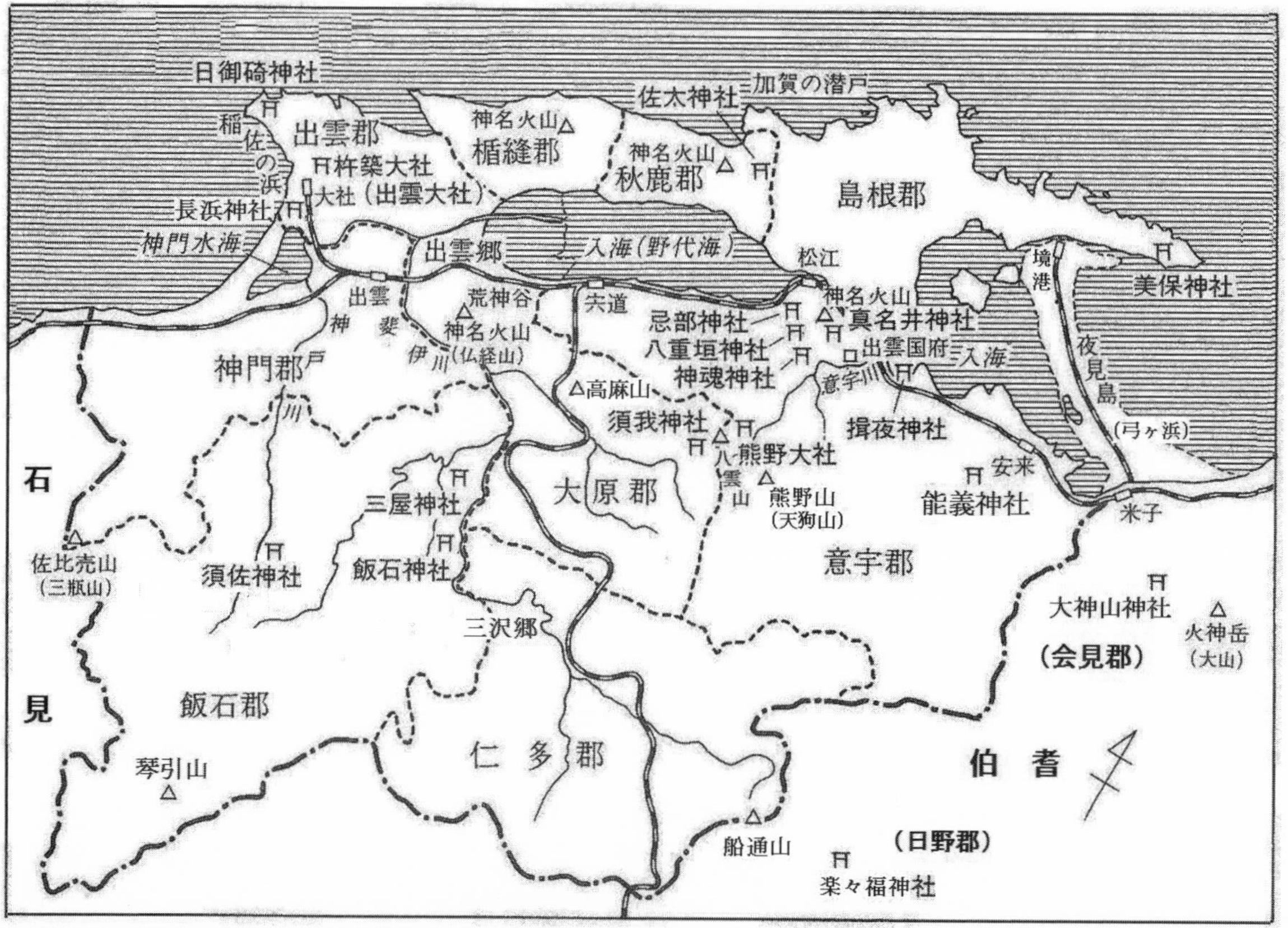

（出典）上田正昭編『出雲の神々』掲載図等に拠る。

意宇郡　主帳海臣・出雲臣、少領従七位上出雲臣、主政外少初位上林臣、擬主政出雲臣。編纂責任者の出雲臣広島は、同郡大領で国造であり、意宇郡は神郡とされた。

島根郡　主帳出雲臣、大領外正六位下社部臣訓麻呂、少領外従六位上社部石臣、主政従六位下蝮部臣

秋鹿郡　主帳外従八位下日下部臣、大領外正八位下刑部臣、権少領従八位下蝮部臣

楯縫郡　主帳物部臣、大領外従七位下出雲臣、少領外正六位下高善史

出雲郡　主帳若倭部臣、大領外正八位下□置部臣佐底麻呂、少領外従八位下大臣、主政外大初位下□部臣

神門郡　主帳刑部臣、大領外従七位上神門臣、擬少領外大初位下刑部臣、主政外従八位下吉備部臣

飯石郡　主帳□置首、大領外正八位下大私造、少領外従八位上出雲臣弟山

仁多郡　主帳外大初位下品治部、大領外従八位下蝮部臣、少領外従八位下出雲臣

大原郡　主帳勝部臣、大領正六位上勝部臣虫麻呂、少領外従八位上額田部臣伊去美、主政□置臣

最後に勘造者（執筆・編纂にあたった者）として、秋鹿郡人神宅《みやけ》臣全太理、次ぎに国造意宇郡大領外正六位上出雲臣広島（廣嶋）が記載される。国造の出雲臣広島は編纂・監修の総責任者で当然のこととして、郡領でもない神宅臣全太理《またたり》（一に「金大理《かなたり》」とも読まれる）が編纂補佐で加わる事情は不明である。そもそも神宅臣の系譜自体が知られないが、あえて推測すれば、西部の神門臣の同族の学識者で、この一派の所伝・伝承をも取り入れようとしたものか。この郡司（合計で三四名）のなかに、出雲臣氏が意宇郡の四名ほか、合計で七名も見えることに注目される。

これら郡司の殆どが出雲国造族かとみられるが、高善史、大臣、大私造については、系譜不明である。「大臣」が中央の太臣の同族かも確認する材料がない（多臣氏の系図には、出雲関係の支流は見えない。鎌倉期の建長元年に「右馬允多資宗」が出雲北島家文書に見えており、これが族裔なら大和の多臣同族となる）。渡来系らしい高善史も由来・系譜等が不明であるが、「大日本古文書」には、天平勝宝四年の「充厨子彩色帳」に「高善公万呂（君万呂）」、天平勝宝五年に中央官人の「雑使高善君足」が見え、両者は兄弟か。この辺の事情から推するに、高句麗系の絵画技術をもつ氏族かもしれないが、出雲に来た経緯は不明なままである。このほかでは、渡来系氏族の存在が具体的に知られない。

以上に見るように、中央から派遣された国司（当時の守等の名は不明）ではなく、在地の有力者が同書編纂に関わったことで、現地に即した充実した内容となり、当時の出雲国の行政や交通・地理など諸事情を知る上で重要な史料となった。その編纂命令は、①諸国の郡郷名に「好字」を使用、②郡内の産物、③土地の肥沃状態、④山川原野など地名の由来、⑤古老が伝承する旧聞異事、という五項目を書き出して提出せよ、というものである。

常陸などでは、中央から派遣の国司が編纂にあたったが、出雲では在地郡司層が風土記に対応したことで大きな違いがある。ちなみに、出雲の国司として知られる最初が、和銅元年（七〇八）三月に出雲守に任じられた忌部宿祢子首《こびと》で、壬申の乱のとき大海人皇子方に参陣し、国史編纂事業の初期にも関わった。続いて、霊亀二年（七一六）に船連秦勝、さらに息長真人臣足が任じており（養老三年〔七一九〕七月見任）、その後、天平七年（七三五）には石川朝臣年足が任じた。年足は大化後の蘇我氏本流の人で、後に正三位御史大夫（大納言相当）まで昇進し、天平十一年に出雲国での善政で天皇より賞された。奈良時代の出雲守では、天平勝宝二年（七五〇）就任の百済王孝忠や天平宝字元年（七五七）就任の百済王敬福もいた。大伴氏からも三人出ており、門部王など万葉歌人も何人か見える。

出雲風土記の地名由来のなかには、当時の出雲に伝えられた神話・伝承の掲載が特徴である。スサノヲ（素盞嗚神）やオオクニヌシ（大国主神）の神話のように、記紀神話と大きく異なる内容が多くあり、国譲りや天孫降臨に関わる所伝は風土記に見えないことに留意される。ヤツカミズオミヅヌ（八束水臣津奴）の「国引き」は記紀神話には見えず（出雲でも古社で祀られない神だから、観念的な「大水神」とされよう）、スサノヲの八俣大蛇退治や稲葉の白兎伝承も、風土記には記されない（白兎に関わる稲羽の八上姫伝承は、あながち否定できないが）。

風土記神話のなかでは、神々の主役が「所造天下大神《あめのしたつくらしし》」（天下造らし大神）と称えられた大穴持命（大神命、大国主神）である（これと区別する意味で、本書では、記紀所載の出雲神話のほうの主神を「大己貴神」と表記する）。他の風土記に比べ、出雲の風土記では、天皇・皇族の巡幸伝承の記事もない（現実にその到来もなかった。これに対し、大穴持命の巡行伝承は見える）。

以上のような諸事情の解釈として、拙見では、記紀所載のいわゆる「出雲神話」の主舞台が出雲ではない（原型としての舞台は、北九州の筑紫沿岸部あたり）、素戔嗚尊（人格神としての史実は十分考えうる）は出雲に行かず、そこでは活動しなかった、とみている（この関係は、拙著『越と出雲の夜明け』や本シリーズの『三輪氏』『天皇氏族』で詳しく記したので、ご参照願いたい）。上古の出雲は、天皇・皇族と無縁の独立した原始王国的な地域でもあった。

このように、「出雲神話」と一口にいっても、『出雲国風土記』に記された神話伝承（出雲の現地に伝えられたもの。これだけを「**出雲神話**」という研究者もいる）と、記紀に記載する「出雲」という地名を舞台を中心に述べられる神話伝承（「**出雲系神話**」と呼ぶ研究者もいる）の二つがあることが分る。水野祐氏は、記紀の出雲神話と風土記のそれとでは全然相似性をもたないと指摘する（『古代の出雲と大和』）。肥後和男氏も、「この二つは判然と区別すべきであろう」とし、風土記には「大穴持命が天孫に国譲りをした話しなども出ていないので、そうした話しは、多分この現地では語られていなかったとみるべきであろう」と記される（『国史大辞典』）。国譲りやいわゆる八岐大蛇退治に関係づけて、出雲という地域を考えるのも、大きな無理がある（これら二伝承は、出雲の地の出来事ではない）。ただ、当該風土記が歴史の流れを叙述していない事情があるので、端的には言い難い面もあろう。

『日本書紀』の成立は七二〇年（養老四年）で、『出雲国風土記』は七三三年（天平五年）であるので、後者の編纂者たる出雲国造関係者が『書紀』を見聞きしたことは十分考えられる。それどころか、前掲した天孫降臨にかかる『書紀』第九段の一書第二は、出雲国造家の当時の家伝が官撰書に取り入られた可能性もある。それにもかかわらず、『出雲国風土記』が現地に即していて、かつ、『書紀』と異なった神話を多く記載するという差異は無視しがたい。瀧音能之氏は、この関係の考察では、古事記及び日本書紀という形で『出雲国風土記』との対応を考えるが（「『出雲国風土記』の神々」、上田正昭編『出雲の神々』所収）、私見では、『古事記』の成立事情や編纂時期には問題点が多くあるので（端的にいえば、『古事記』序文は内容や成立経緯的に見て後世の偽作の疑いが強く〈大和岩雄・三浦佑之氏らの見方〉、同書は海神族系統の色彩が濃い所伝という性格をもつ）、ここでは『古事記』を除外して考えたい。

出雲国内の神社の数が三九九社と明記され、具体的に神社の名があげられるのも、『出雲国風土記』の大きな特徴であった。編纂時の八世紀前葉段階で、一国に主要神社がいくつあったかがわかるのは、出雲だけとなっている。

出雲臣氏の出雲国における分布

『出雲国風土記』には、出雲臣氏が意宇郡の大領以下四名のほか、島根郡の主帳、楯縫郡の大領、飯石郡の少領、仁多郡の少領と見え、合計で出雲九郡のうち主に東部の五郡七名の郡司を、編纂当時に占めたことが知られる。このほかにも、奈良・平安時代に出雲臣氏の一族が史料に若干、見えるので、触れておく。

天平六年（七三四）の「出雲国計会帳」には、意宇郡大領外正六位上広嶋のほか、飯石郡の少領出雲臣弟山・擬少毅無位の出雲臣福麻呂、意宇軍兵衛出雲臣国上・意宇軍団二百長出雲臣廣足が見える。ところが、千家・北島両家の家譜では、歴代のなかに「広嶋、弟山、国上」の三人をあげて、これらが「広嶋―弟山―益方―国上」という形で直系で記載される。この親族関係は年代的にありえず、『諸系譜』第十五冊に掲載の「出雲系図」のように「広嶋―益方、広嶋の弟の弟山―国上」というのが実際の親族関係だと分る。

また、郡司を出していないものの、出雲西部の出雲郡にも出雲臣一族の分布がかなりあって、無視しがたい。すなわち、天平十一年（七三九）の「出雲国大税賑給歴名帳」（「賑給」とは、飢饉・疫病等の際に貧窮民に対して、国家が稲穀・布などを支給すること）には、同郡漆沼郷の深江里の戸主出雲臣得麻呂、工田里の戸主出雲臣真墨・戸主出雲臣邑麻呂、河内郷大麻里の出雲臣田徳女、出雲郷伊知里の戸主出雲臣子日女、などが見える。戸主と見えるのが漆沼郷で三人、出雲郷で一人見えており、出雲積首・出雲積・出雲部も見える。天平十五年の「優婆塞貢進解」に漆沼郷戸主の出雲臣大国が見え、「周防国正税帳」（ともに正倉院文書）には、天平十年（七三八）九月の大宰府の史生正八位下出雲臣君麻呂が見える。

平安前期の『大同類聚方』には、「毛利薬　意宇郡宇留布神社の祝、出雲臣の家方、安閑帝御世に上奏、これは大己貴の剤」と見える。宇留布神社は同郡式内社で、風土記には宇流布社・国原社と見える。現在は松江市南部の山間部、八雲町平原に鎮座するが、元は宇留山（室山）の中腹にあった。この社殿は、尼子・毛利の合戦のときに神主三島源兵衛が尼子方についたことで焼かれている。新・旧の鎮座地ともに、熊野大社の北方近隣に位置する。祭神はいま三島大明神として大山祇命（大山咋命の転訛で、実体は少彦名神のこと）を祀るが、『雲陽誌』には三島明神（大山祇命）、金多明神（素戔嗚尊）という。同社の配祀神には、稲背脛命（出雲国造の遠祖）や須佐之男命・天照大御神などもあげる。

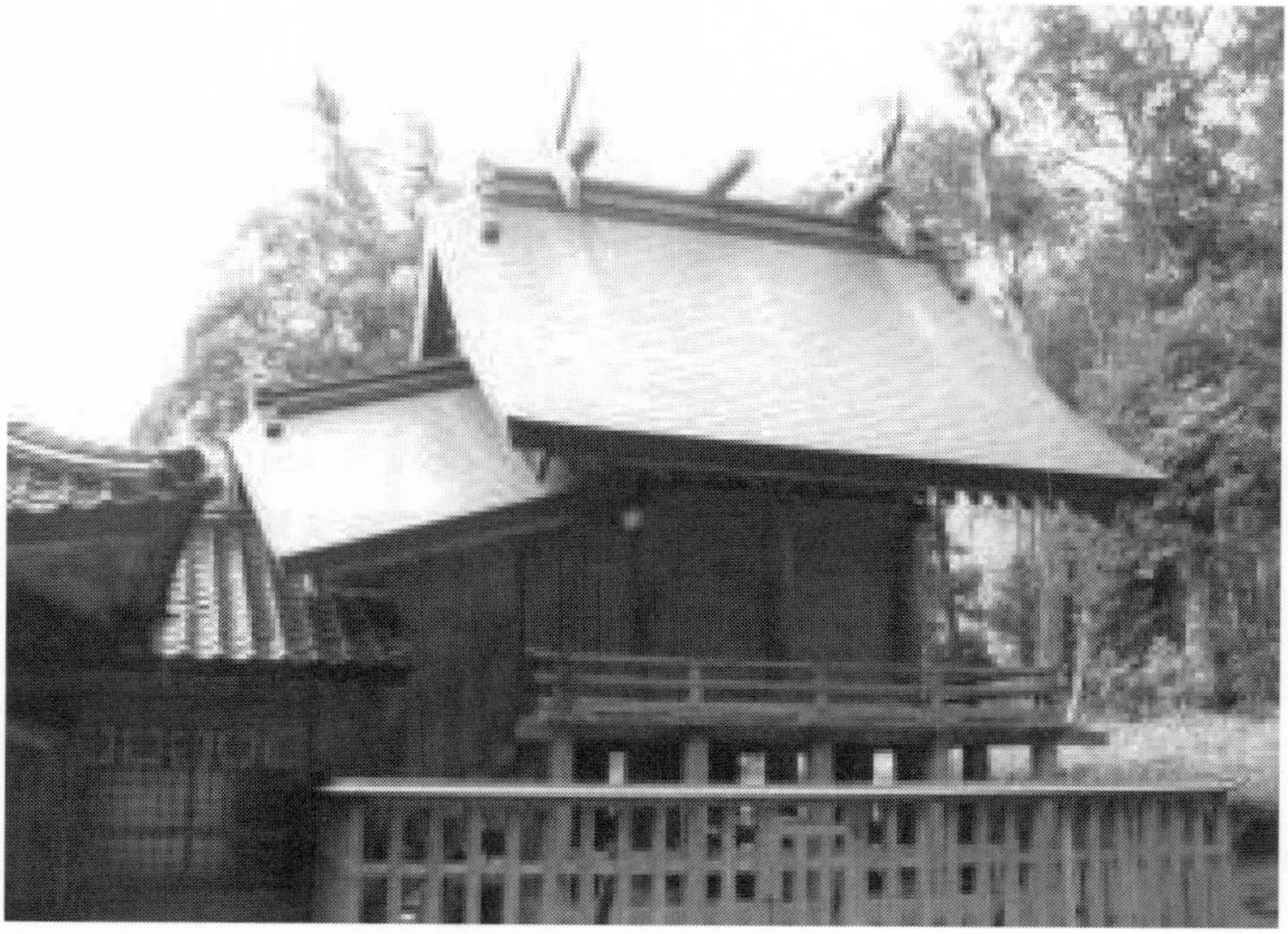

宇留布神社（松江市八雲町）

六国史に見える平安前期以降の出雲氏一族

平安中期・後期頃の出雲国造の動向はあまり定かではない。出雲では割合平穏に推移したのか、有力な氏族・一族の分岐も現存系図には見えておらず、殆ど直系に近い形での十代ほどの歴代国造の系図が伝えられるくらいである。

六国史の神賀詞関係の記事の後では、現地での出雲氏一族の動向が史料にほとんど見えず、『類聚符宣抄』巻一に太政官符「補任出雲国国造事」（『平安遺文』にも所収）として、長保四年（一〇〇二）六月に「正六位上出雲臣孝忠」が見えるくらいである。この平安期の後半までは、出雲国に関して闕史時代ともいえそうな感がある。

このほかでは、『小右記』には出雲国の犯人の出雲為義が長徳二年（九九六）六月に放免されたこと、『権記』に長徳三年（九九七）の出雲国相撲人の出雲盛利が見える。

以上のように平安時代における出雲関係の史料がほとんどないので、当時、杵築大社の社殿規模が壮大であったとしても、なぜそれが実現されたのかも不明なままである（平和裡に国譲りをした代償という見方は疑問。「造出雲大社使」の派遣という見方もあるが、これも不明）。中古の出雲大社本殿については、平安末期頃の平面図が残るが、九七〇

出雲大社巨大本殿の模型
（出雲市蔵、島根県立古代出雲歴史博物館写真提供）

年代の源為憲の『口遊《くちずさみ》』には「雲太（出雲大社が一番大きい木造建築物）、和二、京三」といわれるほどの大規模高層（高さ十六丈〔約四十八メートル〕という）とされ、現実に出雲大社境内拝殿と八足門の間の地下一メートルほどから平安末期とみられる巨大な本殿跡の一部が確認された。

もっとも高層建物は出雲圏の弥生期からの伝統かも知れず、米子市淀江町稲吉の角田《すみた》遺跡から出土した弥生中期頃の絵画土器にも描かれている。

医官輩出の出雲氏

この辺で、畿内とその周辺地域に分布する出雲氏の支流・同族について、平安期の動向を見ておく。まず京にあったのが医療・薬事関係の官人として史料に見える出雲氏である。臣・連姓の出雲氏であり、もとは摂津国に居住した。

その一族の**出雲連広貞**がなかでも著名であり、侍医嶋成の子とされる。嶋成は延暦二年（七八三）正月に正六位上出雲臣嶋成と見えて外従五位下に叙され、翌年侍医に任じた。この系統は、霊亀二年（七一六）に国造で見える出雲臣果安の弟、意宇郡少領峯麻呂の子孫とされる。峯麻呂の子、大田は楯縫郡大領となり、同郡沼田郷に厳堂を建てたと『風土記』に見える。

大田の弟、刀子は侍医従五位下清岡連広島の弟子で、天平十七年（七四五）四月に典薬頭従五位下兼内薬侍医になり（同月付「典薬寮解」）、その子の福足は典薬大允で、その子が嶋成とされる。嶋成までは出雲臣姓で見えており、広貞が史料初出から出雲連で見えて、本貫が摂津とあるので、この辺に違和感がないでもないが、職掌上は継続性に問題がないので、「嶋成—広貞」親子説を受け入れておく。嶋成の子という広成は右近医師とされ、その弟が広貞だと系図にはなっている。広成の子の全嗣は、『続後紀』承和五年（八三八）正月に正六位上出雲朝臣全嗣と見えて外従五位下に叙されており、出雲朝臣広貞の甥としてよいと考えられる事情もある（ただ、同書の承和十四年（八四七）二月十一日条では、出雲宿祢全継と見えており、後に子孫が出雲宿祢姓で見えるので、表示はこの宿祢姓のほうが正しいのかもしれないが、それでも、広貞の宿祢姓と符合しよう）。『類聚符宣抄』巻八には、天長十年（八三三）一月に「右大史正六位上出雲宿祢全嗣」とも見える。

さて、出雲宿祢広貞は、大同三年（八〇八）の侍医のときに、衛門佐安倍朝臣真直とともに日本初の医薬書となる『大同類聚方』を撰上したことで著名である。延暦廿四年（八〇五）正月に外従五位下に叙されたが、桓武天皇の病状に対し昼夜怠らず治療にあたった功労による。同年十一月に平安左京に貫付して、弘仁三年（八一二）には宿祢姓を賜った。典薬助・内薬正や侍医を務めるとともに、但馬権掾など近国の国司を遙任で兼ねた。平城天皇の命により安倍真直とともに編纂したのが上記書である。官位は弘仁十三年（八二二）正月に正五位下に達し、後に朝臣姓まで賜っており、信濃権守にも任じた。

その子の峯嗣も、医官として名高く、物部広泉・大神虎主らとともに『金蘭方』五十巻を撰述した。侍医として、承和二年（八三五）に従五位下に叙爵し、淳和上皇に寵遇された。承和年間には尾張権介、美濃権介に任ぜられるがいずれも遙任であり、後に越後守や播磨介に任ぜられた。仁寿元年（八五一）に従五位上に昇叙し、天安二年（八五八）には典薬頭に任ぜられ、貞観十年（八六八）には賜姓して菅原朝臣となり、その二年後に死去した（享年七八歳）。子に行資・茂貞がいる。その後も医官の菅原氏・出雲氏が続いており、長徳四年（九九八）の符には「権医師出雲清明」が見える（『平安遺文』）。

この一族の摂津国豊嶋郡人の散位従七位下出雲連男山、河辺郡人の正六位上出雲連雄公等男女廿二人が、天長十年（八三三）に出雲宿祢の賜姓をうけている（『続日本後紀』）。

一族には外記などの文官も見え、『類聚符宣抄』巻一・巻九に天慶九年（九四六）五月〜九月に権少外記・少外記で出雲有時が見えており、『政事要略』巻廿五には天暦五年（九五一）に右大史正六位上出雲宿祢蔭時が見え、翌同六年には左大史で『朝野群載』巻廿二に見える。その後も史生で出雲忠茂が十一世紀初頭前後に『権記』に見える。

平安中期の衛府の官人として、永祚元年（九八九）に左兵衛少尉出雲滋之（繁行）が三善孝道と相論合戦し（『日本紀略』、『小右記』）、長徳二年（九九六）の正六位上出雲宿祢是景が左兵衛権少志に任じており（『除目大成抄』）、長和四年（一〇一五）の従七位下出雲宿祢国重（『類聚符宣抄』、上述）などが史料に見える。

平安後期の天治二年（一一二五）八月には、斎宮寮の「権大允従五位下出雲宿祢忠兼」が『中右記』に見える。この辺を最後に中央官人としては姿を見せなくなる。

畿内山城国の出雲氏支族

山城の出雲氏は、平安京遷都以前から愛宕郡に居住しており、賀茂川と高野川の合流点付近に勢力を持っていた。神亀三年（七二六）の「山城国愛宕郡出雲郷計帳」では、雲上里の戸主出雲臣冠や戸主従八位下真足など、及び雲下里の出雲臣阿麻祢売など、雲上・雲下里の郷戸・房戸の殆どが同氏の人々により占められる。平安前期に成立の『姓氏録』では、山城国神別に出雲臣が二氏あげられ、ともに天穂日命の後裔と記される。

これら出雲氏は、農耕や鉄製品の生産、賀茂川・高野川での漁、紙漉き・木工、園池作りなど優れた手工業の技術を持ったとされ、賀茂氏（鴨県主）とともに北山城の開拓をしたとみられている。下級官人として数十人を送り出すなどの活動をし、長屋王の夫人の従者として仕えた出雲安麻呂や、多くの農民を率いた出雲真足らが見える。

出雲氏ゆかりの地が愛宕郡出雲郷（雲上里、雲下里）で、発掘調査などから賀茂川の西岸にあり鞍馬口通を挟む南北の地域とされる。かつて、出雲氏の一族（出雲臣、出雲臣族）が多く住み、現在の京都市北区南東部の地名に出雲路も残る。

出雲氏の氏神を祀る延喜式の式内社としては、愛宕郡に出雲井於《いのうえ》神社（現在は、下鴨神社の境内末社。京都市左京区下鴨泉川町）や出雲高野神社（現在は、崇道神社の境内末社）がある。郷域には氏寺の出雲寺もあり、これが現在は上御霊神社になっている。出雲井於神社のもとの鎮座地は不明で、江戸時代は「比良木社」と称された（古くは一乗寺村の西、比良木ノ森〔柊森〕にあつたという）。須佐乃男命を祭神としており、祭祀対象が井泉で、これを神として祀った神社といわれる。同国の宇治郡には、天穂日命神社が式内社で見え、広大な旧巨椋池の周辺水域に位置したとされる（現鎮座地は京都市伏見区石田町）。

平成十六年（二〇〇四）の相国寺境内の発掘調査では、出雲氏関係者が居住していたとみられる小規模な竪穴住居二〇棟や柵などの発掘で、瓦や須恵器、鉄滓などが出て鉄製品を生産していたことが分かった。更に上御霊神社北西隣の上京遺跡では、出雲氏の屋敷とみられる本格的な建物跡が複数見つかっている。

山城では、紀伊郡にも出雲臣の一族が見える。延暦十九年（八〇〇）六月廿一日付の仁和寺文書（「山城国紀伊郡司解案」）には、擬主帳大初位下出雲臣乙継が大領や少領・擬主政を占める秦忌寸一族とともに見え、その十七年後の弘仁八年（八一七）八月付同寺文書では乙継は同郡大領従七位下に昇進している。ただ、その後も秦一族は郡司に見えるが、出雲臣氏は現存史料には見えない。

畿内では、このほか、『姓氏録』に河内神別の出雲臣をあげる。大和でも、「長谷寺縁起文」に葛下郡人の出雲臣大水と沙弥法勢が推古天皇朝に十一面像を造ろうとした話が見える。両人は阿由の孫で、系譜を考えると、欽明朝頃に葛城郡に遷居してきたものか。

以上に見てきたところで、山城の出雲氏が本国出雲からどのように分岐したのかを考えても、関係史料がなく、不明である（可能性を考えれば、近江の出雲氏の分れが山城に来た、とみるのが自然か。同じ山城の鴨県主に水部の任務があったことも想起されるが、大和葛城の出雲氏の存在と出雲臣姓とを考えると、六世紀後半の欽明朝頃に山城到来の可能性もありえよう）。

近江の出雲氏支族

近江の蒲生郡の式内社、馬見岡綿向《わたむき》神社（滋賀県蒲生郡日野町村井）は古来、出雲氏が南北朝ごろまで奉斎してきた古社である。現在の祭神は天穂日命・天夷鳥命・武三熊大人命とされ、社家は出雲を名乗り、後に室町初期に紀氏に

馬見岡綿向神社（滋賀県日野町村井）

替わったが、同社の文書が東大史料編纂所に所蔵される。同社の北側を、日野川支流の出雲川が流れる。

古来、大嵩社《おおだけ》、綿向明神と称され、養蚕の祖神として日野の大宮とも称された。その由来は古く、神武天皇朝に先祖の彦健忍雄心命が出雲国開拓の祖神・天穂日命を迎えて、綿向山頂に祀ったのが創祀だ、と伝える。境内末社に池之社・出雲神社がある。

その後、欽明天皇の六年（五四五）には、当地蒲生郡の豪族・蒲生稲置三麿と山部連羽咋が綿向山麓に狩りに来たところ、四月（新暦では五月）にかかわらず吹雪となったので、岩陰で休んで雪が止んだところを外に出ると大きな猪の足跡を発見し、この足跡を追うと導かれて山頂（神社の東方に聳え、標高一一一〇メートル）に至り、綿向大神の化身で現れた白髪の老人から、「山頂に祠を建てて祀れ」との託宣を受け、社殿を建てて祀ったという。その宮（奥宮）は大嵩社と称し、二十一年毎に社殿を建て替える式年遷宮が今も続いている。猪については、天孫族の和気氏や葛城国造が祀る祖神も、少彦名神の化身として「猪形」で伝承に現れる。

『明治神社誌料』では、天武天皇の白鳳十三年、建忍雄心命の後裔たる出雲臣狗（壬申の功臣の「狛」のことか）や大弁官羽田真人（名は矢国。近江の豪族で、壬申の乱時に天武方に降り、将軍として、出雲狛とともに三尾城を攻めて落城させた）によって、篠谷川上流の馬見丘にある天夷鳥命を祀った社に合祀されたという。境内由緒書きでは、平安初期の延暦十五年（七九六）に里宮として現在地に遷し祀られたという。現在の祭神のうち、天夷鳥命と武三熊大人は同神と考えられるので、天穂日命・天夷鳥命の二座を祀ることになり、これは、延喜式神名帳にも馬見岡神社二座と記されていて、合致する。

平安中期の天慶八年（九四五）の日野大宮梁簡銘には、「神主正六位上出雲宿祢貞主」の名が見えている。

蒲生上郡の総社として、当地の産土神とされ、領主の蒲生氏一族（上記の蒲生稲置三麿の後裔。秀郷流藤原氏とするのは、後世の系譜仮冒）は氏神として崇祀した。近江商人の日野商人たちにも支えられて、出世開運の神、養蚕祖神と祀られた。蒲生氏は天津彦根命の後裔と称し、三上祝の同族だが、「天津彦根命＝天穂日命」であり、天夷鳥命の後裔でもある。

この地の出雲氏は、年代などの諸事情を考えると、三上祝・蒲生県主一族の先祖が当地に来たときに同族として随行してきたものとみられる。先祖とされる彦建忍雄心命は、神武朝頃の人で、出雲国造の祖・津狭命の兄弟に系図に位置づけられている（中田憲信著作の「菅公事歴」では、津狭命の子におかれる）。このように早い分岐なので姓氏の事情は不明であり、当初は無姓の出雲氏と考えておく（出雲狛がこの一族なら、無姓から後に出雲臣を賜姓し、更に出雲宿祢を称した）。

蒲生郡の一族が江北の浅井郡にもあったようで、「竹生島縁起」には、昌泰三年（九〇〇）十月の寛平前帝（宇多上皇）の行幸のときに浅井郡検校出雲春雄がいたと

出雲大神宮（京都府亀岡市）

記される。その北の越前国では、足羽郡の主政外少初位下出雲部赤人が見え（天平神護二年の「越前国足羽郡司解」）、同郡額田郷には戸主出雲牧夫が見える（天平神護二年の「越前国司解」）。

丹波でも、桑田郡式内社の出雲神社（京都府亀岡市の出雲大神宮）には先に触れたが、柏原八幡宮（兵庫県丹波市柏原町柏原）では、舒明天皇の時代に出雲連が入船山に素戔嗚尊を祀ったところ、後に山周辺の三箇所から霊泉の湧出もあって、平安中期に京都の石清水八幡宮より分霊を勧請し、「丹波国柏原別宮」として創建したと伝える。

三　中世以降の出雲氏族の動向

鎌倉期の出雲国造―杵築大社の神主職・惣検校職の争い

杵築大社や出雲国造家の長い歴史のなかでは、いろいろ波乱があったが、鎌倉初期の惣検校職をめぐる争いは、そのうち最も大きなものであった。

平安末期の元暦二年（一一八五）四月に国造出雲宗孝は、杵築大社惣検校職（社寺事務の監督をする職）を子の散位出雲宿祢孝房に対して譲った（「千家文書」。『平安遺文』所収）。国造家の姓が平安末期までに宿祢になっていることも、これで知られる。

源頼朝が幕府を開いた頃、平家との戦いでの有功の将士に恩賞を与えたが、出雲では、そのときまで国造家の所職の惣検校職について、頼朝は文治二年（一一八六）五月に第四八代孝房から取り上げ、中原資忠の大功を賞してこれに与えた。これにより、中原氏が杵築大社の神主職と神事を自ら行うなど、国造家と中原惣検校とは対立した。杵築大社造営に関わったのは神主・惣検校であり、国造ではなかった。建久元年（一一九〇）六月には、杵築大社の御遷宮が行われたが、このとき孝房国造の訴求が入れられて惣検校職が還補され、孝房国造により御遷宮が斎行された。『東鑑』（『吾妻鏡』）には、杵築大社神主資忠として、文治二年～建久元年（一一八六～九〇）の期間に見える。

中原氏はその後も杵築大社神主職に任じており、第四八代孝房国造から第五一代義孝国造までの期間、中原資忠とその子孫四代（その孫の孝高―実政―実高。一に実高―実政―実孝と記）の間、惣検校職をめぐる争いが続いた。義孝国造の時代の文永八年（一二七一）九月になって、中原氏の職は解かれて放逐となり、惣検校職は国造家に還補された。その後は紛争もなくなり、義孝国造は永年の弊を改めたことで、中興の祖といわれる。

中原資忠の系統は内蔵氏ともいい、資忠の父は資光（一に忠光）で、母は国造家の娘（世代的に見て、宗孝の妹か）であって、資忠は出雲宗孝の弟・宗忠の養子ともいう。

この争いに関する文書は、孝綱の国造受任の建保二年（一二一四）八月付の「土御門上皇の院宣」（いわゆる新院庁御下文）、義孝国造が受領した文永二年（一二六五）三月付「六波羅沙弥證恵の執達状」並びに建治二年（一二七六）二月付「鎌倉将軍惟康親王御教書」とされる（北島家所蔵文書で、重要文化財）。宝治元年（一二四七）十月日付の「杵築大神官等解」では、末尾に国造兼大社司惣検校出雲宿祢義孝が署判している。

国造と神主に関し、これまでもその地位をめぐる対立があった。国造職については、平安後期に宗孝（兼宗の孫）系と兼経（宗房の孫）系の対立があり、神主職は国造家と出雲氏一族の間で対立が見られた。同じ出雲氏一族でありながら、国造職争いは近い一族間であり、神主職争いは早くに分かれた出雲氏一族か、中原孝高のように、母親が国造の娘（孝房国造の娘。中原頼辰の子）という外戚が相手であった。出雲氏については、①国造家と②出雲氏のなかで近くに分かれた一族、③早くに分かれていた一族（内蔵氏がそうだという）、という三分類ができるとみられている。

建長元年（一二四九）、国造出雲氏は大社領十二郷七浦の領主であったが、出雲守護佐々木泰清の仲介により幕府の御家人（地頭）にもなっている。

鎌倉初期の出雲の在庁官人

鎌倉期の出雲国古来の御家人のなかで最大の勢力をもったのは勝部宿祢一族であり、もともと大原郡を本拠とした。その惣領は朝山（浅山）氏で、神門郡朝山郷（現・出雲市稗原・朝山の地域）を領した。文書で存在が確認できる勝部宿祢一族の最初の者は、十二世紀半ば久安頃の勝部元宗であり、調所庁事の任にあり、出雲国衙の有力在庁官人であった。系図では、その跡取り（「無子」とあるのを踏まえれば、実弟かもしれないが）とされる守安に「佐世庁事」と記されており、その弟の資元・明元も記される。これら守安兄弟の一部が、後述の建久五年（一一九四）の解状に見えるので、鎌倉初期に活動したと知られる。

少し前の建久二年（一一九一）七月日の「出雲国在庁官人等解」（出雲千家家文書）には、在庁官人十二名が署判しており、うち五名を勝部宿祢一族で占める。その序列では、一番、七～九番、十二番となる。筆頭の勝部宿祢孝盛に続いて、中原朝臣が頼辰・時光の二人、出雲宿祢が季盛一人、藤原朝臣が孝政一人と続き、ここまでの五人が「庁事」である。その後に藤原朝臣一人（孝兼）と勝部宿祢三人（助光（明元の誤読か）・政光・某（孝光））、出雲宿祢二人（忠康・某）が続き、最後に勝部惟元があげられる。その三年後の「出雲国在庁官人等解」には十人が署判しており、建久二年のものと比べると藤原朝臣と出雲宿祢が各一人少なく、建久五年の解は文書としては要検討ともされる。建久二年と同五年の解で筆頭に署判する助盛（資盛）は勝部宿祢関係の系図には登場しない。

これらに先立つ久安元年（一一四五）の正遷宮の史料があって、そこでは庁事が順に孝盛・兼時・

忠政・兼政・元宗、他の在庁が季宗・助真・兼吉と記される。この時の庁事について姓氏を勘案すると、勝部孝盛・中原兼時・出雲忠政・藤原兼政・勝部元宗となろうとの見方がある。その場合、勝部・中原・出雲・藤原の四氏の代表者が庁事で、庁事五名のうち勝部宿祢から二名が入る。

以上の文書で筆頭に見える勝部孝盛と助盛は親子とみられており、一方、承久の乱後の在庁官人で中心となる朝山氏は、勝部氏のなかでも元宗流である。勝部氏の「孝盛―助盛」系はこの乱まで在庁筆頭の位置にあったが、出雲の知行国主源有雅が後鳥羽院の側近という事情でこれに味方してか、承久の乱で没落したようであり、勝部氏では元宗流が替わって惣領となった。これに対して、久安元年と建久二年を比較すると、平氏政権の成立は在庁官人の勢力に大きな変化はもたらしていない。

源平争乱時の一の谷合戦には、出雲から朝山記次や塩冶大夫・多久七郎・横田兵衛維行・福田押領使が平家方で参加したと『源平盛衰記』に見える。塩冶大夫（名は政光か）と横田兵衛は勝部宿祢一族だが、元宗流の者ではない。元宗流以外の人々については、『大伴氏系図』（東大史料編纂所蔵）に殆ど記載されず、仁多郡の一族は早い段階で系図記事が終わり、横田兵衛尉やその一族三処氏は記されない（横田兵衛尉惟行の跡を継承したのが三処左衛門尉長綱という）。勝部宿祢一族である長田西郷地頭は元宗流だが、長田東郷地頭は系図に登場せず、元宗流ではないとみられている。

他の在庁官人のうち、中原氏については出雲北部の秋鹿郡二ケ所（秋鹿郷・伊野郷）の郷司であった。藤原氏は出雲郡内の漆治郷司であったが、南北朝期に活動が確認できる小境氏も「伊藤」を名乗り藤原姓とされる。中原頼辰は国造家との間に婚姻関係を結び、その子・孝高は建暦三年（一二一三）に杵築大社神主にもなった。出雲宿祢氏は須佐郷・山代郷の郷司であったが、前者は須佐国造と称する系統か。これに杵築大社並びに国造領を合わせると、出雲国東部と西部の両方で出雲宿祢氏が所領をもっていた。

朝臣姓の中原・藤原氏は、中央官人のようでもあるが、中央から出雲に来てここで根をはった中原・藤原両氏は知られず、出雲古族の流れが姓氏仮冒した可能性も考えられる。その場合、例えば、藤原姓は物部後裔という秋上氏も同じく名乗るから、この祖先か、あるいは別族の漆治稲置の後裔か。中原姓の出自は不明だが、あるいは別火職世襲の財部臣同族なのかもしれない（「中原資忠─助景」親子が知られるが、平安後期には「助宗〔資宗〕─助澄」親子が揖屋社の別火職〔大宅姓〕で見える）、という可能性も考えられる。

一方、勝部氏は、在庁官人筆頭であって鎌倉期は在国司でも見える。一族が多く、本宗の①孝盛─助盛系（出雲郷・竹矢郷・東長田郷・塩冶郷）、及び②元宗系（朝山郷、多祢郷、万田庄、法吉郷、長田西郷、湯郷、佐世郷、佐陀社）、さらには③仁多系（横田庄、三処郷、阿井郷）などの系統に分けられそうでもある。出雲東部の富田押領使も、系図によっては勝部氏支流に記されるが（勝部政家の後裔という）、真偽不明である。

これらのうち、早くから庄園立庄の主体となり中央権門と直接結んだ勢力は、源平合戦等の結果、所領が没収され、その跡を多く東国御家人が地頭に補任された。具体的には富田庄、吉田庄、宇賀庄（以上は能義郡）、加賀庄（島根郡）、大東庄（大原郡）などの地であり、頼朝の挙兵に早い段階から参加した東国御家人の佐々木氏、土屋氏、神保氏（千葉氏一族）などがこれらに替わった。

勝部宿祢姓一族の鎌倉期の動向

出雲国の勝部宿祢一族には先に少し触れたが、この一族の系図が『大伴氏系図』として残される。はじまりの部分は中央の大伴氏で、武持や安麻呂・家持らの名が記されるが、一方で勝部宿祢とも記されており、初期段階の辺りは後世の偽作である。勝部氏の系図部分は、平安前期から始まるように記されるが、ここら辺りは、史料の裏付けがないものの、一応参考になろう（史料には、平安中期の長徳二年〔九九六〕に出雲犯人で放免された勝部延道・同久道が見えるくらいで、系図とのつながりはない）。それに続く平安末期頃から鎌倉末期頃までの終わりのほうの部分は割合、信頼のおける史料とみられる。

本姓が勝部宿祢の朝山氏は、なぜ中央の大伴連氏の後裔を称したかの事情は不明である。室町初期、明徳三年（一三九二）の「相国寺供養記」（『群書類従』巻第四三四釈家部十）には、随行武者の帯刀のなかに朝山出雲守大伴師綱として記され、たしかに大伴姓で見えるが、既に鎌倉後期には大伴姓を称したのであろう。同系図の掲載は限定的なようで、出雲の文書史料に見えながら、見えない一族の者もかなりいたことに留意される。

『大伴氏系図』では、勝部部分の記事が持棟から始められ、次代以降が「具持―持佐―政持」とされており（政持は、具持や、他の個所に見える「直持」〔真持〕にも相当する人物か）、別の所伝でも、承和三年（八三六）に出雲国飯石郡に配流となったという河内守政持から始めることが多い（検非違使庁看督長として下向ともいうが、この所伝も疑問か）。一方、別の系図には貞観期の勝部臣宮道が朝山氏の祖と伝え、当時の命名などから考えても、大伴氏系図の初期部分の記事はおおいに疑わしい（世代的に鎌倉期から遡る場合には、祖先の当該政持が実在の者なら十世紀の承平天慶頃が実際の活動時期となろう。これら歴代の実在性については不明も、記事が疑問だということ)。

朝山氏が起った神門郡朝山郷（出雲市南部の朝山町。神戸川中流の右岸）は、当初は神門臣の勢力圏だった。神門廃寺跡が朝山郷にあり、神門臣氏が建てた寺の「新造院」がある。朝山神社が朝山町域の宇比多伎山に鎮座して、祭神が真玉着《またまつく》玉之邑日女命・神魂命・大己貴命とされるから、当初は大己貴神系統の氏族が当地にあった。真玉着玉之邑日女命とは、神魂命の娘で、大穴持命が通った姫と伝えられる。

文書でその存在が確認できる朝山氏先祖の最初の者は、平安後期、十二世紀半ば久安頃の元宗であり、出雲国衙の有力在庁官人であった。系図では、調所庁事の任にあって、その跡取りとされる守安に「佐世庁事」とあり、その弟の資元は多祢庁事、明元は万田庁事、と記される。これら守安兄弟の一部が、建久五年（一一九四）の解状に見えるので、鎌倉初期に活動した人々であった。勝部宿祢一族は当初は大原郡を本拠とし、「佐世」とは大原郡佐世郷であり、この頃には一族が各地に展開したと分かる。

朝山神社（出雲市朝山町）

建久五年の解の裏書きでは、十人中筆頭の助盛を除く九人について、「郷司」と記される。勝部宿祢では、明元が万田郷司、政光が塩冶郷司、孝光が法吉郷司であり、惟元が朝山郷司である。明元、孝光、惟元は『大伴氏系図』に見えるが、塩冶郷司の政光は系図に見えない。三人の中では惟元が惣領であるが、明元・孝光が惟元の父・守安の兄弟（惟元の伯父）であるため、このような序列で記されるとみられている。

惟元の嫡子惟綱と次子元綱については、元久二年（一二〇五）にそれぞれ右兵衛少尉と右馬允に任官した。これが、藤原定家の日記『明月記』の記事（同年正月条に維綱、十一月条に基綱の任官）で確認できる。惟綱の後は、惟綱系の人々のうち嫡子光綱系は任官記事が見えず、乃木郷地頭佐々木光綱と惟綱娘の間に産まれた乃木四郎高定（惟綱の孫）が木津御島地頭となるくらいである。子の長元の系統が佐陀神主などで続くが、この佐陀神主についても、先に建保二年（一二一四）七月には勝部四郎丸が佐陀御領下司職に補任されたと見える。この四郎丸の系統も承久の乱で没落したか、惟元系の長元がその跡の継承を認められた。系図では長元は文永五年（一二六四）に死亡したと記されており、文永九年段階では佐陀社地頭が「佐陀神主跡」と記される。

次子の元綱の後が朝山氏の嫡統となり、その子の左衛門尉昌綱は寛元二年（一二四四）、建長元年（一二四九）などに在国司と見え、文永八年（一二七一）十一月には今は死去とあって、その子の時綱も正安二年（一三〇〇）に在国司で見える（杵築大社関係文書）。

『東鑑』巻四〇、建長二年（一二五〇）三月一日条には朝山右馬大夫跡（昌綱）が見える。これは京都の閑院内裏造営の雑掌に関する分担についてであるが、朝山跡が西鰭十丈に対し、守護代などもつとめた吉田氏では佐々木六郎法橋（吉田厳秀）跡が西鰭五丈を負担しており、朝山氏の勢威が知られる。その前年の建長元年の流鏑馬記に在国司朝山昌綱が見え、同じ元年の「出雲国杵築社造営所注進書」にも「朝山右衛門尉勝部昌綱」と見えており、朝山氏の本姓は「勝部」だと記される。

地頭職にあった朝山氏は、建久三年（一一九二）征夷大将軍源頼朝が、出雲八幡宮八社を新造したとき、朝山郷一社の祠官兼帯を命じられた。当時の朝山八幡宮の社地がどこかは不詳であるが、白枝町には元宮があったとして「朝山八幡宮旧蹟地」の石碑がある。

「千家文書」に拠ると、朝山氏は、宝治二年（一二四八）杵築大社遷宮儀式次第に、国司から奉進された三頭の御神馬のうち、第一の馬を目代と並んで取る地位にあった。文永八年の頃（一二七一）の朝山氏の所領は、神門郡から楯縫郡の西郷、東郷、御津荘に及んでいて一六七町余を占め、守護の佐々木塩冶氏に次ぐ大きさであった。

この朝山氏の嫡統は、系図には鎌倉末期頃までしか記載がなく、時綱の子の出雲権守景綱が末尾だが、南北朝期におおいに活動する景連は、年代的に景綱の子に推される。

朝山（浅山）氏は系図上の伝承はともかく、出雲国造同族の勝部氏に出自があった勝部姓諸氏は出雲各地に分布し、中世では朝山・仁多・万田・多祢などの苗字を名乗った。

朝山八幡宮（出雲市松寄下町）

朝山一族では、長田東郷地頭の長田蔵人は、系図に登場しない勝部宿祢一族とみられ、その一方、長田西郷地頭長田四郎兵衛尉政元（昌元）らについては、系図には守安の兄弟、資元の養子・時元が長田庁事と見える。その子・昌元は長田四郎兵衛尉で、出雲大社文書に寛喜二年（一二三〇）に「舞人政元（時元息）」とある。時元は、一族の広政とともに建長六年（一二五四）・同八年の「出雲北島家文書」に見える。昌元の子・余一昌重（法名昌遍）は、永仁七年（一二九九）に安堵されたが（「鎌倉将軍家下文」）、嘉元元年（一三〇三）に所領を収公され、その跡は一族の長田太郎左衛門尉雅綱に与えられた。この雅綱も系図には見えず、長田東郷地頭の一族か。昌重の子の長田次郎貞昌のとき、元応三年（一三二〇）に還補された。

惟元の子・貞元には「石坂兵衛入道」と付記されるので、意宇郡石坂郷（保）支配に因むが、承久の乱後には東国御家人恩田氏が地頭となる。これに対して、同じく惟元の子・円顕の子・宗綱には「玖潭《くたみ》四郎」と記され（旧楯縫郡で、現・出雲市久多見町の地域）、文永八年の玖潭社地頭玖潭四郎と一致する。

元宗の子で守安の兄弟である資元には多祢庁事とあり、飯石郡多祢郷に所領を有した。多祢郷を継承したのが養子（舎弟）の頼元であり、頼元の子・重元の後はその後も続くが、その弟・建部七郎政元の建部郷地頭は、承久の乱後には東国御家人の大蔵氏となった。

同じく守安の兄弟の明元は、建久五年の万田郷司で、子の元光には万田七郎とあり、文永八年（一二七二）の万田新庄地頭万田七郎と符合する。明元の子の明政は、多久太郎として「秋（「鹿」が脱漏か）庁事」と記され、承久の乱では宮方で討死した。明政の子・家光には「本庄孫太郎」と記され、上記文永八年の万田本庄地頭万田二郎太郎と同一人とみられる。明政が多久郷を失い、その子・家光は庶子領の万田本庄を譲られたのだろう。

守安の兄弟、孝光についても同様なことが言える。孝光は建久五年には法吉郷司で、その子・明広が平田庁事、兄弟の盛孝と光元には各々法吉太郎、法吉七郎兵衛と記される。平田保と法吉郷には、ともに承久の乱後に東国御家人が地頭で入部したので、上記の諸子は承久の宮方で没落し領地を没収されたか。明広の子・四郎広政にも庁事とあり、建長元年（一二四九）の杵築大社遷宮の注進状には、署判者の一人「勝部宿祢」に「広政」と記される。「出雲大社文書」寛元二年（一二四四）十月にも庁事散位勝部広政と見える。

以上のように、地頭名と系図の記載を照らし合わせると、源平争乱の平家方並びに承久の乱での後鳥羽院方となって没落した人々が出雲には多数おり、没収されて東国御家人の領地（地頭）となったりもしたが、勝部宿祢一族の者が継承を認められた例もあった。その時々の勝部宿祢の惣領が朝山郷を支配する者とみられる。

南北朝・室町期以降の朝山氏

南北朝期に入ると、杵築大社関係の社家奉行の記録（『大社町史』）では、かつての社家奉行朝山・多祢両氏が相次いで社家奉行の地位を失い、ここに鎌倉期以来の伝統を誇る「国衙在庁官人」の社家奉行が姿を消した。

元弘三年（一三三三）、後醍醐天皇が隠岐を脱出し、名和長年に奉じられて伯耆西部の船上山（大山山系の一つで、大山の東北端に位置）に拠り、行宮をおいた。『太平記』によると、船上山合戦の直後、出雲国守護塩冶高貞・富士名判官（義綱）をはじめ、浅山（朝山）二郎・金持一族・大山衆徒など、出雲・伯耆・因幡三国の武士が多く船上山に馳せ参じた。このとき浅山二郎が八百余騎を率いた、という。後には、石見・安芸や美作の菅家一族（江見・方賀《はが》〔垪和〕など）など吉備の武士までも参加した。『太平記』に見える朝山氏一族の活動では、同書巻七に浅山次郎、次ぎに車駕帰洛の条に朝山太郎が見え、千余騎の前陣・塩冶判官の後陣として五百余騎を率いた。巻十四にも浅山備後守が見え、備後守護職に任じられるが、これが尊氏に属した朝山景連とされる。

朝山次郎左衛門尉景連は備後国守護として、建武二年（一三三五）に守護所を神辺（広島県福山市神辺町）に置き、神辺城を築いた。景連は、建武四年、丹波国凶徒の誅伐に仁木伊賀守とともに発向し、同年十月には伊予国凶徒の誅伐を命ぜられた。翌建武五年には、備後国守護代が安芸国で軍忠を尽くした旨の感状を、足利直義より受けた。結局は、本国出雲国に帰って出雲での活動が見られ、塩冶高貞の誅伐でも軍勢催促を行った。

その後の出雲では、朝山義景は塩冶氏とともに幕府方の中心として活躍したが、十四世紀後半には義景の嫡子・出雲守師綱が将軍義満の同朋衆となり、歌人・連歌師の梵灯庵としても活躍し、義満から九州島津氏へ使者として派遣された。「相国寺供養記」の朝山師綱の話しは先に触れたが、その後、永享以来などの御番帳に朝山肥前守などが見える。それ以降、朝山氏は代々奉公衆として将軍に仕えた。

室町中期の正長二年（一四二九）九月日付の「朝山肥前守清綱申状」（鈴鹿太郎氏所蔵文書）の中で、「朝山郷は朝山氏重代相伝の本領として、応永元年（一三九四）まで知行してきたが、召し放たれて幕府御料所になった」と記される。朝山氏はこれ以後、室町幕府将軍直属の奉公衆として、京都にも拠点を置いて活動する。この後の応永六年（一三九九）には、昌時と名を改めた師綱は、佐陀（現・松江市鹿島町）に池平山城を築城しており、この時から朝山郷を出たともされる。

戦国動乱期の朝山氏は、出雲国を中心に勢力を張った尼子氏に属した。朝山越前守貞昌のときに池平山城から秋鹿郡の佐陀宮内に廬山城（芦山城）を築いて移住し、そののち養子利綱・綱忠・貞綱が城を継ぎ尼子氏に属した。大永三年（一五二三）、杵築大社三月会祭礼について尼子経久に報告した朝山利綱の文書が残される。永禄五年（一五六二）、毛利氏の出雲侵攻により朝山左衛門尉貞綱は戦死して朝山氏は断絶した。尼子氏の本拠富田城も永禄九年（一五六六）に落城する。そののち一族（その弟という）の慶綱を立てて、朝山氏が再興された。慶綱は、武事を絶ち佐陀神社の正神主となり、天正十八年（一五九〇）九月には参内して正六位下に叙された。それ以後は、佐陀神社正神主を世襲して存続する。

利綱の長子（名は不明）は上京して兵部大輔に任官したが、その子が僧日乗、元の名が善茂である（一に上記左衛門尉の弟で、日乗自体が尼子氏に仕えて、その滅亡後に上京したともいわれる）。善茂は法印に任じて、後奈良天皇に謁して名を日乗と賜り、織田信長に仕えて皇居修理に大功があったが、キリシタン大名の和田惟政を陥れようとして失敗し、天正元年（一五七三）頃に信長の寵を失い失脚した。その子の久綱は天正二年に従五位下に叙し宮内少輔に任じたと『歴名土代』に見え（その子が儒学者の朝山意林庵、僧名は素心）、その弟の幸綱は九条家に仕えて諸大夫となり、その子の吉信以降も諸大夫家として江戸期に続いた。子孫は地下ながら九条家諸大夫として、代々四位にまで昇ったが、十八世紀代の寛親は従三位となっている。

建武中興と孝時国造

鎌倉後期の第五三代国造出雲孝時《のりとき》は、父の泰孝から国造職を譲り受けて、延慶元年（一三〇八）に就任し、その後廿九年間も国造の任にあった（十七世紀中葉の『懐橘談』には、孝時を第四八代とする数え方もみられる）。その間、元亨三年（一三二三）から建武元年（一三三四）にかけて、幕府の命を受け杵築大社の造営に関わるが、元弘二年（一三三二）三月、後醍醐天皇は、倒幕の企てが露見し、幕府により隠岐に配流された。

後醍醐天皇は、翌年の元弘三年閏二月に隠岐から脱出し、名和長年らに迎えられて伯耆の船上山に拠り、諸国に義兵を募った。この時、政治が再び天皇のもとに戻るよう杵築大社に祈願した。これが、同年三月十四日付の「皇道再興の御綸旨」①である。後醍醐天皇はその直後の三月十七日付で重ねて杵築大社に対し、社宝の剣の奉納されたい旨の綸旨②を出し、孝時国造はこれに応じた。この功で、同年四月十一日付の綸旨③により天皇は杵築大社に対し国富庄及び氷室庄を寄進した。

天皇からの呼びかけに応じて各地で反幕の挙兵があり、同年五月下旬に天皇は船上山を出発し、六月上旬には帰京して、建武中興たる王政復古がなされた。建武元年（一三三四）七月五日付でも孝時国造への綸旨が出された（出雲大社文書）。翌建武二年五月廿六日には、孝時国造の祈請の効を高く評価して、杵築大社に対し肥後国八代庄を寄進する綸旨④が出た。これら四通の綸旨は、出雲大社の社宝とされる。もっとも、この頃、後醍醐天皇は名和長年関係者など、多くの者宛に綸旨を出した事情もある。

建武三年（一三三六）六月中旬に、塩冶高貞の配下にあった出雲国造舎弟・六郎貞教（さだのり。貞孝同人）が西伯耆の名和方の長田城をまず攻め、同月末には西伯郡南部町の小松城を攻略した、と「千家文書」にある。国造一族も争乱に加わったことが知られる。

出雲国造家の分立とその後

始祖とする天穂日命以来、第五三代孝時国造まで出雲国造家は、ほぼ一統で続いてきた。南北朝時代に及び、第五四代清孝国造の後をめぐって、孝宗・貞孝兄弟の間に激しい相続争いが生じ、結局、和予状が交わされて収まった。和与の以後は千家・北島の二統に分かれて、両家がほぼ交互に出雲国造の職につくようになる。

各々が出雲郡の千家村、北島村に因む名乗りで、現在は、出雲市斐川町併川のうちの千家、同市斐川町名島のうちの北島となっており（斐伊川下流東岸域で、併川の北隣が名島、その西隣に富村が位置する）、旧出雲郡出雲郷のあたりの地名である。併川に鎮座する式内社・立虫神社は五十猛神等を祀る（同社はもと斐伊川中にあったといい、いま千家集落に鎮座の客神社も合祀）。現在に残る千家・北島両家の所伝文書（孝時譲状や清孝、妙善尼、覚日尼、塩冶高貞など十四世紀中葉頃の文書）には相異なるものがいくつかある（偽造に近いものがあるかもしれないが、その真偽は確かめがたい）。

相続争いの契機は、南北朝時代の国造・出雲孝時《のりとき》のときにあった。孝時は、諸子のうち寵愛する六郎貞孝に国造職を継がせようと考えた。ところが、孝時の母・覚日尼（塩冶頼泰の娘。家系は近江の佐々木氏の出雲分派）からの説得「三郎清孝は病弱でも兄であり、後に貞孝に継がせるとして、一時的でも兄の清孝に継がせるのがよい」を受け入れ、清孝を後継とした。清孝は、そこで第五四代国造となったものの職務を全うできず、弟の五郎孝宗を代官として職務のほとんどを任せ、康永二年（一三四三）には、そのまま国造職を孝宗に譲ることとした。これに対し貞孝は、自分が国造職を継ぐのが本筋だと猛烈に反発し、神事を中止し、軍勢を集めて社殿に立て籠もるなど紛争状態となった。

この事態を重く見た守護代の吉田厳覚（名は長秀で、厳秀の曾孫。佐々木京極高氏の配下）は、清孝・孝宗側と貞孝側の両者に働きかけ、年間の神事や所領、役職などを等分する旨の和与を結ばせた。こうして康永三年（一三四四）六月以降、孝宗は千家氏、貞孝は北島氏と称して、二つの国造家が並立することになった。このため、十九世紀後半の幕末まで、出雲大社の祭祀職務を両家が平等に分担した。出雲国造家が北島・千家に両立してから後の出雲大社の神事は、年中を六か月ずつに分けて分掌された。出雲大社の祠官家も折半されて両家に属したが、別火氏だけはそのまま共担とされた。

応安三年（一三七〇）八月の社家連判状には、沙弥道意、別火財貞吉、勝部清実、出雲盛清、僧道雲、出雲孝忠、権検校出雲経孝、出雲孝氏などが見える（『姓氏家系大辞典』）。このうち、出雲孝氏は北島資孝の弟で高浜家を継いで高浜七郎といい、出雲経孝はその再従兄弟で平岡家を継いでいた。

出雲国造の両統分立の後では、千家氏に男系がいったん絶えた事情もある。すなわち、孝宗の次の国造直国には男子がなく、娘・松女の生んだ外孫の高国が跡を継いだ。その父は佐々木塩冶氏一族の大熊氏弘とされる（氏弘は、塩冶判官高貞の弟・四郎貞泰の曾孫という）。高国の男系は後に絶えて、千家氏はまた出雲国造の男系の血筋（直勝以降）となっている。

江戸中期の元禄年間以降では、出雲十郡の諸社のうち杵築大社が六郡半、佐陀社が三郡半を分割支配するという形で触下制度が行われた。

明治時代に入ると、千家氏・北島氏ともに華族に列し男爵として遇され、出雲大社自体は内務省神社局の傘下（社格は官幣大社）となった。千家氏は出雲大社教、北島氏は出雲教と、それぞれが宗教法人を主宰して分かれ、出雲大社の宮司は千家氏が担った（この専担の事情は省略）。戦後、神社が国家管理を離れた後は、出雲大社は神社本庁包括に属する別表神社となり、宗教法人出雲大社教の宗祠として、宮司は現在まで千家氏が担っている。

佐陀神社の祭祀

八世紀前半の風土記には「出雲四大神」が記載される。それが①熊野大神（素戔嗚尊）及び②所造天下大神（大穴持神）と、③佐太大神・④野城大神である。後ろの二神は、神様の別名（原名）が風土記に記載がなく、各々猿田彦命、天穂日命とされることが多い。

佐陀神社は、これまで既にかなり触れてきたが、現在は佐太神社と表記され、『風土記』秋鹿郡条には「佐太御子社」と記載される。これは、「佐太大神の御子」ではなく、「佐太にいる御子神」という意味であろう（石塚尊俊氏の説に反対。父神とは、麻須羅神（麻羅神）たる天目一箇命（天夷鳥命。出雲大神）となる）。同社は出雲国二宮とされ、佐太川の西岸、松江市鹿島町佐陀宮内に鎮座する。

この現社地の西北一・二キロ離れた地、秋鹿郡の神

佐陀神社（松江市鹿島町）

奈火山（現・朝日山）の真下というべき地点（松江市鹿島町佐陀本郷字志谷の奥）からは、二個の巨石（磐座か）の近くで銅剣六口、銅鐸二口が昭和四八年に同時に出土した（荒神谷遺跡と同じ「出雲型銅剣」とされる）。石塚尊俊氏は、この出土地付近に佐太神社の源流があった可能性も考える（『日本の神々7』）。次ぎに述べる佐太大神の実体から考えると、近江の三上祝関係とみられる銅鐸大量出土（野洲市小篠原の大岩山から二四口の銅鐸が出土）とも符合すると思われる。同じ佐陀本郷の恵曇神社（祭神は磐坂日子命。風土記の「恵杼毛社」）では、境内の蔵王社に祭神が腰を掛けたと伝える三巨岩からなる「座王さん」が祀られており、これらは磐座とされる。

現在の佐太神社側の公式見解では、正殿の主祭神である佐太御子大神とは猿田彦神のことだとするが、これは語呂合わせの祭神比定にすぎず、誤りである（猿田彦神とは、実体が阿曇連の祖・穂高見命のことであり、阿曇連は出雲とは無関係）。もとは松江藩の神祠懸からあった、『古史伝』の説に従って祭神を定めるようにとの指示に基づく。佐太（狭田）の大神は、『出雲国風土記』に登場しており、神魂命の子の枳佐加比売《きさかいめ》命を母とし、加賀の潜戸で生まれたと記される。その実体は、物部氏粗の饒速日命であり、これは先にも触れ、拙著『物部氏』で詳述した。佐太大神の誕生にまつわる「弓矢」は、賀茂建角身命（実体が少彦名神で、天目一箇命の弟）の近親に関する誕生にもあらわれる（『山城国風土記』逸文）。

佐陀神社の境内社として、秋鹿郡式内論社の御井神社や同、垂水神社（祭神罔象女神）がある。その東方近隣には同郡式内社の大井神社（祭神は罔象女神。風土記掲載社）があって、鳥居の横に大井の池があり、清冷な水が四季を通じ涸れずに湧出する（地名の由来）。

宝永三年（一七〇六）の『佐陀大社勘文』によれば、同社は島根郡と秋鹿郡に七千石の社領をもち、二二四人もの多数の神人を有したが、太閤検地により大幅に減じ、神人も七五人に減じたが、堀尾吉晴の時代になって二百石まで回復したという。江戸時代には、杵築大社とともに出雲国内の神社を管轄し、それらを支配する「触頭制度」が確立され、佐陀大社の管轄は島根・秋鹿・楯縫の三郡と意宇郡西半分とされた（残り六郡半が杵築大社の管轄で、明治三年に当該制度は廃止）。

神職は、神主が三であって、正神主が朝山氏、権神主が宇藤氏（来目姓という）、別火が磯崎氏とされる。同社を勝部宿祢姓の朝山氏が神主として主宰した事情は不明である（観応元年〔一三五〇〕八月付の「北垣光政軍忠状」には、佐陀次郎左衛門尉・玖潭彦四郎などとともに朝山右衛門尉も見えており、この佐陀氏が神社に関与したかは不明）。その下には、上官五（旧殿祝・高田祝など）、中官（常時三、四家）、社人（別当祝など）がいた。

当社では、重要無形民俗文化財として佐陀神能を伝える。社伝によると、慶長頃の幣主祝の宮川兵部大夫秀行（上官の家で、出雲忌部の後裔という）が京で猿楽の所作を学んで帰ったのが起源だという。

日御碕社小野氏と一族神西氏の動向

出雲郡式内社の御碕神社が、日御碕神社という名で現在まで祀られてきている。その上社（神の宮）は八束水神あるいは素戔嗚尊を、下社（沈の宮）は天照大神を祀る。神主家が日置部臣姓であったことは先に述べた。中世以降は、小野の名字で現れる。先祖を素戔嗚尊の子孫という天葺根命から始まる系譜を称するが、この神が天目一箇命に当たることも触れた。現伝の系図は、歴代数が多すぎてしかも殆ど直系で記されて、不審点が多く（前半部分は偽造で、信頼性に乏しい）、中世の鎌倉期頃以降しか信頼ができない。

平安末期・鎌倉前期頃の小野政通以降は、神主歴代として直系傍系が混入している模様でもあるが、一応ほぼ信頼できそうでもある。朝山氏系図には小野氏の政通が見えており、一族の神西氏も貞応二年（一二二三）に神西三郎左衛門小野高通が見える。『八幡宮古証文』に、「小野高通　波加佐村へ御入部。年は貞応二年癸未」とあり、『十楽寺の縁起』も「神西三郎左衛門小野高通」と記すが、鎌倉の住人が出雲に封ぜられたというのは不審である（系譜は武蔵の称小野姓横山党・猪俣党の出ではなかろう）。

鎌倉時代の文書を見ると、『鎌倉遺文』所収のものでは、宝治元年（一二四七）十月付の「出雲鰐淵寺文書」に「前検校日置正安」などが見え、次いで、建長元年（一二四九）八月二日付の「出雲北島文書」には、「出雲国日三崎社司検校散位日置政家在判」とあり、同じく建長五年（一二五三）三月の「出雲日御崎神社文書」には、「六波羅御下知　補任日置政家、出雲国日御崎検校職」とある。鎌倉末期の元弘三年（一三三三）の四月付の「出雲日御崎神社文書」には、「出雲国日三崎検校職・神領等日置政支（政友か）」、同年五月付の「出雲小野文書」には、「三崎三郎次郎日置政高、致合戦之忠節候……」と見える。これら政友や政高も朝山氏系図に見えて、朝山氏は社家小野氏とも密接な関係があった。

明徳三年（一三九二）に神西惟通（上記の高通の六代後におかれる）が小野六郎清通に所領を譲る譲状が残る。清通は日御碕検校小野政高（三崎三郎次郎）の子・清政かその兄弟と考えられている。翌同四年には、守護の佐々木京極高秀から神西三郎六郎が「当国神門郡朝山郷の内、稗原左京亮跡、但し稗原を除くの事、給恩となし相計る所なり」との所領を宛行われたが、「三郎六郎」とは六郎清通に当たる。神西氏は相伝の地（神門郡の神西庄波賀佐村・久村・清松村）を領しながら、室町期は出雲守護京極氏に属した。小野政高の弟・勝高は白神八幡宮（雲南市の佐世八幡宮）の検校となり、この白神氏（佐世氏）第二代の重勝は応永十八年（一四一一）に死去とあり、清通がほぼ同時期に活躍したと推測できる。

室町期の出雲守護、佐々木京極氏は次第に衰退していき、戦国時代には守護代の尼子氏が台頭した。京極政経の守護代尼子経久（生没が一四五八～一五四一）は自立して、出雲の諸勢力を配下に収め、出雲・石見・備後など山陰山陽八か国ほどを勢力下におく戦国大名にのし上がった。経久の息子興久は塩冶氏を継ぎ、娘は千家・北島両家に嫁いでいる。

この情勢のなかで神西氏も尼子麾下に属して、経久の代の分限帳には「美作の内　四六六七石　神西三郎左衛門　足軽大将」と見えるが、これは、本領に加給の新恩地である。尼子麾下の「出雲十旗」には、三刀屋・赤穴・牛尾・大西などと並んで神西氏も見える。天正六年（一五七八）、再興をめざす尼子勝久が毛利氏に攻められ播磨の上月城で滅びると、神西三郎左衛門（名は元通または国通といい、惟通の五代後とされる）も主君とともに切腹して果てた。その子と推定される神西又三郎は、小早川隆景に仕えて偏諱を賜わり神西景通と名乗る。隆景の死後は毛利家に仕え、文禄・慶長の役も従軍し、慶長十五年（一六一〇）に死没した。

四　出雲国造の祖系―出雲国造の起源と初期段階

ここでは、出雲国造家の祖系を具体的に考えていきたい。このテーマは、先に拙著『越と出雲の夜明け』で取り上げたが、本書の説明に必要なところを要約的に踏まえ、更に検討して記すものである。出雲国造の先祖が誰で、何時どのような形で出雲に来たのかという理解により、わが国の上古史の流れの見方が随分変わるからである。もちろん、わが国の神統譜の見方にも大きな影響を及ぼすが、この重要問題について、具体的に論究する学究の論考はこれまで見られない。

天穂日命という神とその実体

出雲国造の祖については、記紀の伝承では天照大神の息子という天穂日命《あめのほひのみこと》とされ、この神を初代とする系譜を現在の出雲国造千家・北島両家が伝える。これをそのまま信じる見解にも多くお目にかかるが、これは、天照大神を否定し、神武天皇あるいは崇神天皇、応神天皇まで否定するような戦後古代史学の多数説的な見方と符合しない。そこまで行かなくとも、記紀神話を上古史の一環のなかで批判的に考える立場にとって、上記の系譜は疑問だと言えよう。とはいえ、記紀や『新撰姓氏録』にはそのように記される。

所伝・系譜と事実関係（史実原型）とは別ものである。とくに神代とそれに関わる系譜伝承は、十分かつ厳密な批判・検討が多角度から必要である。上古史関係はただでさえ関係資料が乏しいのだから、現在に残る資史料は、一般に二級史料ともされる系譜関係といえども、できるだけ有効に丁寧に取り扱うことを基本としたい。神祇祭祀や系譜・地名などの諸事情も総合的に踏まえ、従来の研究者の所見にとらわれずに冷静な検討を加えたい。戦後の津田博士流古代史学は先入観が強すぎ、無闇やたらに史料切捨てが多いのである。

天穂日命（天菩比命）とは、記紀に拠ると、素戔嗚《すさのを》神と天照大神とが天安河の河原で御誓約のとき気噴の狭霧から生成したとされる五男子のうちの一である。天孫の瓊瓊杵《ににぎ》尊の降臨に先立って、天照大神統治の「高天原」から大己貴《おおなむち》神が統治する「葦原中国《あしはらのなかつくに》」に派遣され、高天原への降服を促そうとしたが、かえって相手の主・大己貴に媚び服従して三年経っても復奏しなかった神とされる。この神の次ぎに、天若日子《あめのわかひこ》が高天原から派遣されたが、これまた同様に大己貴に取り込まれて女婿となった、と『古事記』に記される。

この辺は『日本書紀』でもほぼ同様ではあるが、天若日子の派遣の前に、天穂日命の子の大背飯《おおそびの》三熊之大人《みくまのうし》（またの名を武三熊之大人）を派遣したが、これもまた父に準じて、高天原に対して報告しなかったという経緯もあったと記される。

記や書紀本文では、天穂日命がその後どうなったかは記されない。一方、出雲国造家が朝廷に奏上した「出雲国造神賀詞」では、天穂日命は、大己貴命を鎮め国土献上をさせた功労者であって、大己貴命が高天原に降服して出雲の杵築宮に隠退するや、その祭祀を行って、後裔は永く大己貴命を奉斎し続け、出雲国造として連綿と継承した、と詠われる。『書紀』の一書（第九段の一書第二）でも、これとほぼ同様の内容とされる。しかし、これらは神話伝承の内容と大きく異なっており、出雲国造家による後年の偽作、偽りの主張にすぎない。

国譲りの舞台はどこか―天穂日命が赴いた地

こうした国譲りの流れのなかで、交渉・派遣先の「**葦原中国**」が出雲国、現在の島根県東部あたりの地域に比定されるならば、出雲国造の系譜所伝にとくに不自然さはない。だから、『古事記』には、国譲りの舞台たる大国主神の本拠地の地名として、イナサ（伊那佐）の小浜、タギシ（多芸志）の小浜といった出雲西部の地名としてよさそうなものが登場する。そこからかなり離れた出雲東北端の美保の埼に相当しそうな「御大之前《みおのさき》」という地名までも出てくる。しかし、これらをそのまま出雲の現実の地名と受けとめてよいのだろうか。これらの地名が元から資料に記載されていたかという問題である。

　この問題をどう考えるかによって、出雲という重要地域の上古史が大きく変わる。現在まで存続する出雲国造家にとっても、遠祖神が天穂日命であったかどうかという問題につながる。これらはわが国上古史の原像探索のためには欠かせない検討である。

　高天原の交渉相手国について、『古事記』では「豊葦原の千秋五百秋の水穂国」「葦原中国」とし、『書紀』は主に「葦原中国」と記しており、この葦原中国の表現が頻出する。大己貴神が別名が葦原志《し》許《こお》男神とも呼ばれるように、葦原中国の「醜男《しこお》」すなわち勇者（統治者）・首長であった。その一方、「出雲国」という地名は二、三度しか記紀に出てこない。そのうえ、異伝にあたる『書紀』一書の第一から第八までには、出雲の地名は全く登場しない。これら記紀の用例から考えても、「葦原中国

＝出雲国」とは直ちにいえない。「葦原」という地名は、『出雲国風土記』では楯縫郡に葦原社をあげるが、葦原神社は信濃諏訪等の他地にもあって、決め手にならない。

語義的に考えても、出雲の上古代の地理風景は「葦原中国」とは言い難い（沿岸部に近い「素尊水道」が広範でなくとも、瑞穂豊かな陸地が当時は多くなかったとみられる）。この地名が「豊葦原の水穂国」ともいわれるように、稲などの葦科植物が豊かに生い茂る地域を指している。この観点からは、稲作を日本列島にもたらしたタイ系（中国上古代の越民族系）の海神族が、朝鮮半島から渡来して当初に本拠としたのが北九州筑前海岸地域の博多平野の那珂川《なかがわ》流域である（とくに那珂川と東側の御笠川との中間地帯で、住吉神社や板付遺跡・須玖岡本遺跡等がある）。この地域が、上古代では「葦原中国」の名に最もふさわしい（「中」は那珂か中間地帯）。出雲のなかでは、出雲・神門郡あたりの平野が最も広域であったとしても、当時は神門水海が広大で、いわゆる素尊水道の存在と併せ、上古では「豊葦原」の状態とはとても言い難い。

出雲の地元で編纂された『出雲国風土記』には、天穂日命の子で出雲国造家の祖とされる「天夷鳥命」の名さえも見えない（同一神のような名の「天御鳥命」が楯縫郡一個所に見えるが、これは紀国造の先祖と伝える別神）。これら現地情報をも考えると、記紀編述の際に、よく知られた出雲の地名を天降り伝承のなかに編者が適宜織り込んだとも考えうる。この関係の出雲の地名の挿入は、崇神朝頃の杵築勢力討伐譚からの転用ではなかろうか。井上光貞氏は、神代巻の出雲平定伝承と崇神朝のそれとは、主題や構想が類似し、「両者がもと一つの事実又は伝承からなっているのではないかと思わしめるほどである」と指摘する。

こうした類似性を学究がいう場合、当然といっていいくらい記紀の神代巻のほうが否定されがちになる。津田史学の影響の大きい戦後史学界においても、国譲り神話については、後世の出雲平定（とくに杵築勢力の鎮定）の反映された造作、ないしは天皇家の全日本統治権を確立するための建国神話観とみる説が多い。井上氏や水野祐氏でもほぼ同様である（これに、神武天皇による大和侵攻伝承の要素まで織り込んだ可能性もあろう）。

こうした「反映説」にせよ、建国神話観にせよ、論理的には国譲り・天降りの史実性否定論を立証するものではない。反映説などの主張がなされる前に、本来、明確かつ十分な否定論が先にあるべきはずなのに、それ抜きか、素朴な理解に立った不十分な否定論証であることが多い。あるいは神話の全否定を当然の前提として、反映説が展開される例がこれまでの上古史研究には多く見られる。これらは、みな疑問が大きな取扱いであろう。

学究のなかには「津田左右吉博士による徹底した記紀批判」という表現を金科玉条として、記紀神話の記事を一刀両断に否定する姿勢も、まま見られる。しかし、津田説は概して素朴で視野狭窄な理解と不十分な否定論理の展開にすぎず、論理の徹底性をまるで欠いている。これを含めて、十分に納得できうるような「国譲り・天孫降臨の否定論」はこれまで管見に入っていない。国譲り事件の「舞台と年代（そして登場人物も）」を勝手に誤って把握し、その前提で検討を加えれば、これが史実として否定されるのは理の当然である。

水野祐氏の出雲研究には示唆深いものが多いが、国譲り関係の記述も、舞台が現在の出雲地方ではなかったこと、及び国譲り交渉での高天原の相手方が出雲の大穴持命ではなかったことの論証でしかない。出雲の大穴持命は、高天原への国譲りで隠退したわけでは決してなかったし、国譲りの代償で広大な出雲大社の社殿が造られたわけでもなかった〔註〕。

出雲関係神話・伝承でも、記紀と風土記との二つは判然と区別すべきという見解は、大林太良氏の『日本神話の起源』にも記される。澤田洋太郎氏も、記紀神話の出雲に関する記事は、すべて九州での出来事であって、山陰の出雲とは関係がないと端的に指摘する（『出雲神話の謎を解く』）。このように考えれば、『出雲国風土記』が『記・紀』の出雲神話を前提として、在地の地名伝承などを集めたとみるべきだという安本美典氏の見方は、明らかに誤りである）。

〔註〕出雲を島根県と理解する場合、その敵方の「高天原」はどこだと言うのだろうか。大国主神の隠退に際してその宮殿を作ったとき、櫛八玉神が天御饗を献上して祝い言を申したと『古事記』に見える。その祝詞では、「わが燧れる火が、カミムスビの富み栄える新しい宮居の、煤の長く垂れさがるように焼きあげ」と高らかに出雲系の御祖神カミムスビの宮居への寿詞が述べられる（上田正昭氏の『日本神話』）。こうした内容から見ると、これが、実際には大国主神が高天原に降伏して国譲りをし、そこで隠退した際の祝詞ではなかった、と考えられる。高天原側の交渉者・建御雷神は、中臣氏祖神の天児屋根命の父神にあたるとみられ、出雲には中臣氏一族はまるで存在しない。

そもそも、ニニギを九州の日向に天降りさせて、出雲をどのように治め、誰がどのように大己貴神を祭祀するというのだろうか。史実との関連で見たとき、この問題にきちんと答える必要がある。

国譲り伝承に見える当事者たち

国譲りの当事者でいえば、記紀に記される大己貴命のような、①ある程度広域で強力な上古の政治権力が、現在の出雲国を中心とする地域にあったこと、かつ、②これが高天原ないし大和朝廷と対峙していた大勢力圏であったこと、を確実に裏付けるものはかつてはなかった（水野説も同旨）。

最近の考古学発掘事情は、上古の出雲において多数の銅鐸・銅剣などを保有する大勢力が存在したことを明らかにしたから、前半部分の①は認められる。そうだとしても、その具体的な勢力範囲も、敵対する勢力が何かも、よく分からないから（勢力圏は、おそらく出雲を中心とする山陰道地域のなかで、伯耆・石見の一部を含む程度か）、後半の②は認められない。こうした諸事情のもとでは、出雲主体の国譲り自体が史実として肯定されるわけでもない（総じていえば、否定的な傾きがある）。言えることは、記紀神話に登場する舞台の「出雲」について、多くの学究も含めて一般の把握が疑問なだけである。

問題は、大己貴命が造作された人物であったか、記紀の葦原中国の「大己貴命」（大国主神）と『出雲国風土記』の「大穴持命」（同書では一貫してこの表記であることに留意）とは同じ神・人物だったか、ということでもある。神話伝承の世界では、一族や先祖後裔の関係にある神々・人々が、異人（異神）であっても同じ名のように記述されるのがままある。わが国でも、天日矛や素盞嗚神、神魂命について同様な例があり、「オホナムチ」の神やそれと同神とされる葦原志許男神についても、ほぼ同様だと考えられる。この辺は、中国の神話にあっても、ほぼ同様な面がある。

名前が似通っただけの同じような名前の両神が、実は別神であったとすれば、国譲りと崇神朝の出雲地方平定とは、舞台も年代も異なるまったく別の事件となる。結論から先にいえば、①前者は北九州、後者は山陰の島根県出雲地方を舞台としており、年代的には前者が二百年ほど先行するもの（前者が二世紀代前葉頃、後者が四世紀代前葉頃）であって、②『出雲国風土記』の主神・大穴持命は、高天原から討伐・平定の対象とされた当事者ではない、と考えられる。出雲の大穴持命は、天孫族勢力に対して国譲りなどせず、本人もその子孫たちも、そのまま引き続いて、出雲において長く大勢力を保った、ということである。

そもそも、「国譲り」とは、津田史学では日本神話で最も重大な意味をもつものであったはずである。その記事が肝腎の現地出雲の風土記にまったく見えないのだから、素直に考えると、出雲では国譲り事件が起きなかったから、その伝承がなかった（従って、虚構か、他の地での事件だということになる）、という意味になる。

水野祐氏も、同書には国譲り神話の片鱗すらもが見られないと記し、「大穴持命は出雲一国の主神でしかない」と指摘する。風土記の記述からも、大穴持命の勢力圏は、出雲をあまり大きく出るものではなく、北九州や畿内大和まで及ぶとみることはできない（出雲関係氏族の分布から見て、出雲から東の伯耆を押さえ、因幡や南方の播磨・備後の北部辺りまで交流が及んだとしても、確たる支配圏は出雲一国くらいのほか、伯耆西部も入る程度か。西隣の石見をはじめ、西方への勢力展開があまり見られない）。四隅突出型墳丘墓の分布も、上古出雲の勢力圏を示唆する（丹後・若狭を飛び越えた越までの出雲による一元支配も、大穴持命当時はなかった。丹後にも同型墓候補はあるが）。

後に大穴持命の諸子・女婿たち（大物主命一族や饒速日命など）が畿内の大和・河内に勢力をもつが、その当時、山陰道の出雲から畿内までを広域・一元的に支配領域としたことはなかった。国譲りの当事者たる「筑紫の大己貴命」とは、出雲の大穴持命（大国主神）の祖父にあたる別神であり（詳細は拙著『三輪氏』をご参照）、舞台は北九州のみであった。

風土記で多少とも国譲りに関係しそうな記事は、意宇郡母理《もり》郷の条に見えるくらいである。それに拠ると、大穴持命が越の八口を平定して帰ってきて、母理《もり》郷の長江山（伯耆との国境にある山）で「私が造り領有する国土は、皇御孫命がお治めになる地として統治を依託するが、出雲国は私が鎮座する地としてお守りしよう」と言われたことから、「文理（モリ）」と名付け、のち母理と字を改めたと記される。ところが、この傍線を引いた部分（皇孫の統治に委ねること）は前後関係からみて、不自然さがある。

この言葉が、大穴持命が本国の出雲に加え、「越の八口」の地（北陸道の入り口のようだが、どこを指すかは不明。越後国岩船郡とする説は疑問大）を平定し凱旋した直後の言い方なのだろうか。「母理」の遺称地は、安来市域（もと能義郡）南部の伯太町の北部の母理であり、杵築大社からかなり遠い地である。しかも、出雲の統治自体は大穴持命が自らの神領として自分の手元に残すとまで言っており、皇孫への統治依託の対象とはしていない。大穴持命の領域はどこまで広域か不明だが、極めておかしな話しである（『出雲国風土記』が書き残したかったのが、「出雲本体の国譲りなど無かった」ということかという見方もネットに見える）。

『古事記』に見えて『書紀』に見えない建御名方神も、『出雲国風土記』には現れない（同書に見える御穂須須美命〔大穴持命が高志の沼河姫との間に生んだ子〕との同神性は不明）。この神は古くから信濃の諏訪に鎮座の神であるが、その本来の居住地は畿内か周辺の地域であり、『伊勢国風土記』逸文に見える伊勢津彦に関係する神（同神ではない。拙著『「神武東征」の原像』参照）である。畿内から諏訪へも三河・遠江などを経由して、越の道を通らない。

諏訪神一族の東国への移遷は、神武の畿内侵入を契機として外へと押し出されたのだから（これは、事代主神が登場する時期と同じ）、神代の国譲りの時でも、崇神朝の出雲平定の時でもなかった。『書紀』の国譲りの段の記事に建御名方神が見えないのも、当然である。諏訪神を祀ることが確かな古社は、出雲には存在しない（神庭の荒神谷遺跡付近に諏訪神を祀る神社が集中し六社あり、県内全体にいま十数社もあるが、いずれも式内社や古社ではなく、鎌倉・南北朝期以降に勧請された新しい祭神である。中世武家で高瀬城主の米原氏なども含め、信州ゆかりの諸氏が支配地に祀った神社と伝える）。こうしてみると、国譲りとそれに続く天孫降臨について、『古事記』の記事に依拠して考えることは問題が大きい。

事代主神も、松江市美保関の美保神社で現在、祀られるが、『出雲国風土記』には現れない。同書には、大穴持命と奴奈宜波比売命《ぬながわひめ》の間に生まれた「御穂須須美命」が美保郷に坐すとの記述があるから、こちらが当社の元々の祭神であろう（中世以降の祠官家は横山氏）。大和葛城には事代主神を祀る鴨都波神社があり（奈良県御所市）、これは、地祇で三輪君同族の賀茂君（鴨君）氏が祖神を奉斎したとみられる。神代紀には、事代主神が出雲国三穂（美保）之碕で釣魚あるいは鳥遊びで楽しむところへ国譲りの諾否を問うたとか、別の一書では、帰順の時に首渠の大物主神及び事代主神（大物主と同神）らを天高市に集めたと見えるが、後者は大和を舞台とする話しとみられる。

大陸から朝鮮半島を経て渡来した天孫族や畿内の古代諸氏族の移動経路等から考えると、高魂命《たかたま》や天照大神（実体は「天活玉命」という男神。「女神」は後世の改変）の統治時期には、筑後の筑後川の中・下流南岸域、御井郡あたりに「高天原」の中心地域が考えられる（拙著『天皇氏族』をご参照）。その場合、内陸部の高天原と対峙した海神族の「葦原中国」も、海路で遠く行くような地ではない。地理的に近隣する北九州の範囲にあって、筑前北部の海岸地域に求められる。大己貴命の国が現在の島根県にあって、北九州（あるいは畿内の大和）までを広く勢力圏としたという想定も見られるが、当時の生産力や人口、海路航行能力などの文明技術度などから見ても、『風土記』の記述からも、これは相当に無理である。島根県には、北九州に多い古い漢鏡の出土も具体的に知られないし（倭産鏡とするのが妥当な三角縁神獣鏡以降は出土。後述）、四隅突出型墳丘墓といった墳墓型式も異なる。

葦原中国が筑前北部の那珂川下流域沿岸部にあったという事情のもとでは、**瓊瓊杵尊が降臨した「日向」**も、阿曇《あづみ》連氏奉斎の海神・住吉大神が誕生したという「日向」（『書紀』第五段一書。福岡市博多区に住吉神社が鎮座）も同じ地域一帯にあって、これらすべてが筑前北部のうちに比定される（最近では、「日向＝北九州説」の立場をとる研究者が上田正昭氏などかなり多そうである）。当地の支配者層の阿曇一族の動向を見ると、宗族が畿内に本拠を移した後も、その一派は上古からの故地・筑前北部沿岸に永く留まり、那珂郡の住吉神社祠官の佐伯、宮崎、横田等の諸氏や、糟屋郡の志賀海神社祠官の坂本（のち安曇）氏などが中世近世まで続いた。阿曇一族は、綿津見神（筒男三神）後裔の海神族の流れであった。

このように北九州の範囲で具体的な地理を見ていくと、国譲り交渉に最初に当たったという天穂日命が赴いた地も、同様に北九州沿岸部のなかに求められる。言い換えれば、天穂日命は現在の出雲・島根県の地には赴かなかった。『出雲国風土記』等の史料を見ても、天穂日命自身が出雲に到着し居住した証拠はまったく無い。その子孫がどこかの時点で出雲へ遷住しないかぎり、天穂日命の系統は後の出雲国造家にはつながらない。

『書紀』の国譲り交渉のなかで、大己貴神がその子の事代主神に降伏の諾否についての意向を問うために、熊野諸手船（天鴿船《はとふね》、天鳥船）に乗せて使者として送り出した稲背脛《いなせはぎ》（『記』では天鳥船神）も、関係する名義からみて、天夷鳥命と同神である。そうすると、大己貴命の高天原への降服の時点で活動の見えない天穂日命は、このとき既に死去していたのだろう。こうした存在感の乏しい祖神は、多くの古代氏族にあっても見当たらない。

『書紀』一書では、大己貴命と国譲り交渉に当たった高天原側の神は、武甕槌神と経津主神とされる。この経津主神とは、物部連の祖神であって天目一箇命と同神であり、降伏の否諾（イナセ）を問う使者の役割から、天鳥船命や天夷鳥命に重複する可能性が大きい。経津主神に相当する普都《フツ》の大神が天降りしてきて葦原中津の国を巡行し、その地の荒ぶる人々を帰服させた伝承もあり、これは、『常陸国風土記』信太郡条の記事にも見える。

上古出雲の二大勢力

「天孫降臨の時代から出雲の地に出雲国造家が連綿として続いてきた」。これが一般のとらえ方だとすると、出雲国の上古史を仔細に検討するとき、このようにはとてもいい難い。つまり、現出雲国造家につながる血統が上古からつねに最大の政治権力として出雲国にあったわけではないし、出雲国造家による大穴持命（大国主神）の奉斎が当初から一貫して続いたとも言えない。

これに関しては、既に井上光貞氏ら諸先学の指摘が多くある。総じていうと、出雲西部の杵築の勢力（大穴持命奉斎の勢力）と東部の意宇の勢力（のちの出雲国造家につながる熊野大神奉斎の勢力）とが並び立ち、そして相争い、遂に意

意宇川

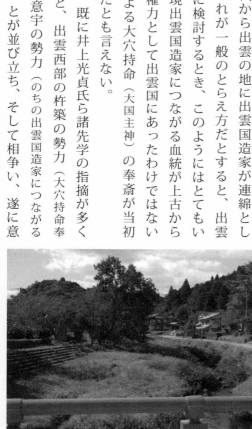

宇のほうが崇神朝頃に大和朝廷の後援を得て、西部勢力を圧倒し出雲全域を押さえて、杵築大社も掌握したとみる見方が強い。これには、反対の立場らしき説（八木充氏「意宇と杵築」、『出雲の神々』所収）もあるが、古代出雲の祭祀状況や考古学的知見などからみて、この井上説がほぼ妥当だと考えられる。ここで問題となる両勢力の本拠地については、井上氏の記述を踏まえ、東部の意宇の勢力は「上流に熊野神社を持つ意宇川流域一帯」、西部の杵築は「下流に杵築大社の存した簸川（斐伊川）流域一帯」としておく。

こうした杵築・意宇の相克説ないし並立説を裏付ける状況や資料が、文献的にも考古学的にも多いので、まず間違いない見方といってよい。杵築と意宇のどちらに力点を置くかの違いは見られるが、少なくとも、四世紀前半当時、杵築と意宇との両勢力の並立ないし対立を否定する見解は成り立ちがたい（八木充氏は、杵築大神を奉斎したのも出雲臣氏だとするが、崇神朝頃では疑問であろう）。意宇のほうの範囲に安来《やすぎ》（旧能義郡で、平安期以前の古い時期は意宇郡の一部）までを入れて考えれば、東・西出雲の対立は否定しがたいうえ、習俗・祭祀の差異も重視される。天孫族系の出雲国造族が、海神族祖神たるオオナムチ（大己貴命、大穴持命）を特別の事情なしに当初から奉祀することは、まずありえない。

大和朝廷による四世紀代（中葉頃）の配布とみられる三**角縁神獣鏡**も、松江市新庄町（中海西岸部）の八日山一号墳、安来地区の大成《おおなり》古墳・造山一号墳（当時のものでは、ともに全国でも最大級の方墳で、一辺が約六〇メートル。出雲国造初期歴代の墳墓か）や、その東南方近隣の鳥取県西伯郡南部町（旧・会見町）天萬の普段寺一号墳（全長約二二メートルの前方後方墳。安来市大成古墳出土と同笵）、その南側の同二号墳（一辺約二一メートルの方墳）から各々出土した。この辺の諸事情に、四世紀半ば頃の出雲東部に親大和勢力（大和に服属する勢力）の存在が知られる。

なお、普段寺一号墳をうけ、その北方近隣の南部町域に、中期初頭頃の前方後円墳として山陰最大級の**三崎殿山古墳**がある（墳丘長約一〇八メートル。未発掘も、円筒埴輪片が採取され、形状等から四世紀末頃の築造とされる。特殊器台採集の話しなら、もう少し早まるか）。天萬《てんまん》神社の真西近隣に位置する標高約八〇メートルの殿山丘陵部の頂部に立地する巨大古墳を、どのような氏族が築造したものか（出雲の古墳全てを規模で凌ぎ、出雲制圧の証として吉備氏勢力が築造した可能性や、地域的に後の相見氏につながる可能性もある）。天萬の要害山（手間山。標高三三四メートル）で、大和兵が出雲兵をおおいに破ったという伝承もあるようだが、その是否はともかく、戦国時の手間要害が日野氏により築かれたという。

天萬神社は、進甲斐録兵衛尉紀成盛が創祀したと伝え、天照皇太神等を祀り、天萬地域の氏神・熊野権現（いま摂社。本来は手間天神で少彦名神が氏神か）の敷地に設置したといい、本殿に合計八体の龍の彫刻がある。殿山古墳近隣の地には円墳二基もあり、周溝内埋葬とみられる赤彩の直口壺や高坏の供献土器が出土し、殿山古墳の従者関連かとみられる。

同じ三角縁神獣鏡は、出雲西部でも、大原郡神原郷の神原神社古墳（小型の一辺約三〇メートルの方墳で、大刀・鉄斧等が出土）から「景初三年」銘のものが出ており、斐伊川中流域（荒神谷の南方近隣）にあって、北方の健部郷方面を押さえる勢力が築造したものか。神原神社には磐筒男・磐筒女や大国主命が祀られ、雲南市加茂町神原に鎮座するから、鴨氏同族に関係する被葬者かもしれない。築造は四世紀中頃とみられており、これも出雲鎮定の時期を示唆する（ちなみに、森浩一氏は『古代史おさらい帖』で、『日本の古代遺跡20島根』を著した前島己基氏が同墳の年代を四世紀後半とすると記しているが、時期がやや遅い見方か)。

天穂日命をめぐる諸事情

出雲国造家とその祖（初代）と伝える天穂日命と、それに関連する上古出雲の諸事情に関し、管見に入った資料や指摘等をもとに整理すると、次のようなものか（順不同）。

ａ　出雲国造家の先祖は、本来、出雲東部の意宇郡にあって**熊野大神の奉斎**をしていた。

国造家が原住した本拠の意宇郡（広域で、現在の安来市や松江市南部辺り。後に東部の能義郡を分離）は出雲で唯一、神郡とされ、国造は出雲国造と意宇郡大領を兼帯したことは先に触れた。他の郡司職を見ても、出雲臣を名乗る人物の比重は、風土記撰進の天平五年（七三三）当時、意宇郡が際だって大きいが、その一方、西部の出雲・神門の二郡では、出雲臣が郡司になっていない。出雲国造家は意宇郡の熊野大社の祭祀権をもち、神火相続式など国造世襲の儀式は意宇郡大庭の神魂《かもす》神社で挙行された。神魂社の祭神は、国造家の氏神か奉祀神とみられるが、実体は不明である（考えられるとしたら、味鉏高彦根命か天夷鳥命か。水野祐氏は、神魂神の神話が島根半島に多く分布し、「漁撈・航海民の

神魂神社（松江市大庭町）

祖神」という機能を見るから、この立場では実体が前者の可能性もあるが、両神がどうも混淆されており、祖神のほうか。

天平十年（七三八）頃の成立とみられる『古記』は、大宝令の注釈書であるが、そこには、「天神は伊勢、山城の鴨、住吉、出雲国造の斎く神らの類是なり」「地祇は大神、大倭、葛木の鴨、出雲大汝神らの類是なり」と記される。ここに、「出雲国造の斎く神」が出雲大汝神とは明確に区別された形であり、意宇郡の熊野大社の神を指すことが分る（上田正昭『日本神話』）。六国史に見える記事では、熊野大社は出雲国の神社筆頭に置かれ、平安前期までは神階・神勲で杵築大社よりも上位にあげられた（『三代実録』の貞観元年五月、同九年四月の条）。同社は出雲一宮の称を鎌倉期頃まで保持したが、出雲国造家の西遷により次第に衰えていき、室町期以降は一宮の称も杵築大社のほうに移った。

b 『**出雲国風土記**』には、具体的に行動する神として天穂日命の名は見えない。

同書では、天穂日命は意宇郡屋代郷条に「天乃夫比命」という名で一度だけ登場するが、これは社印支《やしろのいなぎ》の祖先神・天津日子命の説明に係る記述のなかに見えるにすぎない（「天乃夫比命の御伴として天降り来し社伊支が遠つ神、天津子命」という表現。実際には、両者は同神か親子か）。

『出雲国風土記』には、記紀所載の国譲りや天孫降臨に関する伝承がまったく現れないことは既に述べた。記紀に登場して、神代の国譲りに大きな役割を果たす「事代主神」という神の名も、『出雲国風土記』には見えない（実際には、事代主神は大和に在った神）。

天穂日命のその後の動向については、「大己貴神の祭祀をつかさどるのは天穂日命、これなり」

と記される。しかし、これは、『書紀』の異伝（一書第二）の記事だけである。「出雲国造神賀詞」には、天穂日命が子の天夷鳥命と経津主命を遣わして、荒ぶる神々を平定し、大己貴命を媚び鎮めて現実の政治から隠退させたと記される。天夷鳥命は上掲の大背飯三熊之大人と同神とみられるが、これは、記紀などの他書に記す葦原中国平定の事情とは全く異なり、疑問が大きい。出雲の神賀詞にある所伝は、出雲国造家が後世になって作成した自家の喧伝・虚飾のための物語にすぎない。

c　『延喜式』神名帳では、天穂日命を祀る式内社が出雲では殆どない。

より正確にいえば、現存する神名帳には、能義郡の式内社として「天穂日命神社」一社だけをあげる形で記載される。この能義郡の記事がどこまで信用できるかの問題である。

これについて、志賀剛氏から端的な指摘があり、「延喜式が特にこの一座を特設したのは後人の補入であろう。意宇郡には能義郡内の多くの式内社を含んでいるから（国史大系注の雲州家校本考異による）」、と言われる。このように、同社の記載は、意宇・能義両郡所属の式内社のなかで整合性がとれていない。しかも、当然能義郡に記載されるべき山狭《やまさ》・布弁《ふべ》・都弁志呂《つべしろ》・野城《のぎ》などの八社が、神名帳では全て意宇郡の所属とされている。能義郡の記事が記される位置も、意宇郡の次ではなく、一番最後に置かれて、同書に記載する出雲各郡の配列からみて奇妙である。能義郡は、意宇郡から分けて置かれたことは確かであるが、その分置時期が不明であり、天平から十世紀初頭の間（その後ろのほうの平安時代の時期か）とみられる。

能義郡の「天穂日命神社」の比定社を具体的に考えても、そのままの天穂日命神社という名では後世に残らず、現在は不明である。比定の説では、近世に「天津大明神」と呼ばれた安来市安来町吉佐《きさ》の支布佐《きふさ》神社（祭神は天穂日命）にあてられ、これは『雲陽誌』でも同様な扱いとされる。この「天津大明神」という名は、天津彦根命に通じるものがあり、むしろ天穂日命神社は野城大明神（現・能義神社）に合祀されると説く『出雲神社参拝記』のほうが妥当か。現在、天穂日命を祀る神社は出雲大社のなかにもあって、本殿を二重に囲んでいる垣の外側にある小さな社に鎮座するが、これもかなり後世のものであろう。

天穂日命の子とされる上掲の天夷鳥命（あるいは大背飯三熊之大人）という名も、出雲郡の式内社に「同社（阿須伎神社のこと）神阿麻乃比奈等理《アマノヒナトリ》神社」と見えるのみである。これに該当しそうな神社は、天平五年編纂の風土記に、「阿受枳社」に続けて「同じ社」と見えるくらいで、当時では端的に天夷鳥命という名ではない。これ以外は出雲の式内社には見えず、天穂日命に類似する長い名の「塩冶日子命御子焼太刀天穂日子命神社」（神門郡に所載）も、天穂日命や天夷鳥命とは明らかに別神である。出雲の風土記に天夷鳥命という名が全く見えないことは、先に述べた。

天夷鳥命あるいは大背飯三熊之大人という神が、熊野の諸手船に乗った「イナセハギ（稲背脛。諾否〔いなせ〕を問う足〔使者〕）」でもあるのなら、出雲郡の式内社に「同社（杵築大社のこと）大穴

能義神社（野城大明神）＝安来市能義町

持伊那西波伎神社」（現・出雲市大社町鷺浦。大社町の北部の港湾・鷺浦に鎮座）があるが、この形では大穴持の別名のような表記である。

d　『延喜式』神名帳成立の延長五年（九二七）から約二百年前（七三三）に成立した**『出雲国風土記』に掲載の神社**でも、天穂日命を奉斎する神社がまったく見えない。

両書に記載される出雲の官社（政府公認の神社、式内社）を比較してみると、『風土記』所載が百八十四社、『延喜式』所載が百八十七座（社）であり、延喜までの約二百年間に増加したのは、神門郡の神産魂命子午日命神社・塩冶日子命御子焼太刀天穂日子命神社、能義郡の天穂日命神社の三社だけとみられる。この三社のうちで、官社になった時期は天穂日命神社が最も遅く、天安元年（八五七）であると上田正昭氏はみる（「神々の原像」『出雲の神々』所収）。たしかに、仁寿元年（八五一）に出雲国の天穂日命神に従五位下の神階を授けた記事が見え、次いで天安元年六月に天穂日命神社を官社に預からせるという記事が、『文徳実録』に見える（とはいえ、神門郡の二社が天穂日命神社より早く官社になったという確たる証拠もない）。しかも、『延喜式』巻八に所載の「出雲国造神賀詞」には、「百八十六社に坐す皇神等」を国造が奉斎する旨が述べられる。

こうした事情からみて、能義郡の天穂日命神社の創設は、かなり遅いことが分る。全国の式内社を見ても、同名の天穂日命神社は、ほかでは因幡国高草郡と山城国宇治郡（京都市伏見区石田森）に記載されるくらいである。総じて、天穂日命という神は、出雲国造家の先祖の名としては古いものではなかった。

e『風土記』に見える出雲四大神の一たる野城《のぎ》**大神**も、直ちに天穂日命とは考えがたい。能義郡に鎮座して、『延喜式』意宇郡に所載の野城神社（安来市能義町）については、祭神を出雲国造家の祖神で天穂日命とする説がある。しかし、明治の『特選神名牒』にはただ「野城大神」とのみ記すから、その名の通り野城大神としておくのが無難であろう。同神の実態は、千家・北島両家とも新国造襲名に際して参拝奉幣する慣いになつていたから、出雲国造家の祖神としてよいが、それが直ちに天穂日命に比定できない。野城大神にあたる神を敢えて比定すれば、近隣の意宇郡屋代郷に天降ってきて居住したと『風土記』に見える天津子命（天津彦根命にあたる。ただ、出雲現地への天降り・移遷は、実際にはその子の代に当たるか）か、その子神たる天夷鳥命かであろう。丹波一宮の出雲大神宮が祭神を一に天津彦根命・天夷鳥命など、あるいは御蔭大神とする事情もある。これら諸事情を含めて、『出雲国風土記』記載の出雲四大神（熊野、野城、杵築、佐太の四神で、「大社」とされたのが熊野と杵築の二神）についての総合的な考察も欠かせない。

天夷鳥命とは、わが国製鉄鍛冶氏族の祖神天目一箇命のことであり、天御蔭《みかげ》命ともいい（『播磨国風土記』神尾山条に出雲御蔭大神が額田部連の祖と見える）、近江の三上祝《はふり》・蒲生稲置や、山代国造、凡河内国造、茨城国造、額田部連、大庭造等の諸氏の祖である。『出雲国風土記』には山代日子命（意宇郡山代郷条、大穴持命の御子として記載）、都留支日子命（ツルギヒコ、「剣彦」の意。島根郡山口郷条に須佐能烏命の御子として記載。北九州の物部氏の故地の一つ、遠賀川中流域には剣神社が幾つかある）、あるいは波夜都武志神（ハヤツムジの神、速飄の意。島根郡の久良弥社坐波夜都武自神社など）等の名で現れる神とみられる。

杵築移転前の出雲国造家の古代の本拠は、意宇郡大庭にあり、この地には江戸末期まで国造家の邸宅があった。現在の松江市大庭町の東に接した大字には山代町・大草町があり、この辺に出雲国庁・意宇郡衙がおかれた。

出雲には、山地の鑪《たたら》地帯一帯にわたって、製鉄・鍛冶神たる**金屋子神**が広く崇敬され、能義郡の金屋子神社（現・安来市広瀬町西比田《にしひだ》）が総本社で、これを中心に多く分布する。享保二年（一七一七）の『雲陽誌』によると、出雲一国だけでも金屋子神社・金井子神社と称する社祠は十三社挙げられたが、金屋子神も実体は鍛冶神・天目一箇命に通じる。西比田は安来市を貫流する飯梨川の上流域で、この辺り一帯には良質の砂鉄資源が広がり、付近に菅田・黒田など鉄に関係する地名も見える。

西比田には風土記・仁多郡の条に比太社として掲載の比太神社があり（金屋子神社の南方近隣）、その摂社に磐船神社・荒神社もある。比太神社の南方近隣にある磐船神社は、素盞烏尊・五十猛命などが祭神で、社前の船形石の側を通り石段を上ると祠があり、その上部に巨大磐座、付近には巨石群もある。飯梨川の下流が安来市能義の野城神社（能義神社）のすぐ前、西側を流れており、その西側対岸には神庭町や岩舟古墳もある。

出雲国造が古来、熊野大社等で行う火鑽《ひきり》神事は有名であるが、全国でこの神事を行う神社は、近江の三上神社、紀伊の伊太祁曽神社、武蔵の金鑽神社などであって、これら諸社を天孫族系の鍛冶部族（天津彦根命の後裔諸氏）が奉斎したことに留意される。

天穂日命が祖神とされた時期

ここまで見てきた諸事情からみて、出雲国造家が祖神の名を天穂日命としたのは、上古からではなかった。それは、八世紀前葉の『書紀』成立をあまり遡らない時期だったか。ともあれ、平安前期の『姓氏録』には、出雲氏一族の祖として天穂日命の名が頻出する。
「出雲国造神賀詞」の六国史に見える最初の奏上が霊亀二年（七一六）二月条であり、その時点で、現在の形とあまり異ならないものであったろう。「神賀詞」の成立時期については、上田正昭氏は、「天平宝字八年（七六四）以降天安元年（八五七）以前の間」とされるが、「そこに出雲国造の出雲大社の祭祀がのべられていても、それをもって、律令制以前より杵築の宮のまつりに出雲国造がたずさわっていたとする例証にすることの出来ないことが明らかになった」とも記される（「山陽文化の伝統」『日本の古代4 中国・四国』）。

こうした年代観の論拠として次の諸事情等が指摘されている。
①神賀詞の表現に見える官社一八六社は、天平五年成立の『出雲国風土記』所載の数一八四社より二社多く、現在の神賀詞成立の時点は、同風土記以後の時期となる。
②「明つ御神と大八嶋国知ろしめす天皇命《すめらみこと》」の御代を寿《ことほ》ぐ神賀詞の表現形式は古い祝詞の詞章に見られず、文武天皇以後とりわけ「大宝令」以降の宣明体に対応する。
③同じく「アジスキタカヒコネノミコトの御魂を、葛木の神なびにませ」という表現からも、アジスキタカヒコネを高鴨神として改めて葛城山麓に祀ったのが、天平宝字八年（七六四）（『続日本紀』）以後であるのも、参考にすべきであろう。

これらのうち、とくに「神賀詞」に見える出雲国内の官社の数から見て、内容的には十世紀前葉ごろの認識が大きい。仮に八世紀前葉以降の神賀詞がほぼ同じ内容だとしても、それは出雲国造家の当時の主張ないし認識にすぎず、史実性は、十分な検討を要する。

井上光貞氏は、出雲国造についての結論を次のように述べる（「国造制の成立」）。

「要するに、伝承や儀礼の語るところによれば、出雲平定とはキヅキの平定であってオウのそれとはかかわりがない。之に反し、少なくとも文献に辿りうる限り、出雲国造の家は、オウの勢力に他ならないのである。しかし、オウの出雲氏は古くいわれたように朝廷の遣わしたものであろうか。伝承の批判的研究は恐らくそれを拒否するであろう。」

更に、この文に註記して次のような卓見も記されるので、併せて引用しておく。

「この問題は結局、アメノホヒノミコトと国造との関係如何の問題に帰する。神代巻の物語上でアメノホヒノミコトの位置は述作上の人物なりと結論する証を欠くようにもおもわれるが、アメノホヒノミコトは古くは出雲で実際に祀られた神ではないようである。延喜式では、この神を祀る神社が大和《ママ》・因幡・出雲（能義郡）にあるが、風土記ではそれらしい人名が一つあるだけで神社はない。これは本文で示されたごとく出雲国造の祖神であるらしい熊野大神と同日の談ではなく、アメノホヒノミコトを祖とすることは神代巻の出来た後に、系図を結びつけたのであろう。」〔註〕

井上氏の結論は、「出雲の征服とは一帯を支配していたキヅキの勢力を滅し、オウの出雲氏を国造としたこと」である。ただ、キヅキの勢力がすべて滅びたのではなく、勢力を弱めつつも支族が残存したとみられる事情もある（杵築勢力の流れを引くかとみられる姓氏の存在が傍証する）。ともあれ、井上氏の見解は総じて妥当である。

ところが、意外なことに学界ではあまり知られて（認められて）いないようである。これに対する反論も殆どないまま、天穂日命を出雲国造家の祖とする系譜・所伝が一般に通用してきた（勿論、国造系図の上古部分を全く信頼しない立場もあるが、これもまた極論である）。

〔註 天穂日命に関連して、先に触れたが、もう少し附記しておく。

①現在、天穂日命を祭神とするのは、近江国蒲生郡の馬見岡綿向神社や武蔵国入間郡の出雲伊波比神社、周防国佐波郡の出雲神社などがあげられるが、後ろの二社は祭神比定に定説がなく、むしろ疑問である。馬見岡綿向神社は、蒲生郡の蒲生氏一族も氏神として祭祀したというから、それなら祭神は天津彦根命（天若日子）とするほうがよい。おそらく、当初の天津彦根命から分離して別の神とされ、そこで天穂日命が成立したものか。

②因幡の天穂日命神社は高草郡の式内社（現・鳥取市福井に鎮座）にあり、このほか、同郡に出雲国造一族の先祖を祀る式内社が合計で四社あって、野見宿祢の後裔系統により祀られた模様である。この系統では土師連が著名であるが（後述）、同系統に高草郡に因む高草臣という氏も見られる。

③畿内では、『延喜式』山城国宇治郡に天穂日命神社があり、「大和」はこの山城の神社との取違えであろう。

国造家遠祖一族の出雲到来

出雲で「国譲り」がなされなかった場合、出雲国造家の遠祖が何時、出雲にやってきたのかという問題がある。

意宇系統氏族の始祖として考えられるのが、『古事記』の所伝に見える**櫛八玉命**（天夷鳥命の子）である。鵜の形になって多芸志の浜から海（潟湖状の古代の神門水海か。その残滓が神西湖）の底まで潜り、そこで泥を集め土器（天八十毘良迦）を造って大穴持命に食膳奉祀をしたという（これが、高天原から派遣の建御雷神への饗応だとみる説もあるが、多数説が言うようにそうした読み方はできないし、そもそも、大穴持命は出雲で国譲りをしていない）。この説話は、出雲国造の始祖氏祖命の名・ウカツクヌ、すなわち「鵜潜く沼」に通じる。
この櫛八玉神を祀る神社が火守《ほもり》神社（出雲市宇那手町）で、『出雲国風土記』には「火守社」と記されており、宇那手村右谷の火鑽《ひきり》瀧の淵付近に「火鑽社」として鎮座していたと言い伝えられる。同社には、熊野神社（式内社・久奈為神社の論社）も合祀される。出雲国造代々の引き継ぎの火鑽り神事にも関係しよう。宇那手の地は、斐伊川の中流左岸で、仏経山の南西近隣に位置し、西隣には朝山町がある。杵築大社摂社の湊神社（杵築郡の水戸社）にも櫛八玉命が祀られており、同社を富氏が奉斎した。

また、国造一族の傍系の祖たる少彦名神が、大穴持命の国造りに協力したという伝承もあるから、その兄弟も共に出雲に来ていた可能性がある。風土記には、天穂日命の降臨に随行した天津日子命という記事もあり、天津日子命たる天若日子は、筑紫沿岸地域で死んだというから、この事情を踏まえれば、その子たちの代になって出雲まで来たものか。天若日子は、大己貴命の娘・下照姫（高照姫）の婿であり、姫の同母兄たる味鉏高彦根命が開発した出雲の地へ、その甥たちがやって来ることはありえよう。

『書紀』崇神天皇六〇年七月条には、出雲国造の祖たる武日照命（一に武夷鳥、天夷鳥ともいう。実体は、鍛冶神天目一箇命と同神）が天から将来した神宝が出雲氏に保管されると記されるから、この武日照命のときに出雲に来たとみるのが自然である。太田亮博士も、武日照命の出雲到来を考えている（『姓氏家系大辞典』イヅモ条）。この到来時期は、世代的に推すると、大穴持命の活動・治世の時期（西暦二世紀前半か）なのであろう。

武日照命の出雲降臨伝承は史書に見えないが、それに相当しそうな神の降臨伝承が『風土記』には見える。それが、飯石郡の波多郷・飯石郷の条に見える記事である。

三上祝の系図によると、天津彦根命には波多都美命の亦名があると記されており、『風土記』飯石郡の波多郷条には波多都美命が天降りした地で、波多小川には鉄ありと記される。同地は、三刀屋川を通じて大原郡につながる。意宇郡屋代郷条の天降り記事と同様、「波多都美命」と表現される者は、実際の行動はその子孫によるものか。また、飯石郡飯石郷条には伊毗志都幣《いひしつべ》命が天降ったので、その名に因む地名だとして、飯石小川には鉄ありと同書に見える。このように波多小川及び飯石小川に鉄があったことに留意される。

意宇系統の氏族が当初に拠った意宇郡東部（後に能義郡になる地域）には、飯梨川と伯太《はくた》川（風土記当時の訓みはハタ川）という二つの大川が流れており、ともに川砂鉄がとれ、両川の下流部が挟む地域に能義大神の社がある事情を考えると、「波多都美命＝伊毗志都幣命」という可能性も十分考えられる。飯石郷に鎮座の**飯石神社**（雲南市三刀屋町多久和）の社伝によれば、伊毗志都幣命とは武夷鳥命と同一神というが（『日本の神々』7の一三九頁、藪信男氏の記述）、これとも符合する。朝山晧氏の『神国島根』には、天穂日命の子の「大背飯三熊之大人の亦名なるべし」と云う説が出雲風土記解以降見えていると記載され、「飯石」は、二重に玉垣をめぐらされた一箇の花崗岩で、これが当社の本殿で、旧記に磐座もしくは石神だと見えるともある。こうした事情で、「大背飯三熊之大人＝武夷鳥命」でもあった。

同社のように石を神体とする祭祀は、松江市宍道町の石宮神社でも見られる（石宮の拝殿裏に神体の犬石・猪石がある）。飯石郡飯南町の琴弾山《ことひきやま》神社（弥山大権現）に関しては、風土記に記載の「琴引山の窟」（飯石郡飯南町頓原）が大神岩で、内部空間を有する岩窟構造であり、「石神」が烏帽子岩とされる。飯石郡式内社の多倍神社（出雲市佐田町反邊）は、須佐神社の西三キロほどに位置し（もとは同社の摂社）、『雲陽誌』には「剣明神」と見えており（須佐之男の大蛇退治の十拳剣《とつか》の神霊を祀るとされるが、原型は剣神たるツルギヒコ〔天目一箇命〕が祭神であろう）、本殿背後の「首岩」（鬼の首を埋めた穴の蓋と伝える）という岩石が祀られ、玉垣で囲まれる。近隣には「鬼の腰かけ岩」があり、この辺りの地名の佐田は、佐陀大社のサダに通じるようであり、佐田町大呂の県道沿いに「無上泉」が湧出する。

広瀬の金屋子神社が金屋子信仰の全国の総元締めで、付近からは鉄滓や製鉄遺跡が多く見つかっている。風土記には飯石郡少領に出雲臣が見え、「飯石」は出雲臣氏の先住地「飯梨」に通じる。金屋子神は天目一箇命を指すことが多いが、同様に符合する。

始祖神が山岳などに天降って、その地を開くという説話は、天孫族の瓊瓊杵尊・饒速日命や鴨族の始祖神に見えるが、郷邑の土着神が始祖神としてその郷邑に天降る例は、出雲伝説に見られるだけだと田中勝也氏は指摘する（『日本原住民と神武東征』）。これらは、『三国遺事』に記載の新羅始祖王伝説にも通じ、古朝鮮の檀君伝説などにも通じる。

こうして見ていくと、天孫族の流れを汲む鍛冶部族の出雲国造の遠祖が、先に飯石郡に入り（当地は磁鉄鉱が豊富）、次いで東方の能義郡へと移ったという移遷経緯も考えられる。この移遷の当事者こそ武日照命（武夷鳥命）で、すなわち鍛冶神の天目一箇命であり、それが野城大神にも当たる可能性がある。天目一箇命が多伎津彦に当たる場合には、海岸部の神門郡多伎郷の地（現・出雲市西南部の多岐町あたり）にまず到来したことも考えられる。

ここまでの伝承などで異名で現れる国造家の歴代は、一般に「天穂日命―武日照命」という系図の形で知られるが、その実体は、「天津彦根命（天若日子）―天目一箇命」という形に置き換えられる。この二世代が、大国主神（杵築）系統の「味鉏高彦根命―大穴持命」の世代に対応し、両系統をつなぐのが味鉏高彦根の妹・高照姫（天若日子の妻神）である。

もう一つの出雲天降り伝承

併せて付言しておくと、出雲の出雲郡健部郷にも別の天降り伝承があって、風土記に記される。同郷はもとは宇夜の里といい、地名の由来は「**宇夜都弁命**《うやつべ》がその山の峯（後述の大黒山かともいう）に天降りして、その神の社（神代社）に坐す」と見える。健部郷は、出雲郷の東方近隣で、仏経山（神名火山）の東北方近隣、出雲郡の最東部に位置したが、東側の旧・宍道町伊志見（現松江市域）から旧・斐川村（現出雲市域）の神庭・羽根・武部あたりの西側までの地域に比定される（秋元吉郎校注『風土記』の上註など）。

この神が鎮座する神代《かむしろ》神社が神庭の地にあって（式内社で、出雲市斐川町神庭。もと宇夜八幡宮）、背後の権現山山頂には石神と呼ばれる巨大な磐座（注連縄がかかる巨岩）をもち、近くに神庭荒神谷遺跡がある。谷の南側に三宝荒神（須佐男命・大地主命等を祀る）があるから、その名がある。この荒神谷から東南へ山越え三キロ余という近隣には、加茂岩倉遺跡（雲南市加茂町岩倉）もある。この「岩倉」も磐座の義で、金鶏伝説をもつ巨大な岩が露出するなど、岩倉遺跡が発見された岩倉大山には、山腹や付近の神社に磐座とみられる巨岩群が散在する。

宇夜都弁命は、波多都美命とは別神とみられ、降臨・鎮座の地から考えると斐川・羽根・加茂の関係から樋速日子命（樋印支の祖神。後述）に通じそうで、その場合、実体が少彦名神にあたるものか（「都幣、都弁」をトベ・トメと解して、女神とみる見方は疑問が大きい）。

同神は鳥取連・鳥取部の祖で、賀茂建角身命の別名をもつ鴨族の祖である。『山城国風土記』逸文の賀茂社条では、鴨の祖神は日向の曽の峯や大倭の葛木山の峯に天降った記事もある。少彦名神は、『古事記』では海上の道で「天の羅摩船《かがみ》」に乗り出雲の御大（美保）の岬に渡来したと見えるが、これが渡来の原態に近くても、鎮座地の付近の高峯に天降りしたという形の所伝にもなる。素戔嗚尊の渡来伝承でも、新羅から舟で東に渡って出雲国の簸川（斐伊川）の川上の鳥上峯に至った、とされる（『書紀』神代紀第八段の一書第四）。

荒神谷遺跡は高瀬山（標高三〇五メートル）の北麓の西谷《さいだに》最奥部に位置するが、そこから加茂岩倉遺跡への中間地ほどに大黒山（標高三一五メートル。高瀬山の東北方近隣）がある。大国主神と少彦名神とが、大黒山頂で周囲を眺めつつ国造り・経営の相談をしたと伝え、そこには少彦名神を祀るという兵主神社もある。この山頂近くにも大きな岩がある。

宇夜の地は、鳥取連の祖（『書紀』に言う「湯河板挙《ゆかわたな》」は先祖の名で、捕鳥者は「山辺のオホタカ」の名が妥当）が言葉を話さない誉津別命（応神天皇の幼名）のために鵠（白鳥）を追いかけ、捕えた地だという伝承があり（『姓氏録』右京神別・鳥取連）、「出雲国の宇夜江（郷の略字）」と記される。鳥取部（臣、首、無姓）は、出雲・神門両郡に多く見られた（「出雲国大税賑給歴名帳」）。出雲郡式内社として鳥屋神社がある。風土記に「鳥屋社」と見えて、出雲市斐川町鳥井に鎮座し、鵠を捕えた時の古跡だという。

出雲国造家の祖系の探索―意宇系統の流れ

出雲国造家の系図では、とくにその初期段階（神武朝から崇神朝頃までの期間に対応）の世代数が他の諸氏族に比べ極端に多く、この説明が困難である（皇室系譜に合わせて世代数を増やしたとみる見方もあるが、疑問が大きい）。具体的には、神武朝頃とみられる都我利命から崇神朝の出雲振根命・飯入根命兄弟（この兄弟関係は要検討だが）までの世代で、その中間におかれる世代数が七世代もあるが、畿内等の有力古代氏族の標準的なものでは、これが四世代であり、倍ほどの世代数の差は無視しがたい。差の三世代は、一世代を約廿五年として数えると、約七十五年に相当する。

この問題となる期間、同世代のなかでの傍系相続が多くあったとしても、歴代の異名もかなり見られるので、可能性としては、杵築・意宇両勢力の系譜が混合した事情を示唆する。すなわち、二つ系統の人名を一つの系に取り入れ接合した結果、系図の世代数が多くなったのではないかとみられる（この推定は重要で、後でまた触れる）。

出雲国造の氏祖命とされる崇神朝の鸕濡渟（ウカツクヌ）以降の系譜では、世代的にあまり問題なさそうに見えるが、それでも注意すべき点が二つほどある。

出雲国造家の系図を考える場合には、意宇と杵築の二大系統でみていく必要がある。その場合、意宇地域の代表として後の出雲臣氏、杵築地域の代表として後の神門臣氏があり、大和王権に与した出雲臣族が神門臣族を討ったという構図になる。武光誠氏は、神門氏のなかにも最初から大和王権に従った者があって、それが後には神門・健部両氏に分れて存続したとみる（『日本誕生』）。出雲の神祇や習俗などからみて、この見方がほぼ妥当と考える。出雲振根は殺害されても、その一族で大和王権に降伏して許された者があって、もとの勢力を弱めながらも、後まで存続したとみられる。東部の意宇系統から出た氏族が後の出雲国造の祖となったが、出雲の古墳分布などからみて、もとは意宇郡東部（後の能義郡域）の安来平野に在って、五世紀代頃になってから意宇川の下流域に移動したとみられる。

国造家になって出雲臣を名乗る以前の原始的姓氏は、不明なままである。その系譜は、天孫族系で天皇家と同族であって、天津彦根命（天若日子に相当）の子、天目一箇命・少彦名神兄弟の流れとみられる。少彦名神が鳥の神で鳥取部の祖であって、大国主神に協力して国造りをした伝承は著名である。鳥取部も、出雲国内に多数分布した（『出雲国大税賑給歴名帳』には、出雲・神門両郡に臣・首姓や無姓の鳥取部が掲載される）。

意宇系統の氏族の出雲における直接の祖は、『古事記』国譲りの段に見える「櫛八玉神」に対応する神であろう。同神について先にも触れたが、同書には、大国主神が高天原に降伏した際、水戸神の孫である「櫛八玉神」は膳夫《かしわで》（料理人）となって天御饗を献上して祝い言を申し、さらに鵜になって多芸志の浜から海に潜り、海底の埴土をくわえ取ってきて天八十平瓮を作り、海藻の堅い部分で燧《ひきり》臼と燧杵を作って火を起こしたと見える。この伝承は、出雲国造の祖・鸕濡渟《ウカツクヌ》（鵜潜《かづ》く沼）の名に通じ、土器製作は子孫の土師連の職掌に、燧臼と燧杵とは出雲国造の世襲の際の儀式「神火相続式」に通じる。『万葉集』の歌には、「泊瀬の川の上つ瀬に鵜を八つ潜け、下の瀬に鵜を八つ潜け」（歌番三二三〇）と見えるから、「八」は実数ではなく神聖数を指すものか。櫛八玉神の名は玉作部の祖・櫛明玉命にも通じるところがあり、「天明玉が作れる八坂瓊之曲玉」という表現も『書紀』（第七段一書第三）に見えるから、櫛明玉命（天明玉）とは同族の神ではないかとみられる。

その一方、「櫛」が海神族系の杵築系統の命名法に通じるとすると、出雲氏の祖の名前としては、櫛八玉神の別名とされる伊佐我命とするほうがよいかもしれない。『古事記』では、天穂日命の子に建比良鳥命をあげて、割註に出雲国造、无邪志《ムサシ》国造、上菟上国造、下菟上国造、伊自牟国造、……、遠淡海国造等の祖と記載しており、出雲国造の祖としては後者のほうを重くみている（「天夷鳥命＝天目一箇命」とされる場合には、この子の世代に出雲国造の史祖をおくほうが妥当であろう）。出雲国造の系図では、天夷鳥命の子に伊佐我命をあげ、一名を櫛八玉命と記されるが、伊佐我命と櫛八玉命とは本来は別神の可能性もある。

それとともに、系図では、伊佐我命の弟に出雲建古命をあげて一名櫛玉命、又名伊勢津彦命と記す（さらに、その子に神狭命をあげて、後裔を武蔵等の東国諸国造につなげる）。次に、伊佐我命の子に津《ツ》狡《ガル》命（国造家系図等に見える「津佐、津狭」は、誤記か転訛）があげられ、この両者は出雲郡に延喜式内社の伊佐我神社・都我利神社として祀られる。両社が出雲郡にあることは気になるが、これは意宇国造による出雲統合後の祭祀とする場合には、意宇系統とされてもよい。こうみていくと、出雲国造家の系図の初期段階は、別人同志を「一名、又名」という形で結びつけて、杵築系と意宇系という両系（杵築系の神門臣一族と意宇系の出雲臣一族）を一本の系図に融合させたのではないかという可能性も推される。

『出雲国風土記』に見える**樋《ひの》速《はや》日《ひ》子《こ》命**も、意宇系統に関係がある。摂津・河内の服部連が祖とするのが熯之速日命であるが（『姓氏録』）、少彦名神の流れを汲む伊豆国造の祖神とされる。この神は、『書紀』一書（第六段第三）には、素盞鳴神が天安河の誓約で生んだ諸子のなかにあって、天穂日命・

天津彦根命・熊野忍蹈命等の兄弟と見える。「熯」の訓は乙音のヒ（樋、斐、肥、火、簸など）であり、『風土記』にいう樋速日子命が鎮座する地の「樋」（大原郡の樋伊郷、斐伊郷。現・雲南市木次町の北部）、「樋社」（斐伊神社）に通じる等の事情から、熯之速日命は樋速日古命にあたる。当地の樋印支《ひのいなぎ》（樋稲置）氏の有勢ぶりは、新寺築造という風土記の記事から知られる。樋速日子命は、「斐伊の河の神格化で、砂鉄焼成の火力の霊格化」（吉野裕氏）、出雲鍛冶部の祖とみられている。同神は、斐伊神社の祭神のなかに伊都之尾羽張命（イザナギ神が火の神を斬った剣の又名で、いわゆる剣霊神）もあげられるから、製鉄神の祖・天目一箇命やツルギヒコ（都留支日子命）に通じ、同神か近親の神かとみられるので、熯之速日命は天津彦根命かその先祖にあたるが、服部連の祖とされる。

斐伊郷から東北に進み郡境の林垣坂を越えると、意宇郡の玉作湯に至る。その途中の大原郡大東（現・雲南市大東町）の式内・加多《かた》神社の南辺から、大量の土師器や玉の破片が発見され古墳中期の玉作遺跡とみられる。同社は少彦名命を祭神とし、鳥追い神事が残る。近隣の雲南市大東町須賀には**須我神社**があり、北東近隣に位置する八雲山（須我山ともいい、標高四二四メートル。さらに北東近隣に熊野大社が位置する）には神泉の坂根水が湧き出ており、その奥宮の夫婦岩という三つの巨大な磐座は、スサノヲ

斐伊神社（雲南市木次町）

神夫妻を祀る。

布須神社（雲南市木次町宇谷）も同じ夫妻が祭神で、本殿はなく、室山を神体とし、頂上付近に磐座がある。同社の麓の「釜石」という神石には、スサノヲ神の酒造伝承がある。

物部氏と出雲との関係

畿内の物部一族は、出雲の神宝を献上させたり検校する役割で、崇神紀及び垂仁紀に見える（崇神紀の使者の名が矢田部造の遠祖武諸隅というのは疑問。次ぎの垂仁朝廿六年条に見える、物部十千根大連が天皇の命で出雲に行き、出雲の神宝の検校をしたことの訛伝か）。その後の出雲国内では、物部氏という形での活動が端的に現れるわけでないし、支族分布も出雲に知られないから、これまで注目されていないが、物部の遠祖は神代（神武朝より前の時期）の出雲でかなり大きな活動をした。

すなわち、天孫族系の額田部連の祖神で、物部連の実際の祖神でもある鍛冶神天目一箇命が**経津《フツ》主《ヌシ》神**という名などで、出雲関連の神話や風土記のなかに現れる。『風土記』には意宇郡楯縫郷条に布都怒志命（この地に天の石楯を縫い置くという）、出雲郡美談郷条には和加布都努志命（前者の子で、まさに饒速日命に当たるか。「大穴持命の御子」（女婿の意味か）と記述される）が見えており、延喜式内社の「同社（縣神社）和加布都努志神社」は美談《みたみ》郷（出雲市東北部の美談《みだみ》町）に鎮座する。

経津主神について、吉野裕氏（東洋文庫『風土記』）や水野祐氏は、『記』の布都《ふつ》の御魂と対応する剣の神ないしその神格化とみており、同書の島根郡山口郷条に見える都留支日古《ツルギヒコ》命（剣彦の意。須佐能袁命の御子（実は子孫か女婿か）と記述）や意宇郡山代郷条に見える山代日子命（大穴持命の御子と記述。山代国造の祖か）につながる。畑井弘氏は、朝鮮語の解釈を通じて、饒速日とは「雷光・砥ぐ（磨く）・

刀」の意と受けとめ、フツノミタマそのものにほかならないと確信したと記される（『物部氏の伝承』）。上記のように、フツノミタマは経津主神に当たるが、近親の饒速日命にも同様な性格があったことは留意される。

経津主神は意宇の出雲国造家の祖でもある（「出雲国造神賀詞」では、天夷鳥命と布都主命が並記されて大国主神を媚び鎮めたと見えるが、両者の実体は同一神）。この神は、『風土記』意宇郡屋代郷条に天降りしたと見える天津子命（天津彦根命）の子であって、九州北部の筑後国御井郡の「高天原」から筑前沿岸部を経、山陰沿岸部を通って実際に出雲にやって来たとみられる。上記のように、天夷鳥命、天鳥船命という神も、経津主神と同神である。物部連の北九州からの東遷を主張する鳥越憲三郎氏も含めて誰も指摘しないが、物部一族の大和入りの前の重要な経由地として出雲があった。出雲で生まれたのが、饒速日命である（この辺の事情の詳細は、拙著『物部氏』をご参照されたい）。

物部氏族は河内や越後、土佐など全国各地に岩船（磐船）神社を建て、岩船という地名を残した。出雲でも、楯縫郡の神名樋山に比定される大船山（出雲市多久町）には、通称「岩船」とよばれる巨石があり、同山の烏帽子岩は風土記に見える石神とされる。斐川町神庭には岩船山古墳・荒神谷遺跡があり、安来市岩舟にも岩舟古墳がある。安来市の岩舟のすぐ南にも、神庭・飯梨という地名も見える。こう考えると、祖神が天よりもたらしたという出雲国造家に伝わる神宝を、崇神朝に物部連の祖に管理管掌させたという『書紀』の所伝も、その背景が分かる。この記事では、出雲国造家の祖神を武日照命とし、一名を武夷鳥とも天夷鳥とも註するが、「武」が前面に出ると武神の経津主神にふさわしい。

出雲では、出雲国造一族にも物部臣（系譜に、額田部臣と近い一族。先に触れた）があり、物部首も見えるものの、畿内の物部連の同族自体の分布は具体的に知られない。とはいえ、出雲西部に近い石見国東部の安濃郡の静間川中流域には、古代から物部連一族の長田川合君氏が居り、その後裔が川合村（現・大田市川合）に鎮座する石見一宮・物部神社の神主家金子氏として近世末まで永く続いて、明治には男爵に列した。物部神社の末社には荒経霊（あらふつのみたま）社・熊野神社もあり、その東方近隣に「野城」という地名があるのも、出雲東部の野城大神の実体を示唆する。

物部連一族が石見に入部したとき、兇賊を平定した地域に「安の国」と名付けたという所伝にも注目される。石見国那珂郡には夜須《やす》神社（江津市二宮町字神村神谷山）という式内社もある。同社は、いま大己貴命などを祭神とするが、社伝によると、創祀は養老三年（七一九）で筑前国夜須郡にある神社からの勧請というから、創祀当時の本来の祭神は別神とみられる。物部連一族も、古くから近江国野洲郡に居た三上祝と同様、筑前の夜須郡（ないし安川流域）から筑後の御井郡にかけての地域を故地とした。意宇の出雲国造家の前身が、同郡東部の飯梨郷から安来郷にかけての地域に当初、在ったとみられ、安来はアキ（安芸、安吉）に通じる。安芸国安芸郡に安の地名があり、近江国蒲生郡（三上祝一族の蒲生稲置が居住）にも安吉郷の地名があった（『和名抄』）。

饒速日命は経津主神の子であり、「天孫本紀」に天照国照彦天火明櫛玉饒速日尊と表現されるのも、その出自を示唆する。この名前は四つの要素（①天照国照彦、②天火明、③櫛玉、④饒速日）から成っており、前半部分の「天照国照彦天火明」は本来は別神だった神を系譜仮冒のため、名前を結合させたとみられ、疑問がある。しかし、後半部分の④饒速日命は、前掲の出雲国造家系図にも見える名の③櫛玉命にあたる可能性がある（櫛玉命は天夷鳥命の子で、出雲国造祖の伊佐我命の弟とされる。東国諸国造の祖・神狭命の父であり、『伊勢国風土記』逸文に見える伊勢津彦にあたると「角井系図」に見えるが、本来は神狭命のほうが伊勢津彦か、あるいは親子二代の通名か）。そうすると、ここで出雲国造家と物部氏族の分岐過程が明確になる。

谷川健一氏は、少彦名神を祖とする鳥取部と物部との近縁性や、物部・鳥取部がともにすぐれた鍛冶技術をもったことを指摘する（『白鳥伝説』などの著作）。これは、物部祖神の天目一箇命が鳥取部祖神の少彦名神の兄であり、共に天孫族の流れという近親性からよく説明できる。物部や鳥取部の同族となる忌部・玉作部も、畿内より前では出雲国意宇郡に故地があって、同郡西部（松江市域）には忌部神社、玉作湯神社（式内）が近在する。

五　崇神前代の出雲国の動向

出雲の上古史については、基本的に井上光貞氏の所説でほぼ妥当と考え、その旨を踏まえてここまで論述してきた。その立場に立ちつつ、出雲開発の歴史や国造家の初期系譜に絡む動向をここで概略、見てみよう。

「出雲」の起源の地

まず、地名「出雲」の起源の問題がある。『出雲国風土記』に「八雲立つ出雲」という記述があるため、当初はこれを踏襲する「イヅクモ（出る雲）」とか「イツクモ（厳雲）」に由来するとみる説が多く、上田正昭氏の『日本神話』でもこうした見方に拠る。その後、水野祐氏が斐伊川の淵に自生する「厳藻（イツモ。神聖な川藻）」説を出し（『古代の出雲と大和』に所収の「出雲国名考」）、かなりの支持を集めており、かつ、説得力もかなり強そうである。景行記に見える「やつめさす出雲」が「八つ芽生《さ》す厳藻」の意とする指摘もある。地名の起源には様々な要素が絡み合うから一義的ではない場合も多く、確認できない部分もあるが、「厳藻」が当初あり、後に「厳雲」、「出ヅ雲」に変わった見方もありうるか（これには多少疑問を留保しておいて、後でも触れる）。

そして、その起源の地が出雲西部の「出雲郡の出雲郷」あたりと認められる。出雲東部にも意宇郡に「出雲郷」の地名があり、現・松江市域東部に位置するが、その由来は知られない。これが現在は「あだかえ」という訓みで、阿太加夜《あだかや》神社（祭神は阿陀加夜奴志多岐喜比売命。この媛は、大己貴命の娘・高比売〔高照姫〕のことで、味鉏高彦根命の同母妹、天稚彦〔天若日子〕の妻だと三輪氏の系図に見える）が鎮座するので、この地が起源とは思われない。

なお、安来市の東隣の伯耆西部、鳥取県の米子市橋本にも阿陀萱神社（神社の鳥居の前に大きな磐座あり）、同県西伯郡日吉津村の蚊屋島神社（進氏の成盛長者が創祀との伝え、長らく社務）があり、西出雲の多伎神社も含め、これら諸社は主祭神を同じ姫とする（因幡の阿太賀津武御熊命神社〔鳥取市御熊〕は出雲国造祖の天夷鳥命〔天目一箇命〕を祀るが、境内神でも鍛屋明神〔天目一箇命〕が祀られ、神社背後の鍛冶屋谷など、付近に金糞谷など鍛冶に関する地名が多く見られる。この事情などを併せ考えると、「阿太加夜神」は天目一箇命の母神、多伎津比古の母神にあたるものか）。

米子市には蚊屋の地（大神山神社の西北方近隣）もあり、この地の内河氏は、南北朝争乱の時に名和氏の執事・姻戚として行動を共にした。名和一族の加悦氏も

阿陀萱神社（鳥取県米子市橋本）

同じく蚊屋が起源の地で、内河氏館跡（両足院という寺）の西側には加悦氏館跡がある。

　これらの諸事情を踏まえると、「出雲」に関する多くの所論でも、出雲西部を「出雲」の起源地とすることに殆ど異論がない。出雲郡出雲郷は、現在の出雲市（もと簸川郡）斐川町の南西部、神氷《かんび》・出西《しゅっさい》・求院《ぐい》・富村《とび》の一帯に当たるとみられており、同郷を中心とした地域が出雲地方の国造りの大神・大穴持命の本拠とみられる。北九州や大和あたりの王権から独立した政治主権が存在したという点で、この当時（西暦二世紀代）の出雲は、原始的な「王国」（原出雲王国）の名にふさわしい。出雲郷と東隣の漆治郷（斐川町直江あたり）の近辺は、その中心地であった。漆治郷の名は、鎮座する天津枳値可美《きちかみ》高日子命の別名、「薦枕《こもまくら》志都治値《しつぢち》」に由来するとされるが、伎比佐加美高日子とも同神であろう。

　その地形を概観すれば、すぐ南方近隣に出雲四神名火山の一つ、**仏経山**（標高三六六メートル）があり、その東側に健部郷が連なり、出雲郷の北隣には神戸郷があった。出雲郷の西側近隣を流れる出雲大川（斐伊川）をはさんで、西側対岸には神門郡の塩冶郷があり、その岸近くに飯入根謀殺事件の舞台とされる「止屋の淵」もあった。

　仏経山には曽支能夜《そきのや》社に坐す伎比佐加美高日子命の社があって、キヒサカミタカヒコを祭神として祀る。これが、プレ出雲国造勢力（大穴持命の出雲王国）の始祖神たる味鉏高彦根命《あじすきたかひこね》にあたる（筑紫の大己貴命の子で、母は宗像三女神のタキリ姫〔多紀理毘売、田心姫〕とされる。以下「アヂスキ神」ともいう。出雲の大穴持命の子ではなく、「父親」の位置づけに注意）。それ故に、出雲の開発神、始祖神として味鉏高彦根命が重視される。出雲風土記神話の始祖神スサノヲ神の実体は、この神にあたる面もあるのかもしれない（スサノヲ神と同様に、「御須髪が八握に生えるまで、夜昼泣いて言葉を発しなかった」との伝承が「風土記」の仁多郡三沢郷条に見える）。その意味でも、大穴持命がスサノヲ神の子とも娘婿とも伝える事情も考慮される。

スサノヲ神の御子神

出雲風土記にはスサノヲ神の御子神としては七柱あげられ、そのうち、青幡佐草日子命、都留支日子命、衝桙等乎与留日子《つきほことおよるひこ》命、国忍別命、磐坂日子命の五柱が男子である。都留支《つるぎ》日子命は実際には女婿とみられ、剣という武神的な性格から見て、衝桙等乎与留日子命と同神かもしれない。**磐坂日子命**も、巨石祭祀の観点から（「磐境」の義で、磐座を象徴するか）、これに通じるが、恵曇《えとも》の地にあって、土地の見かけが画鞆（えとも。「鞆」は矢を射る時に使う防具）のようだから、自分の宮はこの地に造るよう考えたというから、武神の性格ももつ。同神は、意宇郡式内社の能利刀《のりと》神社の祭神として、熊野大社の境内の伊邪那美神社に合祀される（もとは熊野村字大石村にあったと伝）。能利刀神社は、現社名を剣神社として、松江市八雲町日吉（熊野大社を遥拝する地理的位置）に鎮座の社に比定ともいう。

青幡佐草日子命は、大原郡高麻山（雲南市加茂町域）の条にこの神が麻の種をまいた場所なのでこの地名があるとされ、高麻山にはこの神の御魂が坐す高麻神社があるというから、麻などの繊維・衣服に関係が深い少彦名神に通じる。国忍別命はほかには現れないので実体不明だが、方結神社の膝餅神事と小豆雑煮から推すると少彦名神に通じるか。

このように見ていくと、上記五柱の男子は少彦名神と天目一箇命（都留支日子命、衝桙等乎与留日子命、磐坂日子命で武神、石神）の兄弟に概ね集約されそうである。これらスサノヲ神の御子という神たちは、いずれも島根半島の海岸近くの集落に祀られたとも指摘される（都留支日子が島根郡山口郷、衝桙等乎而留比古が秋鹿郡多太郷、磐坂日子が秋鹿郡恵曇郷、国忍別命が島根郡方結《かたえ》郷〔松江市美保関町片江〕）。磐坂日子命及び衝鉾等乎与留比古命には国巡り（地域開発の類いか）の旅をしたと書かれる。松江市東生馬町（島根半島で宍道湖東北岸、佐陀町東隣）の生馬神社の祭神は八尋鉾長依日子命（神魂命の子という）とされ、生駒・物部氏の祖神ともされそうであり、その場合に衝鉾等乎与留比古命や天目一箇命に通じよう。

風土記にはスサノヲ神の出雲での活動事績は殆ど記されず、子女を含めての地名起源説話に出てくることに留意される。出雲では奥出雲の須佐神社あたりにスサノヲ神伝承が多いが、その南方の備後国にも須佐神社がある。広島県三次市甲奴町小童《ひち》に鎮座し、旧称を牛頭天王社、祇園社とされ、これが国史見在の備後国の「天照真良建雄神」（貞観三年〔八六一〕に神階昇叙）の論社とされる。「真良」が真羅とみれば、天目一箇命に通じるから、この意味で出雲のスサノヲ神も、天目一箇命かその近親神にあたるとみられよう。

スサノヲ神の御子神とされる神々が天目一箇命（天夷鳥命）と兄弟神であれば、その父は天稚彦（天津彦根命、天穂日命）であるから、スサノヲ神はその遠祖神にすぎず、出雲での実体的な活動ができるわけがない。出雲風土記の中心は確かに大国主神であるが、「次に重視されているのは常識を覆し須佐之男命ではなく、……阿遅須枳高日子命である」と関和彦氏は指摘する（「『出雲国風土記』の歴史的世界」）。

アヂスキ神関連の遺跡と考えられるのが、神庭荒神谷遺跡などである。荒神谷の地は、先に触れてきた仏経山の東北麓で、出雲郡健部郷に属した。この地から、三五八本という多量の銅剣や銅鐸六個（最古段階のものも含む）、銅矛十六個が出土したのは一九八四、五年であった。その後も、近隣の加茂岩倉遺跡（荒神谷遺跡から南東に三キロ余の地）から銅鐸が日本最多の三九個も出土した。弥生後期ないし終末期頃に、この地一帯を本拠地として上古出雲の王（大族長）が強大な権力を持って、

荒神谷遺跡。358 本の銅剣がまとまって出土した。
（古代出雲歴史博物館提供）

39個もの銅鐸がまとまって出土した加茂岩倉遺跡の出土銅鐸（文化庁、古代出雲歴史博物館提供）

出雲全域にわたる広域的な支配を行ったこと、すぐれた銅・鉄の金属技術を持ったと分かる。一方で、北九州に盛んな漢鏡が出ていないことにも留意される。荒神谷は、出雲郡出雲郷の東方約三・五キロに位置する。

これら遺跡が本拠地近くで、四神奈備山の一たる仏経山の東北方の麓にあることに注目され、祭器遺物の埋蔵は、おそらく弥生後末期ないし古墳時代前期の原始王国滅亡の頃となろう。森浩一氏は埋納の時期については、遺跡に古墳時代の須恵器が残される事情などから、古墳時代まで下がると考えている（『日本神話の考古学』など）。須恵器が埋納時期のものかどうか疑問がないでもないが、崇神朝頃の可能性はあると思われる。

両遺跡も、銅剣等の祭祀継続用（次の祭祀用のための保存）の場所ではなく、自然には、「隠匿・埋納」の場所という意味に受け取られる。出雲を中心に分布する四隅突出型墳丘墓の分布も、その原始王国の勢力圏ないし影響圏の表れではないかとみられる（後述）。近隣の神門郡域にある出雲で最大級の四隅突出型墳丘墓、**西谷三号墓**からは、吉備地方で造られた特殊器台が発見されており、その当時の出雲と吉備との交流も示される。同墓の木棺内には水銀朱が敷きつめられ、鉄剣や碧玉製管玉・ガラス製の勾玉・小玉も副葬品で出たが、銅鏡の出土は知られない。

アヂスキ神の伝承が風土記に見える郷のうち、①神門郡高岸郷は出雲大河が流れ込む神門水海に面しており（出雲市今市町あたりか）、②仁多郡三沢郷（仁多郡奥出雲町三沢あたり。三沢神社はアジスキ神が主祭神）は出雲大河の上流域にある。この辺からも、アヂスキ神及び大穴持命（所造天下大神）の一族は、出雲大河たる斐伊川の流域一帯をその主要領域としたと知られる。

味鉏高彦根命の東遷とその性格

アヂスキ神の出雲到来の事情・経緯を考えてみる。同神は、親しかった天若日子（天津彦根命。天照大神の子）の喪のため高天原に来たところ、その容貌が似ていたので天若日子の親属から死去した天若日子に間違われ、これに怒って御佩《みはかし》（身に帯びた）の神度《かむど》剣で喪屋を切り伏せ、蹴放して飛び去った、と『古事記』に見える。『書紀』でも所伝がほぼ同様であるが、飛び去ったことまでは記されない。アヂスキ神は、これが原因かどうかはともかく、原郷の北九州の葦原中国（筑前沿岸部）から東へ去って、出雲に到来したとみられる。これが、出雲地方の始源の神なのであろう（神魂社の祭神に当たるのかと前述。「神度、カムド」は「神門」に通じるものか）。

これに対し、山陰道の出雲の地に素戔鳴尊（わが国天孫族の始祖・五十猛神が実体）が来たことは、そもそも年代的にも考え難い。伝承としても、八俣大蛇退治は『出雲国風土記』に見えない事情があり（この退治事件の原型が何らかの形であったとしても、山陰の出雲での事件ではない）、同書にはスサノヲ神の子女と地名説話に関して記されるくらいである（後述）。

アヂスキ神により切られて高天原から落ちた喪屋が、美濃の藍見《あいみ》河（旧武芸郡、現・岐阜県美濃市南部の藍見を流れる川で、長良川の上流）の河上にある喪山（天王山を指す。高天原から落ちて成った山には天香具山、伊予の天山などがあることからの類推）だと伝えるのも、北九州から去った方向を示唆する。「御佩」（ミハカシ、ミタラシ）という地名は、『和名抄』では美濃の武芸郡の郷名だけにあって、天王山北麓の美濃市西北部の御手洗一帯にあたり、藍見（『和名抄』では生櫛郷に属したか）の西北近隣に位置する。「御手洗」という地名は、筑前沿岸域の粕屋郡のなか（現・糟屋郡志免《しめ》町《まち》西北部で、福岡空港の北近隣）にも見られる。

出雲では、『風土記』の記事に、味鉏高彦根命の活動が多く見える。出雲郡の官社等にも「アスキ社」（阿受枳社）という名で奉祀社が多く見えて、これらが式内社（阿須伎神社、阿遅須伎神社）につながる（阿須伎神社という同名の社が出雲国風土記に三九社、延喜式に十一社もあるが、いまは出雲大社の近隣の大社町遙堪に鎮座の阿須伎神社を遺すのみ）。「神度（カムド）の剣」（『書紀』では神戸の剣）も、神門郡の地名に通じるものか。アヂスキ神の名の「スキ」は鉄製品で、神度の剣を振るう伝承からも、この神が出雲の青銅器のみならず鉄産にも関与したとみられる。

『風土記』や出雲の古社伝承をよく読むと、味鉏高彦根命が「出雲の大祖神」としての位置にあるとみられる。国引きにより出雲国土を形成したという伝承（国引き神話）のある国土創造神・八束水臣津野命（意美豆努命《おみつぬ》）。オミツヌ神）も、「八雲立つ」の歌を詠んだ神（『風土記』に八束水臣津野命、記紀にはスサノヲ神とある。出雲神社の祭神も、両神が同じと示唆する）も、本来みな同神（ないしは、更にその祖神的な創作神）にあたるのではないかと考えられる。これが、上古出雲開拓の原点にある。

いいかえれば、アヂスキ神より前の時代にあたるような神々としての行動（超人的な活動）の伝承は、出雲地方の実際の歴史ではないと考えられる。オミツヌ神は、式内社などの古社でこの神を端的に主祭神で祀るものはないから（出雲郡式内の出雲神社の論社とされる諸社〔出雲郷域の出雲市斐川町富村の富神社や出雲市の長浜神社・諏訪神社〕のみでは、祭神にあげる）、抽象的な意味での出雲国土の祖神であり、巨大な水神（大水神のこと）であった〔註〕。

〔註〕**オミツヌ**神の性格として、大水主神すなわち大水の主宰神とみたのは、上田正昭氏や加藤義成氏であり、前田晴人氏も『古代出雲』でこれに賛意を示し、広大な入海を神格化したものではないかとされる。鈴木真年は、大水神とはスサノヲ神のことだとし（『古事記正義』）、伊勢の皇太神宮摂社（度会郡式内）

に大水神社、讃岐二宮で三野郡式内の大水上神社もあり、後二社では祭神を大山祇神とされることが多い。讃岐国大内郡にも式内の水主神社がある。『姓氏録』には漢高祖後裔という大水命が見え（未定雑姓大和の尾津直条）、外来のスサノヲ神（五十猛神）かその関係神に通じそうでもある。「尾津」は、伊勢国桑名郡の尾津郷（桑名市多度町域。多度大社の東方近隣に式内社尾津神社の論社が二社鎮座）に因むようであり、そうすると、太田亮博士のいう東漢氏一族ではなく、三上祝一族から出た桑名首の同族なのかもしれない。「意美豆奴命―天穂日命」として、出雲国造祖神の両者を親子で結ぶ系譜も、鈴木真年・中田憲信の系譜集のなかに見える。その一方、水神であれば海神族の祖神にもつながりそうだし、大水神とすれば出雲固有の神でもないから、たいへん難しい性格の神である。出雲市西園町の長浜神社は、国引きの綱の西側の浜、「薗の長濱」の地に鎮座して土地鎮めの要石を境内にもち、淤美豆奴命を主祭神とするが、同神への奉祀が何時からかは不明である。

『出雲国風土記』に見えるスサノヲ神は、その号泣する様といい、アヂスキ神に重なる存在といってよい面があると先に述べた。風土記のスサノヲ神は、記紀神話に見える高天原のスサノヲ神と性格的におおいに異なり、「地味で素朴な存在」であり（瀧音能之氏『出雲大社の謎』）、海人集団が奉祀して、竜神とか航海神、あるいは稲作に対する邪霊という見方まで出ている。風土記にスサノヲ伝承が分布する飯石郡などでは鉄に関連する記述が見られ、その点からは上古の製鉄集団がその地に居て、彼らが信仰した製鉄神という見方もある（吉野裕氏の製鉄神論もあるが、この辺は、本来のスサノヲ神の性格か）。飯石郡の須佐郷は、波多郷の北隣で波多川下流方面にあたるが、ここの地名由来伝承は、スサノヲ自体が名付けなくともよいことで、具体的な行動を伴うとは言い難い（ちなみに、須佐の地名は紀州在田郡にもあって、「天孫本紀」に見える物部氏族須佐連の起源地かと太田博士は言う）。

ともあれ、出雲国風土記に記されるスサノヲ神の伝承は、全部で四か所に見えるが、これらは、いずれも短い挿話くらいで、殆どが地名由来のものだから、これをもって、実体をもって出雲で活動した神とは直ちに受け取りがたい。スサノヲ神の子として男神五柱、女神二柱の合計七神が見えるも、これら神々の系譜には疑問もある。

出雲国造の神賀詞に見える熊野大神の名「櫛御毛野命」も、出雲関係の始祖神であった。その後継的な位置にあるのが出雲の国作りを実際に行った大穴持命である。風土記では、「筑紫の大己貴命」と「出雲の大穴持命」との両神を同一神として混同するため、そこでは味鉏高彦根命は大穴持命の子と記されるが、この区別には注意を要する。経緯的に捉えていくと、筑紫のオホナムチの子で、出雲のオホナモチの父というのが、アヂスキ神の原型的な位置づけとみられる。『古事記』には、大国主神の祖父（そうすると、アヂスキ神の父）がオミツヌ神（この場合、筑紫の大己貴命に当たるか）だという神統譜が見えるが、これは海神族系統が伝える後世の主張にすぎない。

いま出雲大社をはじめとして、丹波国一之宮の出雲大

周防国の出雲神社（山口市徳地堀）

神宮や周防国佐波郡の出雲神社（山口市徳地堀）など、「出雲」を名乗る主な神社では、現在は主祭神を大国主神としており、一伝には素戔嗚尊とする。

しかし、本来の「出雲神」とはアヂスキ神ないしは天御蔭神（天夷鳥命）を指すもので、それが後に、出雲で名高い大国主神やスサノヲ神に転訛したのではないだろうか。太田亮博士は、延喜式や風土記などの神社祭祀を分析して、『延喜式』神名帳の出雲郡での掲載順序が、大穴持神社、杵築大社、同社大神大后神社、同社坐伊能知比賣神社、同社神魂御子神社、同社神魂伊能知奴志神社、同社神大穴持御子神社……となっている事情などを考慮して、出雲大社の本来の祭神とは神皇産霊神（出雲の神魂命の意味で、「神魂命主《いのちのぬし》神」のことか）ではないかと考えている。

『記・紀』『姓氏録』など中央の史料や神話に見える神皇産霊神（神魂命）は、久米氏・紀国造など山祇族系の祖神を示すことが多いが（ときに鴨氏など少彦名神の祖神とも見える）、「出雲の神魂命」は、これとは異なる（少彦名神系の祖神ではありうるが。ともあれ、天照大神を含め古代氏族の祖神は、女神ではありえない）。その「神魂命」を杵築大社では本来、祀った可能性がある（判断が難しいが、太田亮説には肯きうるところがある）。

アヂスキ神の子神たち

アヂスキ神の子神については、風土記の記事ではそう多くなく、一柱のみである。同書に子として見える**多伎都比古《タキツヒコ》命**は、対応する名を持つ多岐都比売命（宗像三女神の一で、湍津姫・辺津嶋姫ともいう）が辺津宮に坐して大己貴神に嫁いだと『旧事本紀』に記されており、また宗形大神の奥津比売命が伊和大神（これも大穴持命に相当するか）の子を産んだと『播磨国風土記』にあるからである。

『古事記』もほぼ同様で、胸形奥津宮に坐す多紀理毘売が大国主神の妻だと記される。これら所伝は、みな同じことを指すとみられ、大穴持神かその近親の神にあたる可能性がある。

　神門郡の式内社には、多伎神社及び同社大穴持神社があって、両社は現在は出雲市西南部（もと簸川郡）の多伎町多岐に鎮座しており、阿陀加夜努志多伎吉比売命《あだかやぬしたききひめ》（阿陀加夜奴志多岐喜比売。宗像三女神の一ともみられている）を主神とし、大己貴神を配祀する。この主神は記紀に登場しない出雲の土地神であるが、意宇郡東部の出雲郷（現・松江市東出雲町出雲郷《あだかえ》）に鎮座する式内社の阿太加夜神社の主神ともされ、こちらの神社の由緒では大己貴神（大穴持命）の娘とされる。後社は、風土記意宇郡の不在官帳にも「阿陀加夜社」とあげる。

　風土記では、多伎都比古命が味鉏高彦根命と天御梶日女命の子と記されており、**楯縫郡の神名樋山**（大船山）条には、同地の石神は多伎都比古命の霊代であり、日照りの際に雨乞いをすれば必ず雨を降らせると見える。その水神性が顕著であり、吉野裕氏は「ほとばしり流れる水（滝）の神格化である」と記している。天御梶日女は天甕津《みかつ》媛ともいい、これを祭神とする花長上神社が美濃国大野郡の式内社にもある。花長下神社の祭神赤衾伊農意保須美比古佐和気能命《いぬおほすみひこさわけの》（すなわち、「伊農神、伊努神」とされる）は、天甕津媛の夫君でアヂスキ神か天夷鳥命かにあたり、出雲郡伊努《いぬ》郷（塩冶郷の北隣）や秋鹿郡伊農《いぬ》郷はその名に因む。伊農神は意美豆努命の御子と風土記に見えるが、これに拠ればオミツヌ神は伊農神の祖先神となる（ただ、多伎都比古については、物部氏等との関係などで言えば、天目一箇命でもある出雲国造の祖・天夷鳥命に比定される可能性がある。この場合には、アヂスキ神の娘婿ということで、それが「子」と表記されたのかもしれない）。

　出雲市東北部の坂浦町に鎮座の立石《たていわ》神社は、多伎都比古命を祭神とし、社殿はなく、三つの巨石（最大高さで十二メートル、最大幅が二六メートル）からなっている。『雲陽誌』には、土地の人が「御所の立岩」と言い奉ると見える。同名の立石神社が出雲国と石見国の国境近く、三瓶山頂の北麓、三瓶町上多根字立石原にも鎮座しており、巨石が神体で少彦名神を祀るという。三瓶町の立石神社のほぼ真北の沿岸部に、上記の多伎町多岐の多伎神社が位置する。愛媛県今治市古谷の多伎神社の奥の院にも磐座があり、同社は伊予国越智郡の式内社で、物部氏族小市国造（越智直）一族が奉祀したとみられる。明治十年の「越智郡神社明細帳」では、全郡二二三社中に杵築神社（八社）や出雲神社もあるとされる（岡本雅享氏）。

次ぎに、**塩冶比古命**もアヂスキ神の子とされる。名前が因む神門郡塩冶郷という地域的配置から見て、大穴持命の近親（おそらくは、実態が子か後継者）であろう。大穴持命の死後も、その子孫が古代出雲の西部を本拠として永く存続したとする場合、系譜的には崇神朝の出雲振根や、さらには後の当地の豪族神門臣などの諸氏（健部臣もそうか）につながるものか。大和王権による出雲振根の誅殺で、この一族全てが滅びたものでもなさそうである。出雲西部では、祭事・伝承などで水神・竜蛇神の

立石神社の御神体の巨石（出雲市坂浦町）

信仰など、海神族の色彩が強く残って見られるのも、その地に後世まで残った氏族の影響であろう。出雲大社や日御碕神社・佐太大社では竜蛇神関係の祭祀が現在まだ残る。出雲の大国主神の後裔で後世の出雲に残る豪族諸氏は具体的に知られないから、地域的に考えて、塩冶比古が大国主神の出雲における後継で、神門臣氏の祖であったものか。

『風土記』の出雲郡健部郷条には、纒向檜代《まきむくひしろ》宮御宇（景行朝）に健部を定めたとき、神門臣古禰《ふるね》を健部（の伴造）と定め、爾来、健部臣等がこの地にあると記される。神門臣古禰の表記について、時期からいって、「後に神門臣氏となる一族」の祖の古禰という意味であろうが、古禰の名は出雲振根の「振根」に通じ、振根の族裔（世代的にみて孫くらいか。両者を同人とみる説は疑問大）にあたる者か。この振根・古禰の「フルネ」は称号であって、実名ではなかろう。

ともあれ、西部の出雲・神門郡から起った部族が、大穴持命のときに出雲全域をほぼ押さえたことで、上古代の「プレ出雲国」（独立の原始王国）が出来上がった。風土記に「天の下造らしし大神」（所造天下大神。出雲の国作りを行った大神）と表現された大穴持命がほぼ出雲全域の伝承に現れる所以でもある。その出雲平定の過程で、東部の意宇地方にいた少彦名神兄弟一族がこれに協力し、お互いの通婚関係も生じた。この出雲部族主体の国は二百年ほど続いたのではないかとみられる。その間、畿内大和の大王家祖先や諸有力氏族との通婚も殆どなかったほど、出雲は独立ないし孤立した国（地域）だったようである。管見に入った限りでは、物部氏の先祖・出雲醜大臣命の母が出雲色多利媛（出雲国造の祖・櫛甕前命の妹という）で、その姉妹の沙麻奈媛が大神（三輪）君の祖・建飯勝命の妻として建甕尻命を生んだと伝えるくらいである。

それから二百年弱ほどの期間が過ぎた四世紀前葉の崇神朝後期頃に至って、おりから中国地方に勢力を伸ばしてきた大和王権と出雲は衝突する。このとき、意宇のほうの部族は先に大和王権に降り、それと与して出雲西部を本拠とする杵築勢力と抗争し、遂にはこれを圧倒して出雲全域で第一の勢力となる。その後に定められた出雲全体の国造にも任じられ、国名に因んで出雲臣氏を名乗るようになった（こうした事情から、イヅモの原義も変更されたかどうかの問題もあろう）。

なお、崇神朝に見出された三輪君の祖・大田々根子命は、妻が出雲神門臣氏の娘・美気媛だと系図に見え、その子の大御気持命も妻が出雲氏の乙名久志媛と伝える。

杵築系統の流れ

出雲国造家の初期段階の系図を考える場合には、東の意宇と西の杵築の二大系統で見ていく必要がある。その場合、意宇の代表として後の出雲臣氏、杵築の代表として後の神門臣氏があり、大和王権に与した出雲臣族が神門臣族を討った構図になる。この辺は、先に意宇系統を見たところでもある。武光誠氏は、神門氏一族のなかにも最初から大和王権に従った者があって、神門・健部両氏に分れ、後にも存続したとみる（『日本誕生』）。出雲の神祇や習俗などからみて、この見方がほぼ妥当と考える。出雲振根は殺害されても、その一族で王権に降伏して許された者があって、勢力を弱めながらも後にも存続した（『地理志料』に神門氏は祖業として多く木工を業とすと見え、志賀剛氏の記事に拠ると、神門臣の末裔は、大社専属の工匠として準社家で近代まで続くという。この経緯があってか、現在、島根県で神門を名字とする者は、出雲市斐川町の美南・直江・神氷の一帯や同市大津町に集中する。建部の名字のほうは、荒神谷遺跡のある同市斐川町神庭の西隣が同市斐川町三絡《みつがね》で、そこに武部東・武部西の小字があって、この三絡に集中する）。

こうした状況は、出雲西部の古墳築造に反映しているとの見方がある。前島己基《みき》氏は、出雲平野西南部の神門水海に面した一帯では、古墳時代前期ではあまり顕著な古墳は見られないが、六世紀の中頃から大型の横穴式石室墳が相次いで築造されたと記す（『日本の古代遺跡20島根』）。古墳前期の出雲西部でめぼしいのは、斐伊川中流域で大原郡の松本一号墳（全長五〇メートルの前方後方墳で、飯石郡三刀屋町に所在。形式から見て、意宇勢力の影響が及んだ可能性もある）くらいである。出雲東部では大型墳は方墳か前方後方墳であるのに対し、西部の出雲平野を中心とする地域では前方後方墳が見られないという特徴もある（『古墳時代の研究10西日本』）。

古墳時代後期になって、出雲の東部と西部に同国内最大級の古墳がようやく現れるが、それでも、各々全長九〇メートル台前半という規模である。東の代表が前方後方墳の山代二子塚古墳、西が前方後円墳の大念寺古墳という対比と、両者がほぼ同様な全長規模（二子塚古墳が九四メートル程度、大念寺古墳が九二メートル程度）であることにも留意される。

古代出雲の二大系統のうち、プレ国造家（原出雲王家）ともいうべき杵築系統は、海神族系で大穴持命の流れとみられる。この系統がまず出雲西部に来て土着し、出雲郡あたりを中心に出雲の大半を押さえたのだから、これが本来なら「出雲氏」というべき存在だとみられる。出雲での大穴持命の本質が狩猟神、漁撈神であり、かつ竜神、海神、水神であったことは、水野祐氏も指摘される（『古代の出雲と大和』）。神門臣氏の「神門」は神田に通じるが、各地の神田神社が丹波国多紀郡の同名式内社、武蔵国江戸神田の同名社などを始めとして大己貴命を祭神とする事情もある。近江国志賀郡真野（現大津市真野）の神田神社も、現在は和珥氏族の祖・彦国葺命などを祭神とするが、これも本来は大己貴命が祭神であったとみられる。

松村武雄氏は、出雲神話群の特徴として水神・雨神、農業関係神、蛇性的神が多いことを指摘したが、これは海神族の神々の大きな特徴である。大己貴命の名も、「己」は「な（那＝国土）」（↓大国主神）や「つちのと（土の弟だが、土の祖に通じるか）」（↓大土神、土之御祖神）であろうが、本来は、高天原の皇祖神たる大日霊貴（タカミムスビ〔高皇産霊尊、高木神〕かその子の活玉神で、いずれにせよ男性神）に対比して、巳（へび）の霊を意味したものか。なお、「霊」は「靈」に同じで、①みこ（巫）、②かみ（神）③たま・みたま、等を意味するが（『新字源』）、ここでは巫の意味が強そうである。

出雲振根と飯入根の関係

大和王権による出雲平定の対象者・当事者たる出雲振根と飯入根が兄弟とされるが、この親族関係には疑問がある。

『書紀』では、崇神朝晩年に出雲振根により止屋淵《やむやのふち》で殺害された飯入根は、出雲振根の弟と記されるが、この兄弟関係は検討を要する。振根は、止屋淵（神門郡塩冶郷に属する斐伊川下流の淵）に近隣する出雲・神門両郡一帯を本拠地とした首長とみられる。一方の飯入根（伊幣根）のほうは、意宇郡東部の飯梨川流域の豪族とみられる。この殺害などに端を発して、飯入根の一族が大和勢力の後援によって出雲振根を打倒し、それにより飯入根の子の鵜濡渟が出雲の初代国造（国造級の存在）となって、意宇郡で出雲全体を治めた（その後代には、意宇郡東部の安来から同郡西部の大庭の地に遷った）、という見方がある。これが、鵜濡渟が出雲国造家の系図に「氏祖命」と記される所以であろう。

飯入根の弟の甘美韓日狭《うましからひさ》が、可美乾飯根とも『姓氏録』に表記されるので（右京神別土師宿祢条など）、「飯」が兄弟の名前の根幹にある。それが、安来市を貫流する飯梨川の地名との関係も考えられる。

八雲山の麓の素鵞神社

飯梨川中流域の能義には前掲の能義大神の神社があり、その対岸に飯梨の地があり、飯梨の西南近隣には大庭に通じる神庭の地があって、これら中流域一帯が『風土記』に見える意宇郡飯梨郷の地であった。神庭は、出雲西部の荒神谷遺跡の所在地の地名と同じでもある。飯梨川の下流域左岸部の荒島丘陵には古墳も多くあって、これら中下流域が安来勢力の拠点であったとみられる。

能義の北東近隣には、忌部に通じる印部《いんべ》の地名も見える。出雲国造家の古代の本拠・意宇郡大庭の西方にも忌部・玉造の地があり、ここには出雲忌部や玉作部が居て、その祖を櫛明玉命としていた（『古語拾遺』）。櫛明玉命とは、玉祖連や阿岐国造等の祖とされる名であり、実体は天目一箇命の父神とみられる。出雲国造が「神賀詞」を奏上する際には、その詞にもあるように御祷の神宝を献上したが、目録として「玉六十八枚（赤水精八枚、白水精十六枚、青石玉四十四枚）、金銀装横刀一口、鏡一面」などがあげられ、『延喜式』臨時祭の条に記載される。神庭の地には宗賀《そが》神社が鎮座し、忌部の地にも素鵞《そが》神社があるが、杵築大社の背後北側で、八雲山（蛇山）の麓にも素鵞社（祭神は須佐之男命）がある。これは、出雲国造が同大社に奉祀するようになって、意宇郡から遷されたのかもしれない。

神門臣とその分流支族―嶋津国造と二方国造

神門臣の祖と伝えるのが、『出雲国風土記』神門郡条の地名起源記事に神門臣伊香曽然と見える者で、神門臣の祖と伝える（当時、臣姓はまだありえず、追記ないし「祖」の欠落か）。系図には、「伊賀曽熊命」とも見えるが、神門臣の系統が熊野大神の流れでなければ、名前も伊香曽然のほうが妥当か。その活動年代は、崇神朝ごろとなろう。

風土記には、出雲郡健部郷条に景行朝に健部を定める時、神門臣古祢を健部（の管掌者）に定めたと見える。この「古祢」は出雲振根と同じ名だが、時代が異なる別人であろう。その後は、一族氏人は大化前代の史料に見えない。

奈良時代では、風土記編纂の時に神門郡大領に神門臣（欠名）があり、天平六年（七三四）の「出雲国計会帳」には神門郡人の神門臣波理が見える。天平十一年の「出雲国大税賑給歴名帳」には、神門郡の朝山郷稗原里の戸主神門臣千床、加夜里の神門臣乙刀自売ほか二名、細田里の戸主神門臣黒當・戸主神門臣嶋守、日置郷の神門臣床手ほか三名、国村里の神門臣飯依売、狭結駅の神門臣姪売、多伎駅の神門臣仁伎良ほか一名、神戸の戸主神門臣小君、滑狭郷の神門臣石麻呂ほか九名、等々数多くの族人が見えており、出雲郡の河内郷・出雲郷や神門郡には神門臣族姓を名乗る人々もかなり見られる。天平・天平宝字年間には、経師で朝廷に出仕した神門臣諸上が見え、従八位上まで昇進した。このように奈良時代までは神門臣一族の動向も史料に見える。

平安前期の『姓氏録』には右京・天孫で神門臣があげられ、「同上（天穂日命十二世孫鵜濡渟命之後也）」と見える。出雲から出た支族が京に出仕していたことが分かる。

現地のほうでは、『大同類聚方』に、「須西利薬　出雲国神門郡の大領神門臣等の家方」と見える。

出雲からの采女・神門臣富継は、天長七年（八三〇）四月には正税稲五百束を給され（『日本後紀』『類聚国史』）、承和十五年（八四八）正月に外従五位下に叙せられ（『続日本後紀』）、嘉祥三年（八五〇）七月には外正五位下に叙せられた（『文徳実録』）。武官で出仕した神門臣氏成もおり、斉衡元年（八五四）四月には宮殿の松樹にとまる古古鳥を射落としたことで、左近衛將曹のとき帝より賞され（『文徳実録』）、後に貞観元年（八五九）十一月に左近衛將監のとき外従五位下に叙され、翌貞観二年二月には下総介に任じた（『三代実録』）。六国史に見える神門氏の記事は、これで終わりとなり、平安中期以降は神門氏の動きは史料に見えなくなる。武家としての活動も見られず、中世の出雲ではこの一族一統の痕跡が殆どない（伯耆国西端部の会見郡で中世の武家活動が見える相見・進氏一族が大名持神後裔だとしたら、本姓が海部臣で、神門臣同族というのも些少の可能性があるかもしれないが）。

大穴持命の後裔として出雲にあったのは、『続日本紀』神護景雲二年（七六八）八月条に見える大神掃石朝臣を賜姓した諸氏である。それによると、出雲国島根郡人の外従八位下神掃石公文麻呂、意宇郡人の外少初位上神人公人足、同郡人の神人公五百成等の二十六人が賜姓した。『日本後紀』逸文（『類聚国史』）延暦廿年（八〇一）六月条には、島根郡人外正六位上大神掃石朝臣継人らが介の石川朝臣清主共々悪行をした故に流罪となると記される。

ただ、この一族は出雲から大和に遷った三輪君支流の模様であり、仁和三年（八八七）三月条には大神掃石朝臣などは大神朝臣や大神真神田朝臣等と同祖と見える。「髙宮系図」等には、神功皇后に随った大友主命の孫の武自古君に「掃部君」の祖と見えるから、この流れから出雲の神掃石公・神人公が出たものか（鈴木正信氏「大神氏の分布とその背景」では、「掃部」は誤記とするが、掃部首と神掃石公とが同族と考えれば良いか）。天平十一年の「大税賑給歴名帳」には、西部の神門郡に朝山郷加夜里の神人部床売、多伎駅の神人部嶋売、池井里の神人部身女が見える。

神門臣の支族には、出雲の外では志摩国の嶋津国造、但馬国の二方国造があった。この両国造ともに農業神・穀物神たる大歳神を祀り、海神族の特徴が顕著に見られる。大歳神祭祀は播磨にも多いが、出雲から播磨を経由して、畿内や伊勢・志摩への動きがあったか。

「国造本紀」の記事に拠ると、嶋津国造については出雲臣祖・佐比禰足尼の孫・出雲笠夜命が、二方国造については出雲国造同祖の遷狛一奴《うつしこまいぬ》命の孫・美尼布命が、各々志賀高穴穂（成務）朝に国造に定められた。出雲笠夜命と美尼布命とは同世代人であり、その祖父とされる佐比禰足尼と遷狛一奴命もやはり同世代人である。このため、見方によっては出雲国造の祖・ウカツクヌ（鸕濡渟）と同一人とも解され、現にそのように記す系譜もある（中田憲信編「郷男爵家御系譜案」。同書では、美尼布命と出雲笠夜命を兄弟として、伊賀曽熊命の子におき、両者の祖父を鸕濡渟命と記載する。神門臣の祖・伊賀曽熊命が鸕濡渟命の子かどうかは疑問だが、美尼布命と出雲笠夜命を兄弟とするのは妥当であろう。これらの長兄におかれる支須美命は、名前や年代からみて岐比佐都美命に通じる）。

しかし、**嶋津国造**の祖・出雲笠夜命は「出雲」を冠しており、意宇の鸕濡渟の後とはみられ難い。「本来の出雲氏」（大穴持命系統）の出自だったのであろう。中田憲信編「菅公事歴及系譜」では、鸕濡渟命の子に襲髄命・伊賀曽熊《（ママ）》命等をあげ、伊賀曽熊命には神門臣・健部臣・若倭部臣等祖と記し、襲髄命の子に出雲鞍山祇命をあげて、「一名来良維積命又岐比佐都美命、出雲国出雲郡支比佐神社是也」と記される。出雲鞍山祇命（＝岐比佐都美命か）も同様に大穴持命系の出雲氏の出自とみられる。

大和の三輪君の系図には、『旧事本紀』地祇本紀では、大田々禰古命が出雲神門臣の女・美気姫を娶って生んだ大御気持命は、出雲鞍山祇姫を妻として三男を生むと記される。大御気持命は出雲鞍山祇命の女、乙名久志媛命を妻としたとも伝える。これらの記事からみて、乙名久志媛命の別名が出雲鞍山祇姫で、名前・年代からいうと出雲鞍山祇姫は出雲鞍山祇命の妹であろう。

嶋津国造は、出雲から遠く離れた志摩国（三重県南端部）を領域としたが、志摩は古来御食国としての伝統をもち、多様な海産物で知られる。「島之速贄《はやにえ》」の献上は、漁労にすぐれた海神族の統治地域に相応しい。志摩にはシャグジン信仰が厚く分布して、「それは古代諏訪地方土着のミシャグチ神（洩矢神）信仰と、出雲のミナカタトミ信仰とが重層したもの」といわれる（岩田貞雄氏の「志摩の民俗神」。『日本の神々6』所収）。これは、出雲の大穴持命などの蛇神信仰に通じて、海人（海神族）が古来もっていた信仰である。志摩一宮の伊雑宮とその西南近隣にある佐美長神社には稲穂にまつわる伝承があり、後者は明治初期に現社名に改められるまで、大歳宮、穂落宮と呼ばれた。

嶋津国造は島直を姓氏として、中世まで志摩国答志《とうし》郡の郡領を続けた、と太田亮博士は光明寺文書や世古氏文書を引いて記す（『姓氏家系大辞典』シマ条。『平安遺文』にも、これら文書が所収）。それらによると、康保三年（九六六）

伊雑宮（三重県志摩市磯部町上之郷）

二月・五月の文書に「答志《とうし》郡少領島実雄」、康保三年（九六六）五月の郡判に「国目代（答志郡）大領島直（欠名）」、長徳二年（九九六）の文書に「答志郡司島福直」が見え、永承二年（一〇四七）及び天喜二年（一〇五四）の文書にも「答志郡大領島直忠助」が記される。伊勢や紀伊の中世に見える嶋氏は族裔か。

二方国造のほうは、但馬国二方郡（兵庫県北西部）を中心とする領域をもち、二方郷（兵庫県美方郡新温泉町の浜坂を含む一帯）で式内社の二方神社（浜坂の東方近隣、新温泉町指杭に鎮座し、大己貴命を祀る）や大歳神社（新温泉町居組）、温泉郷で面沼神社（新温泉町竹田。美尼布命を祀るという）などを奉斎した。浜坂の宇都野神社は、大国主命を主神として、二方国造の宇津野真若命（『国司文書・但馬故事記』）などを配祀するというが、後者の配祀神は崇神朝の人というから、実在性は不明である。

さらに二方郡から南東の山間地に分け入って、同国気多郡の三方郷で式内社の神門神社を奉斎した。同社は、兵庫県豊岡市日高町荒川（旧・城崎郡日高町）に鎮座しており、現在は武夷鳥命・大国主命を祭神とするが、本来の祭神が変更された可能性がある。

この二方国造は早く衰えたか、その活動は知られず、後裔も端的には史料に見えない。領域には円墳が多いが、特に顕著なものはない（斎藤忠氏の『古墳文化と古代国家』）。平安時代前期に陰陽道で見える刀岐直川人が、二方郡刀岐郷から起ったとみる説もある（美濃国土岐郡も考えられ、決め手に乏しいが、賀茂朝臣との関係も考慮されるか）。川人は近親の雄貞らと共に滋岳朝臣を賜姓して、のち陰陽頭従五位上まで昇進した。一族は陰陽道・暦道の官人で史料に見え、延喜十七年（九一七）の陰陽助滋岳惟良もあった（『平戸記』）。

なお、「気多」を名乗り大国主神（大己貴神）を祭神とする式内社などの古社が、但馬から北陸道あたりにかけての日本海沿岸地域に散在した。それらが、但馬国気多郡の気多神社（豊岡市日高町上郷）、加賀国江沼郡の気多御子神社、能登国羽咋郡の気多神社、越中国射水郡の気多神社、越後国頸城郡の居多神社や、国史見在の飛騨国荒城郡の気多若宮神社であげられる。「気多」は因幡国西端部の気多郡（郡域は鳥取市の一部）から始まるが、これが大国主神と因幡の白兎の縁らしいが、不明である。気多郡式内社では志加奴《しかぬ》神社（鳥取市気高町宿。旧鎮座地が鹿野町鍛治町という）の祭神が、大己貴命ほかと見える。

崇神前代の杵築系統

ここまで見てきたように、杵築系統が稲作を日本列島に伝えた海神族系統の習俗・祭祀をもったことがわかる。「出雲国造神賀詞」に熊野大神の名が櫛御毛野命とあるのも、「櫛御毛野」の意が「奇御食野」で霊妙なる食の神、神威あふれる穀霊神であり、本来は稲作を日本列島にもたらした海神族の先祖とみるのが自然であろう（櫛御毛野命とは、海神族系の杵築系統の遠祖であって、実際には熊野大神の別名ではないとも推される）。スサノヲ神の妻・奇稲田姫は櫛稲田姫とも書かれ、阿曇の故地・筑前国那珂郡等の櫛田神社などで奉斎されるが、この女神の命名法にほぼ対応するから、その意味ではスサノヲ神に妥当するが、同名異神であったことも考えられる。大己貴命のまたの名の一つに櫛甕玉命というのがあり、三輪の大物主命の後裔にあたる大和の三輪君の初期段階の名前には、玉櫛彦命（事代主命）・奇日方命（櫛御方命）・櫛甕凝命（豊御気主命）など「櫛（奇）」を冠する者が頻出する。

現伝の出雲国造家の系譜を見ると、初期段階の歴代人名には、神武朝頃とみられる都我利命の次ぎの代から、櫛甿前命、櫛月命（久志和都《くしわつ》）、櫛甿鳥海命、櫛田命と四代も続けて「櫛」を冠する名が現れる。これらの者が本来は海神族の流れを汲む神門臣氏の祖先にあたるようであり、三輪氏族と対応する同族関係を示唆する。

この「櫛」の名をもつ氏族系統がもともと西部の出雲・神門二郡あたりに住み、当該地域名の「出雲」を氏として名乗ったのではないかともみられる。これを示唆するのが弘仁五年（八一四）に撰進の『姓氏録』の記事である。同書では、畿内に出雲宿祢（左京に一氏）、出雲臣（右京、山城二、河内で合計四氏）及び無姓の出雲（左京に一氏）があげられる。そのうち、宿祢・臣姓の出雲氏が先祖を天夷鳥命か鸕濡渟命とするのに対し、無姓の出雲氏は久志和都命《クシワツ》（櫛月）を祖とするという特徴がある。

四隅突出型墳丘墓制の発生時期と担い手

出雲では、方形周溝墓から発展したとみられる特異な形の墳墓「**四隅突出型墳丘墓**」（四隅突出墳）が多く見られる。この分布が、出雲西部では**西谷墳墓群**で顕著である。山陰最大級を誇る出雲市大津町の西谷三号墓や西谷九号墓（共にほぼ四〇㍍台×三〇㍍台の方形とされるも、九号墓が若干大きく最大で、突出部を入れると共に五〇㍍にもなる。西谷で最古級の三号墓は上古出雲の最初の頃の王者「大首長」の墓か）、二号墓・

四隅突出型墳丘墓（西谷３号墳）
＝出雲市大津町西谷の弥生の森公園内

四号墓など、西谷丘陵に六基がある。

出雲東部でも、同型の墳墓が安来市西北部の飯梨川下流西岸部、中海沿岸部の荒島丘陵にあり、塩津山墳墓群・仲仙寺墳墓群・安養寺墳墓群（総称して荒島墳墓群）のなかに見られる。これらは「弥生族長墓ゾーン」とみられ、出雲東部のほうは弥生王墓とまで言えなくても、能義神社の西北方近隣に集中して分布することに留意される。

同型墳墓は、発見当初の頃は十数基、現在まで百数基ほどの多数（北陸地方の越前・加賀・越中の計十数基を含む）が確認される。島根県東部（出雲）に四〇基弱、鳥取県西部（伯耆）に三〇基弱が知られており、ここら辺りに集中して分布の中心をなしている。

前島己基氏の記述によると、「出雲はこの四隅突出型方墳をとりまく世界の中心にあたるらしく、…（中略）…出雲はこのあと、方墳と前方後方墳による本格的な古墳文化が展開する」（『日本の古代遺跡⑳　島根』、一九八五年）。出雲あたりでは、方形周溝墓から発展して四隅突出型墳丘墓となり、古墳時代には方墳や前方後方墳に変わるとみられている。

この日本海沿岸地域に特有の墳墓形式は、分布中心地が出雲西部とみられ、そのなかでも出雲市の斐伊川下流西岸の大津町・東林木町の辺り（荒神谷遺跡の西方七キロほどで、仏経山北西方にあたり、斐伊川の対岸地域）に集中する。出雲に近隣する伯耆や、備後北部にもあり、丹後・若狭を飛んで、更に越前・越中など北陸方面での分布も見られる（島根県東部と鳥取県西部、広島・岡山両県の北部という表現もなされ、北陸方面への展開は時期がすこし遅い）。出雲の北方海上の隠岐諸島でも、本城墳丘墓（方辺が十メートル台）が唯一であるが、存在する。

これら諸事情を考えると、出雲郡に本拠をおく海神族系部族（大穴持命の一族）が担って、同型墳墓の分布地はその勢力・影響の主な地域圏だとみられる。石塚尊俊氏も、四隅突出型墳丘墓といわれる弥生時代の首長墓の分布が、出雲神話にいう大国主命の活躍の範囲と一致すると指摘する（出雲市大津町三谷神社の社頭掲示板の記事）。出雲の西隣の石見には、山間部で出雲に近い邑智郡邑南町に順庵原一号墳がある程度であって、沿岸部にはなく、いわゆる「原出雲王国」の初期の勢力圏はあまり過大評価できない。

この墳墓形式の中心地域、出雲市大津町に鎮座するのが神門郡式内社の**阿須利神社**であり、『風土記』記載の阿須理社とされる。豊玉比古・比売や大己貴神・和多津見神など海神族関係を祭神とする。現鎮座地は小高い丘の竜王山で、これが三遷目というが（古来は上来原の杓子山に鎮座という）、竜王社の廃止でその祭神を合祀したという。大津町には雲根神社もあり、素盞嗚尊・櫛稲田姫を祀るが、『式内社調査報告』で石塚尊俊氏は同社を神門郡式内社の神産魂命子午日命神社に比定する考え方を紹介する。境内に石神祠があり、八岐大蛇荒魂が祀られるという。

一方、西部でも北のほうの東林木町（青木遺跡付近）に鎮座するのが、出雲郡式内社の都我利神社であり、味鉏高彦根命を主神として祀る。あるいは、祭神を津狭命とするものもあり（『特撰神名牒』）、後者は櫛八玉命の嫡子で国造

雲根神社（出雲市大津町）

家の祖であり、神武朝頃に活動したから、社名からも妥当かとも考えられる。都我利神社が「東の宮」と呼ばれるに対し、「西の宮」と呼ばれるのが西林木町に鎮座する伊努神社で、赤衾伊努意保須美比古佐倭気命を祀るという。その妃は天甕津日女命（天御梶日女とも書き、多伎都比古命の母という）と知られる。風土記の楯縫郡条には、夫神が味鉏高彦根命と見えるから、これが、穀霊神とされる伊努神（秋鹿郡伊農郷の伊努社にも鎮座する）の実体にあたるのかもしれず、西の宮には、式内社・同社神魂神社も合祀される（天甕津日女の位置づけは諸伝があって難解だが、郷男爵家系譜には、天穂日命の別名が「神活須毘命、赤衾伊努大住日子佐別命」で、水戸神の娘・天甕津日女を娶って、天夷鳥命と伊努比売を生み、後者が出雲郡伊努神社の神だと見える。これが一伝だが、水戸神の娘が生んだのが櫛八玉命ともいわれ、櫛八玉命の父が伊努神とするのが穏当な線かともみられる）。

四隅突出型墳丘墓の築造時期は、主に弥生後期ないし終末期（弥生Ⅴ・Ⅵ期。具体的には紀元二、三世紀頃）とされるから、卑弥呼の邪馬台国時代とほぼ併行する（ないし若干先行か）。これは、出雲での原始的国家の登場と軌を一にするものの、時期的に考えると、当時の邪馬台国など北九州の倭人連合との関係は、距離などの諸事情からは、交流があっても、その勢力圏とするのは無理そうである（出雲を魏志倭人伝の「投馬国」とみるのは、可能性としてはあるが、疑問も残る。とくに四隅突出墳墓関係では、北九州で顕著な漢鏡の出土も知られない）。

天目一箇命兄弟を祖とする部族も出雲東部で同じ墳墓型式を受容し、上記の荒島丘陵などの墳墓群で同型墳墓（仲仙寺九号墓・十号墓が代表的）としてほぼ同時期に現れる。その意味で、出雲の東・西の両勢力並立というより、緩やかながら出雲は統合ないし連合していたとみられよう。備後北部の三次盆地・庄原盆地にも同型式の墳墓が十五基ほどあり、出雲でも荒神谷付近に荘原《しょうばら》の地名があるから、この墳墓形式も同じく出雲と関係する（三次あたりの同型墳墓が弥生Ⅳ・Ⅴ期で、総じて出雲に少し先立つとされている）。

弥生末期にこの墳墓型式が遠く北陸地方まで及んだことを考えると、それより早い時期の大穴持命の時代に出雲が大和王権に国譲りしたはずがなく、この者の死後でも出雲は勢力圏（ないし影響圏）を保ち、さらに拡大したとみるのが自然である。越の方面では、能登半島西岸の石川県志賀町の潟湖・福野潟の湖岸だった地や上流の川筋に、出雲神を祭る古社が十社ほど分布し、最奥部に出雲の地（旧村）があって、古代出雲から海を渡ってきて出雲神社を創祀したと伝わる。これは、岡本雅享氏の指摘であるが、具体的に何時なされた活動なのか不明であり、それが大穴持命の時代とは言い難い。能登国の羽咋郡には、「大穴持」の名を冠する古社があり（大穴持美代神社、大穴持像石神社）、これらはその後裔が奉祀したものか。大和方面でも、大穴持命の子孫たちが播磨を経由して畿内大和に勢力をもったと認めても、これら地域が出雲と一元的に支配されたとは思われない。

最近、出雲西部の出雲市の**青木遺跡**（出雲郡伊努郷域。斐伊川西岸の東林木町にある上記都我利神社の南方近隣にある弥生～平安期の遺跡）から、弥生後期の近畿式銅鐸片（墓穴から出た初例）と四隅突出形墳丘墓四基、さらには須恵器、木簡（吉備部忍手・日置臣鷹・日置永床・財部小椅継などの名も記載）や墨書土器、神社建築跡と考えられる遺構まで出た。

なかでも青木四号墓は出雲では最古級で、弥生時代中期後葉頃の最古型式の四隅突出型墳丘墓とされる（島根県埋蔵文化財調査センターの平成十六年一月の発表）。この具体な年代評価（紀元前一世紀頃ともいう）は、年輪年代法による算出年代値（百～百五十年ほどの遡上傾向）に引っ張られたようであり、拙見では、二世紀代前半頃のもので、西谷三号墓が二世紀半ば頃とみられる。西谷墳墓群は、弥生後期後半以降で、二世紀後半から百数十年間ほどの存続だと総じてみられている（弥生時代中期以降の具体的な年代評価は難しい）。

出雲西部の前期・中期の古墳

出雲市東林木町あたりの地域重要性から言うと、この地に出雲西部で古墳前期最大の前方後円墳である大寺古墳（大寺一号墳。全長約五〇メートル）がある。前期後葉頃に推定される同墳の築造年代から言うと、近隣の縣神社と関連して大和王権の出先的にこの重要地を押さえた者の存在が推される（上述）。同墳の遺物は、鉄斧・鍬先・鏃くらいしか知られない。

出雲平野では神西湖東側の丘陵には、山地古墳（古墳時代前期後葉頃の径二四メートルの円墳）があり、筒形銅器、二神二獣鏡、珠文鏡、碧玉製管玉などの豊富な副葬品が出土した。その東方近隣に浅柄Ⅱ古墳・浅柄北古墳などがあり、これらは神門臣氏一族関係の墳墓か。

これらに続く中期古墳は、大寺古墳付近にめぼしいものがなく、健部郷域にある神庭岩船山古墳があげられる。出雲市斐川町荘原・神庭にある前方後円墳であって、墳長復元が五〇ないし六〇メートルほどと推されている。舟形石棺の蓋石が出ているが、副葬品は知られず、築造時期は円筒埴輪片などから五世紀代と推定されている。その南西五百メートルに小丸子山古墳（径三一メートルの円墳）がある。これらの南方五キロほどに荒神谷が位置する。

これら諸古墳から西方に離れた出雲市東神西町北光寺にあるのが北光寺古墳で、中期中頃の前方後円墳（全長六五メートルという）とされるが、地域的に見て神門臣氏の墳墓か。

六世紀中葉頃から七世紀初頭の出雲では、意宇中心の出雲東部地域の古墳にほぼ拮抗する規模の古墳が、出雲西部地域でもやっと見られる。これら諸古墳は、地域により墳丘形状で様相を異にし、東部が出雲に伝統的な方墳・前方後方墳なのに対し、西部では円墳・前方後円墳となっていて、大和王権に従属的な形状であることに留意される。既述だが、出雲西部の大古墳を日置部関係とみる見解があり、水野祐氏もそのようにみる。

縣神社と出雲積

天平の「出雲国大税賑給《たいぜいしんごう》歴名帳」を見ると、出雲積・出雲積首という系譜不明の姓氏を名乗る人々が見られる。出雲郡南部の出雲郷あたりには、「出雲積」を姓氏とする者が多く見える（前田晴人氏が指摘。『古代出雲』二〇〇六年）。ただ、島根県教育委員会が一九九九年度から始めた出雲国府跡の発掘調査では、井戸の下層から、「東殿出雲積大山、伊福部大」と記された木簡も出ており、「出雲積」の分布が出雲西部だけとは言い切れない。

現存史料では、「出雲積」は、出雲郷周辺に集中しており、出雲大社の膝元杵築郷にも見えないし、神門郡にも神戸里に一戸あるだけで、他郷にみえない。しかも首（おびと）姓の「出雲積首」を持つものは出雲郡出雲郷だけに限られ、その大部分は朝妻里にあった。律令制の施行に当たって出雲郡の郡家がここ出雲郷に置かれたのは、この氏と深い関係があると思われる。出雲郡に縣神社が残るのも、これが出雲西部服属の傍証なのかもしれないことは先にも述べた。この辺も問題意識として、まだかなり残る。

「□□積」という形の姓氏は、原始的姓ともみられ、管見に入ったところでは、穂積→穂積臣（物部連の本宗）、アヅミ（葦積、阿志積か）→阿曇連、津積→尾張連・津守連、といった原始的姓からの姓氏変遷が考えられる。そうすると、出雲積は出雲臣のそれではないかとも疑われるが、上記「大税賑給歴名帳」が出雲・神門両郡の部分しか現在に残らず、東部では意宇郡の出土木簡に出雲積が一名見えるだけなので、出雲国全体の分布もよく知られない。そして、出雲国造・出雲臣が東部の意宇郡から後に出雲郡に移遷したという事情を踏まえれば、出雲郡出雲郷は本来の故地ではないようなので、出雲積という原始的姓を名乗るだろうかという疑問も出てくる。この疑問が、当初からつきまとって離れないので、的確な判断を下せないまま、ここまでのところを記述しておく。

いったい、「出雲」という地名や氏の名は、実際に大穴持命の系統が担ったのか、あるいは天夷鳥命（天御蔭命）の系統のほうが担ったのではないか、という根本問題がある。出雲国造家の初期分岐で東国系統などの動きや祭祀・遺跡などを見ると、もともと天夷鳥命の系統が「出雲」の名義を担った可能性がありそうでもある。そして、当該系統には水神・井泉や巨石・鍛冶神への信仰・祭祀が顕著であった。

こうした事情から、イヅモの語源として、「井積、泉、井泉」とか「石積」「鋳積」というものや、「イツツミ（厳積、出積、伊豆積）」から転訛した可能性も留保しておきたい（例えば、阿曇は、海積からの転訛を考える向きが多そうだが、私見では「葦積」〔↑葦原中国〕に由来する可能性が大きいとみる。その場合、積の後にカバネの連が付いたとしたら、井積などの後にカバネの首が付いても不思議ではないし、穂積氏もその後ろに臣姓が付けられた）。

〔一応のまとめ〕

第一部では、山陰道の出雲を中心に出雲国造一族を主に取り上げて記したが、いくつかの問題意識も残った。その辺を、次の第二、三部で早くに分かれた東国支流などを含めて、総合的に更に検討していきたい。

ここまでは、出雲国造家の先祖について、本来の名は天穂日命ではなかったこと、及び記紀に記される「天孫降臨」を別の視点から総合的に考えてみて、その舞台が本来は出雲（島根県）ではなかったこと、などを論証してきた。地名や考古学的知見、氏族分布・祭祀状況等の検討を通じて、出雲国造とその関係諸氏について改めて認識したことも多い。

東の出雲臣氏一族と西の神門臣氏一族との関係では、古墳の形状など考古学的にみて別系統であった可能性は、当初から考えていた。様々な角度から再検討したところでも、出雲氏と神門氏とが本来、別系統であって、初期は二系統として続いたとみられる〔註〕。これを含め出雲国造の系図、とくにその初期段階の個所には複雑な混同があって、二系統が遂には同一氏族化したような系譜をもつこと（上古関係の系図では、皇室や吉備氏族などに匹敵するほど複雑で、最大級の難解度か）を明確に認識した。

古墳については、神門臣氏が古墳時代の間、勢力をいつまで保ったかにかかるので、出雲西部の諸大古墳がこの氏の関係とは必ずしも言えない。あとから出雲・神門両郡一帯に入ってきた日置部臣氏が被葬者の可能性を先に述べた。

〔註〕西の神門臣氏と東の出雲臣氏の初期段階の系譜を、一試案として二系統に分け、敢えて推測してみると、

次のようなものか。原型が二系統ではない場合は、傍系相続の混在が直系のように記された可能性もないでもないが、出雲氏には海神族と天孫族の二つの流れがあるようで、二系統説に傾く。

①神門臣氏系統……海神族、筑前の大己貴神の後裔。出雲では、味鉏高彦根命を初祖とする。「味鉏高彦根命―大穴持命―櫛八玉命―櫛瓶前命（出雲色命。神武朝時）」と続き、それ以降は「―櫛月（久志和都）―櫛瓶鳥海―櫛田―出雲櫛根（久志祢）―出雲振根」（「命」を省略）で崇神朝に至る。

このうち、「出雲久志祢」は国造家の歴代には見えないが、一伝に櫛田の弟で出雲宍道直の祖とあり、世代数を考えて、櫛田と出雲振根とをつなぐ者として考えてみた。

②出雲臣氏系統……天孫族、筑後の天照大神（天活玉命）の後裔。出雲では、経津主神（天鳥船命、天夷鳥命、天目一箇命）・少彦名神の兄弟を初祖とする。出雲国造につながる系譜は、天夷鳥命以降では、「伊佐我命―都我利命（津狭命。神武朝時）」と続き、それ以降は「―知理―世毛呂須―阿多―須我祢―飯入根」（「命」を省略）で崇神朝に至る。

このうち、阿多（阿陀宿祢）は日置造久米麻呂の祖として『三代実録』に見え、天孫族の系統と分かる。須我祢（須義祢）は『出雲国風土記』に宇乃遅命の祖（親）として見えるが、宇乃遅命の活動時期が崇神朝とされるから、実際にはこれが飯入根の近親とみて、世代数を考え一案として、阿多と飯入根とをつなぐ者に考えてみた。少彦名神の後裔も若干、出雲に残るが、ここでは省略する。

第二部

土師氏や畿内の有力同族諸氏

一　野見宿祢の活動と後裔の土師氏

出雲国造家の有力支族で中央で活動したのが土師氏であり、土師部（土部）の伴造氏族であって、垂仁朝頃の野見宿祢を祖先とする。主に古墳の造営・管理や葬送儀礼に関った氏族であるが、その活動は軍事・外交などにも及んでおり、これら事績を以下に見ていく。

野見宿祢の王権への出仕

野見宿祢の活動事績は、『書紀』では垂仁朝に二つあげられており、最初は出雲から召喚され角力（相撲）の勝者となったこと、次ぎに日葉酢媛命の葬儀に際し、「埴輪」を考案し、その職功で土師臣の姓を賜ったこと、である。

角力の伝承は、宮廷の古代年中行事で七月七日に行われる相撲節会《すまいのせちえ》の起源説話とされる。『書紀』によれば、垂仁天皇の七年七月七日に、当時無双を誇った当麻蹶速《けはや》と相撲をとるため、倭直祖長尾市を遣わして出雲から大和に召し出し、試合をしたが、互いに蹴り合った結果、野見宿祢が蹶速の腰を踏み折り蹴殺して勝ち、その領地を賜わり、以後は大和にとどまって垂仁天皇に仕えたという。蹶速の領地・出自は不明だが、大和の葛城地方の当麻の地（現・奈良県葛城市當麻）が、伝承（當麻には、蹴速の屋敷跡とか墳墓という蹴速塚がある）に言うように、その居地だとしたら、「天神本紀」に見える八十物部の一、当麻物部の出なのかもしれない。葛下郡（現・香芝市域）の良福寺付近には、「腰折田伝承地」もある（『大和志』）。

北東アジアの高原には、武技として相撲の伝統があり、蒙古相撲（「ブフ」と呼ぶ伝統的な立技組技系格闘技）も知られるが、今の相撲とは異なる荒々しいものであった。東夷系の流れを汲む天孫族の一派、出雲氏族にふさわしい武技であった。

土師氏の早い本貫地が河内国志紀郡土師郷（現在の藤井寺市・羽曳野市の地域）の道明寺一帯とされており、大和の葛城地方には古代土師氏の居住が知られないため、当麻蹶速の領地全てをもらったという所伝は疑問な面もある（古墳の石室などに用いる石材を供給する二上山の支配権が、在地の当麻氏から野見宿祢一族に移ったことを示すとの見方もある）。ともあれ、この武闘事件が縁で土師氏の先祖が畿内に来たことまでは否定しがたい。土師氏後裔の菅原氏から出た公家の五条家は、野見宿祢の子孫である故に、中世では相撲司家となっている。

また、垂仁三二年七月条には、皇后日葉酢媛の死に際して、人や馬など様々な形の埴輪（土偶）をもって殉死に代える案を献言し、土部百人を出雲から呼び寄せ、土師の職に任じられて姓を土師臣（土部臣）とされた、と『書紀』に見える。埴輪が殉死者の代用品とされたという所伝は、弥生

「腰折田伝承地」の碑（香芝市良福寺）

時代後期の吉備地方の墳丘墓から出土した特殊器台や特殊壺が円筒形埴輪に変化して更に動物・人物に変わったという経緯や考古学の知見から見て、疑問視されがちだが、埴輪に殉死代用品という意味づけを与えたこともあってよい。垂仁朝の時点で土師臣という「姓をもった氏」が現れたとは考え難いから、臣姓抜きで、たんに「土部」と名乗ったものであろう（日葉酢媛の死去も、実際には垂仁朝とはみられないから、この死去に際して氏を賜ったのなら、もうすこし後代であろうし、垂仁朝のことなら、実際の死去者は、垂仁廿八年条に見える皇弟・倭彦命で、このほうが殉死の話しにうまくつながる）。

殉死の風習もその後もわが国で見られており、まったく廃絶になったわけでもなかった。出雲国にはもともと土器製作の技術が上古から伝えられてきた先進地であり、同族の物部氏に関しても本拠の石上の布留遺跡あたりに布留式土器の出土が見られるから、土師氏が埴輪製作に関与・習熟したことはありうる。これを含め、古墳造営や葬送儀礼全般に関わり管掌したのが土師氏として、とくに問題はない。

『播磨国風土記』には、同国揖保郡の立野《たつの》（現・兵庫県たつの市）で「土師弩美宿祢」が病により死亡し、その地で埋葬されたと言う。たつの市には揖西町土師梶ヶ谷の地名があり、土師神社が鎮座する。初め保食神を祀る稲荷神社だったが、付近は往古土師一族の居住地で龍野町字日山に野見宿祢の墓と伝えるもの（鶏塚古墳で、別名が出雲墓）があって、その霊を土師部落の十町南方なる大陣原神社（付近に埴輪円筒片が多数出土）に祀ったが、これを稲荷神社へ合祀し、明治末期に現在地に遷座して社名を土師神社と改めたという。その東方近隣に菅原神社もある。たつの市の野見宿祢神社は龍野神社に合祀されている。

播磨には、畿内と出雲との往復路が通じていた（出雲国と播磨国を結ぶ古代のルートは、①山陽道を通じる経路〔石見銀山街道〕、②美作支道と延長ルート〔後の出雲街道〕が考えられ、揖保・飾磨郡あたりの地は双方の交通路の結節点的な位置にあたる）。たつの市御津町中島の権現山五一号墳（四世紀半ば頃の前方後方墳で、墳丘長約四三㍍）から、最古の円筒埴輪である都月型円筒埴輪（特殊器台形埴輪）・特殊壺型埴輪や三角縁神獣鏡五面（椿井大塚山・備前車塚と同型鏡あり）、鉄剣等鉄製武器などが出土している。兵庫県には姫路市に香寺町土師の地名もある。なお、大和にも磯城郡に出雲の地名があり、野見宿祢の墓があると伝える。

因幡国高草郡（現・鳥取市域）には、式内社の大野見宿祢命神社（鳥取市徳尾に鎮座）があるほか、この地域に野見宿祢の後裔一族が繁衍した。同郡には、式内社の天穂日命神社、天日名鳥命神社、阿太賀都健御熊命神社（御熊神社）も鎮座しており、これらは野見宿祢の後裔一族が奉斎したとみられる。中田憲信編纂の諸系図では、野見宿祢の子の三熊臣の子孫から高草臣・秋鹿臣などの諸氏が出ている。高草郡の能美郷（濃美郷。千代川の下流域西岸地域が想定されていて、鳥取市安長・秋里・江津・徳尾などの地域にあたる）が野見宿祢と関係があるようで、この郷域に大野見宿祢命神社が鎮座する。因幡国には、八上郡及び智頭郡に土師郷があると『和名抄』に見える（八上郡は、大国主神が求婚したという八上姫でも知られるが、この辺まで上古出雲の勢力が及んだ可能性もあるが、本書ではあまり触れない）。

野見宿祢の嫡子・阿多勝は又名を若桑足尼というと系譜に見えており、この名前は『姓氏録』和泉神別に掲げる民直について、「同神（天穂日命のこと）の十七世孫、若桑足尼の後」と見え、系譜には阿多勝の子の小熊臣について「民直祖」とあって、これとほぼ符合する（「十七世孫」は過大な世代数となっているが、野見宿祢の「十四世孫」も過大である）。

そもそも、野見宿祢の系譜は、『書紀』には、天穂日命の子孫で、飯入根命の弟・甘美韓日狭の子と記される。出雲国造家には、第十三代とされる出雲国造・襲髄命（鵜濡渟の子）と同人とする所伝もあるが、これは誤りか後世の転訛、仮冒である。なお、土師氏が葬送儀礼全般に関わったことから、「死の国（黄泉の国）」と観想された出雲国に結びつけ、祖先を出雲出身に結びつけたという見方もないではないが、この辺は妄想のしすぎである。土師氏と出雲氏との同祖関係を「倭屯田の経営従事」を背景に後世に形成されたとの見方もあるが、因幡での祭祀分布など上記の諸事情から見て、こじつけにすぎない。

土師氏の活動

野見宿祢の曾孫の身臣《むくろ》は、仁徳天皇より土師連姓を与えられたと伝える。『書紀』仁徳六〇年条（五世紀前葉）には、白鳥陵の陵守どもを役丁に充てたところ、陵守の目杵《めき》が急に白鹿に化身して逃げ出す異変が生じたので、元のまま陵戸にとどめ、この陵守ら陵戸の管掌を土師連に任せた、と記される。いま白鳥陵と呼ばれる古墳は、倭建命の陵墓で伊勢、大和の琴弾《ことびき》原（御所市富田）や河内の旧市邑（大阪府羽曳野市軽里の軽里大塚古墳〔前の山古墳〕）にあるが、この記事に見える当該墳とは、同じ古市古墳群のなかにあっても、津堂城山古墳（藤井寺市津堂）ではなかろうか。土師氏居住地の近くにあって、築造年代的にも妥当であり、周濠内の島状遺構（方墳形の祭壇）から三体の大型の水鳥形埴輪が出土した。

雄略九年五月には、韓地での大将軍紀小弓宿祢が死去したので、大伴室屋大連は勅を奉じて土師小鳥連にその墳墓を田身輪邑《たむわ》（和泉の淡輪）に造らしめた。

雄略十七年三月には、土師連の祖吾笥《あけ》に命じ、朝夕の御膳を盛るべき清器を進めよとして、摂津国来狭狭《くささ》村、山背国内村・俯見《ふしみ》村、伊勢国藤形村及丹波・但馬・因幡の諸国に私民部を設置させ、これを贄土師部と名づけた。『姓氏録』には大和神別に**贄土師連**をあげて、「天穂日命の十六世孫意富曽婆《おおそば》連の後」と見える。系図には、吾笥連は小鳥連の弟として、伊勢国に居したとあり、兄弟の父が意富曽婆連と見える。伊勢では、河曲郡に土師邑があり、同地に式内社の土師神社が鎮座する（鈴鹿市土師町に土師神社があり、天穂日命を祀るという）。丹波には天田郡に土師郷・土師川があり、菅原道真を祀る土師天満宮（京都府福知山市土師町）がある。贄土師部が製作したのが贄土師韓竈《からかま》であり、出雲国出雲郡に式内社の韓竈《からかま》神社があって（後述）、出雲大社の北東近隣に位置し、素盞鳴尊を祭神とする。

土師氏は軍事にも活動しており、土師連磐村は崇峻天皇の即位前に佐伯連丹経手《にふて》らとともに、兵を率いて穴穂部皇子の宮を攻め、誅殺したと見える（『書紀』崇峻即位前紀）。

推古十一年（六〇三）二月に征新羅大将軍の来目皇子が薨じたので、周防の娑婆へ土師猪手連を派遣して殯事をさせた。これに因み、猪手連の子孫はこの周防国佐波郡の地におり土師娑婆連を名乗る。猪手連は更に皇極二年（六四三）九月には、吉備嶋皇祖母命（吉備姫王で、皇極の生母）が薨じたので、詔によりその喪を執行させており、同年の十一月の上宮王家襲撃事件では、巨勢徳多臣に従って百名の兵で斑鳩宮を攻めるが、奴の三成に討たれて戦死する。冠位は大仁を授かった。

白雉五年（六五四）十月には、孝徳天皇が崩御したので、小山上百舌鳥《もず》土師連土徳が殯事を管掌した。その父の菟連は、推古十八年紀に土部連菟（秦造河勝と共に新羅使者の導者を務める）と見える毛受《もず》腹の祖であった。

この辺が大化前代の『書紀』等に見える記事であるが、孝徳紀には蘇我石川麻呂の討伐軍勢に土師連身が見え、持統紀には百済救援軍のなかに土師連富杼《ほど》がいた。壬申の乱では、大海人皇子側に土師連馬手や土師連真敷があり、近江朝廷側には土師連千島があった。天武十三年（六八四）の八色の姓制定の際には、土師連は宿祢姓を賜与された。なお、「土部、土師」の表記は、平城京等から出土の木簡などから考えると、八世紀前葉に「土部→土師」と変わったとみられる。平安後期に暦博士の菅原陳経《のぶつね》執筆による『菅家御伝記』（嘉承元年〔一一〇六〕成立）にも、天武朝に大唐学生土部連甥が土部宿祢を賜姓したと見える。

『続日本紀』で葬送関係で見えるところでは、次のようなものがある。

①葬送関係の行動では、土師宿祢馬手（和銅三年〔七一〇〕に叙従四位下）、土師宿祢根麻呂が見える。

②諸陵頭に任じた者では土師宿祢千村（秋篠安人の父。後に大学頭従四位下）、土師宿祢三目（御目。甥の弟）、土師宿祢牛勝（宇庭の弟）が見え、諸陵助では土師宿祢位、土師宿祢和麻呂が見えており、ほかに『大日本古文書』に諸陵寮大属の土師宿祢年麻呂、喪儀司佑土師宿祢吉足も見える。奈良県橿原市高殿町の藤原宮跡内裏東官衙地区から出た木簡には、「諸陵司□召土師宿祢廣庭、土師宿祢国足、土師宿祢大海□四人」の記事が見える。

土師氏は外交にも関与しており、先にあげた土部連菟のほか、孝徳朝に遣唐送使になりながら遭難した土師連八手、文武朝の大唐学問生の土師宿祢甥、元正朝の遣新羅大使土師宿祢豊麻呂が六国史に見える。

土師氏の本拠地

土師氏は土器や古墳造築の技術に長じており、河内・大和などの四世紀代から六世紀代ほどの古墳時代において、古墳や葬送儀礼に関った。この主要居住地が大阪府藤井寺市の三ツ塚古墳を含めた道明寺一帯とされており、「土師の里」と呼ばれた。

「三ツ塚古墳」は、藤井寺市道明寺六丁目に所在する三基の方墳群で、道明寺や道明寺天満宮の西方近隣にあって、東から順に八嶋塚古墳、中山塚古墳、助太山古墳という三基が東西に並んでおり、これらを総称してこの名がある。八嶋塚・中山塚の二基の古墳は、ともに一辺が五〇メートルの方墳であるが、現治定が仲姫命陵（仲津媛陵）とされる巨大古墳（仲津山古墳。実態は仲哀天皇陵で、四世紀末頃の築造か）のすぐ南側に位置することから、その陪塚とみられてその指定をされる。仲姫は、応神天皇妃で仁徳天皇の母とされる皇族である。

この三基の古墳の築造時期については、議論が種々あり、仲津山古墳の築造とは関係がないとして年代推定をするのが妥当か。出雲に特徴的な方墳の型式にも注目され、土師氏一族の墳墓とみられる。仲津山古墳外堤の南斜面から東へ延びる埴輪窯跡群も、土師の里遺跡に含まれ、古市古墳群と密接に結びついている。

八嶋塚古墳と中山塚古墳の間の周濠からは、「**修羅**」の原型とみられる木製のソリ（長さ八・八メートル

土師の里駅

の舟型のアカガシの材）が昭和五三年（一九七八）に出土した。この道具は古墳の築造、とくに古墳の石棺や石室の大形石材など巨石や重量物の運搬に使用されたものと推定される。遺物の時期については、共伴物が知られないので定め難いが、周濠埋土が六世紀のものだとして、その同時期かと修羅も考えられているが、異説もある。

㊤道明寺天満宮（大阪府藤井寺市）
㊦同社境内に展示された復元修羅

道明寺天満宮は土師神社の地域にあり（前身とまではいえないか）、道明寺は土師氏の氏寺であった。その境内の元宮土師社は、天夷鳥命を主神に大国主命・野見宿祢を配祀して、天夷鳥神社とも呼ばれた。天安二年（八五八）三月に従五位下を授けられた天夷鳥神（『文徳実録』）に当たるとみられる。

河内道明寺の寺伝によれば、六世紀末に土師連八嶋が自宅の一角に土師寺を建てたのに始まり、後に菅原道真に因み道明寺と改称され、道真の叔母にあたる覚寿尼（俗名は康子）などが管理した。菅原氏は大和に遷っても、この地に由縁を持ち続けたことになる。

　身臣の七世孫の土師宿祢甥は留学生として唐朝に遣わされ、帰朝後には律令を撰修した。その孫が土師宿祢古人である。

　『続日本紀』によれば、桓武天皇の母方の祖母・土師真妹《まいも》は、山城国乙訓郡大枝郷（現・京都市西京区の大枝地区）の土師氏一族の出身である。その娘の高野新笠が、白壁王（即位して光仁天皇）との間に桓武天皇・早良廃太子などを生んだ。この縁由で、土師氏の一族は、桓武天皇から姓氏を賜与されて、真妹の実家は大枝氏を、他の一族は菅原氏・秋篠氏を与えられ、諸流に分かれて栄えていく。

道明寺（大阪府藤井寺市）

土師氏同族の分布と活動

　土師氏には主に四腹（四系統）があったことが、菅原朝臣等の賜姓記事（『続日本紀』延暦九年〔七九〇〕十二月条）により知られる。その記事等に拠ると、「四腹」は次のように解されている。この支族分岐は、乾飯根命の子、野見宿祢の七世（六世孫）、大保度連の後に四家に分かれると『姓氏録』（右京神別・菅原朝臣条）や系図に言う。

①**河内国志紀郡土師郷**の系統……七世紀後半には、氏寺として土師寺（道明寺）を建立。その支族は同じ河内国の丹比郡土師郷にも居住した。古市古墳群のある地域で、土師氏の古い本拠地とみられる。この系統は土師宿祢で残る。

②**大和国添下郡菅原郷**の系統……大保度連の子（ないし孫）の八島連の流れで、天応元年（七八一）六月に菅原宿祢に改姓して、後の菅原朝臣につながる系統。菅原の系統は、天武～持統朝の甥連のときになって河内国志紀郡から移遷したもののようであり、中世の菅原姓公家では宇庭以降の系を伝える。他の一族では旧地に残ったものもあった。

佐紀盾列古墳群に近い地域で、奈良市西部の菅原町を含む一帯であり、添下郡式内社の菅原神社が鎮座する。当地から良質の埴土が採れ赤膚焼の窯にも近い（『奈良県の地名』）。垂仁天皇陵墓に治定される菅原伏見東陵（蓬莱山古墳）は菅原町近くの尼辻町にあり、安康天皇陵墓に治定される菅原伏見西陵は近くの宝来町にあるが、この現在の治定には疑問が大きいとみられている。

菅原神社。〝菅原公生誕の地〟とされる。
（奈良市菅原町）

③**大和国添下郡秋篠郷**の系統……八島連の兄弟の兄国連の流れで、延暦元年（七八二）五月に秋篠宿祢に改姓。同じく佐紀盾列古墳群に近い地域で、奈良市西部の秋篠町を含む一帯（菅原町の北方一、二キロで、郷域としてはほとんど隣接していたか）。氏寺かともいう秋篠寺の北西近隣には、奈良時代の中山瓦窯跡もある。

④**和泉国大鳥郡土師郷**の系統……八島連の兄弟の菟連の流れで毛受腹といわれ、延暦九年（七九〇）十二月に土師宿祢から大枝朝臣を賜姓した。桓武天皇の外祖母の土師宿祢真妹（菟連の孫の富杼連の娘）が正一位を追贈された際に当該賜姓となったもので、この時に菅原宿祢・秋篠宿祢も朝臣姓を賜った。大鳥郡土師郷は百舌鳥古墳群の地域で。現在の堺市中区の土師町・土塔町、同北区の百舌鳥陵南町・百舌鳥梅町の一帯にあたる（土師ニサンザイ古墳〔反正天皇空墓として陵墓参考地に治定〕を取り巻く一帯。『大日本地名辞書』など）。

天平十年（七三八）四月の「和泉監正税帳」（「正倉院文書」）には、大鳥郡の郡司主政に外七位上土師宿祢広浜の名が見える。平安前期の『姓氏録』には、和泉神別に土師宿祢・土師連が掲載されており、大枝朝臣の賜姓後も土師を名乗る氏がこの地に存続した。

秋篠寺（奈良市秋篠町）

大鳥郡で石津郷にも同族の石津連が居り、石津太神社（式内社で、論社の一つが石津神社であり、堺市堺区石津町に鎮座）を奉斎した。現在の祭神は八重事代主神、天穂日神等とする。その族人は、天平宝字二年七月の経師に石津連真人が見え（『大日本古文書』）、石津氏が明治期の退転まで石津神社の祠官家であった。

石津郷の東部の洪積台地は百舌鳥古墳群の中心部であり、上石津ミサンザイ古墳（履中陵に治定。石津ヶ丘古墳ともいう）などの古墳が集中する。石津川の上流の泉北丘陵は、須恵器の一大生産地帯で、多くの窯跡が密集する（『大阪府の地名』）。

⑤**周防国佐波郡**の系統……八島連の弟の磐村連の流れで、その子の推古朝の人、猪手連のときに葬礼任務で佐波郡に遷り、土師娑婆連となる。子孫は土師宿祢を名乗って、長く周防国衙の在庁官人としてあった。上記の「四腹」を畿内に限れば、①～④の流れとなるが、①河内国志紀郡が後に有力な氏を出さず、菅原氏の別地だとみれば、⑤を加える。

周防では式内社、周防二宮の出雲神社を奉斎した。同社は佐波川上流右岸の山口市徳地堀に鎮座する。いまは大己貴命・事代主命を祀るというが、本殿左右に末社の宇佐八幡宮と若宮八幡宮がある配置だから、原型の祭神から変わった可能性もある。同社は、出雲族の佐波川流域への展開に伴い、祖神を鎮祭したものと考えられており、先に出雲国造族の日置部臣や佐波臣が当地に来て住み（『和名抄』には佐波郡に日置郷が掲載）、その後に土師娑婆連が居住したという経緯があったか。元正天皇の霊亀元年（七一五）の鎮座と伝えられるが、前史は不明である。神饌水は社叢（神社の森）の麓の湧水で、「神宮寺の名水」とされる。これが、秋の大祭における伝統的な特殊神事（七曲、七拾五膳の神事）に用いられてきた。周防国府の松崎天神社（防府八幡宮）の奉斎にも関与した（後述）。

武光誠氏は、土師氏の「勢力圏の中心は、防府天満宮のある天神山の麓、東佐波令にあったとみるのが妥当であろう」とし、防府天満宮境内で社殿背後にあった天神山古墳（消滅）と、それに近い天神山西北麓の石槨が露出した円墳が土師氏が残したもので、近隣には既に破壊された古墳もあるとの可能性も言う。天神山古墳は環刀太刀柄頭・金メッキ馬具などを出土した比較的有力な古墳で、七世紀初頭以後に築かれたと推測される。防府平野の海上交通による交易の利益を求めて佐波川流域を南下し、七世紀初頭に東佐波令まで勢力を拡大した、という見解を示される。基本的に肯かれるが、土師娑婆連の到来前に出雲国造族の同族が当地に来ておれば、時期はもう少し繰り上がるのかも知れない。

佐波郡内では、右田の熊野神社（防府市上右田。室町前期に勧請と所伝）の境内社として出雲社があり、「式内出雲神社」の銘がある。山口市徳地堀から見て佐波川下流西岸であって、防府八幡宮の北方近隣に位置する。下右田の対岸の高井には、同郡式内社の剣神社があるから、これも出雲・土師氏の同族が奉斎か（祭神は素盞嗚尊というが、ツルギヒコ〔都留支日子〕こと天目一箇命か）。

出雲から周防の佐波郡に至る道筋の経過地点に、備後の三次盆地・庄原盆地があった。この地域では、三次市に熊野神社（畠敷町）・須佐神社（布野町横谷）・小童須佐神社（甲奴町小童《ひち》）・杵築神社、庄原市に熊野神社があり、荒神信仰がある。四隅突出型墳丘墓の分布も、庄原市に四基、三次市に十一基、と合計十五基が見られる。この観点から、佐波郡内で「須佐神社」を探してみると、現社名を老松神社というのが防府市お茶屋町にあり、当初は須佐神社と称したが貞観年間に改称し、娑婆氏がこれを祀ったと伝える。

二　菅原氏及び大江氏の活動

菅原朝臣の賜姓

平安時代初期の土師古人一族が大和国添下郡菅原邑に住んでいたことに因み、以降、菅原氏を名乗る。天応元年（七八一）に、阿波守土師宿祢宇庭の子で従五位下遠江介の古人、散位外従五位下道長等十五人が上奏して、居地の名により菅原宿祢姓を賜り、次いで延暦九年（七九〇）には菅原宿祢道長らに朝臣姓が賜与された。

菅原朝臣姓の堂上公家六家から明治期に提出された家譜や『尊卑分脈』『群書類従』所載の菅原氏系図では、宇庭から以降の歴代を伝えるも、それ以前では具体的に歴代の記載がない。このため、この一族が何時から菅原邑に住んだかは不明であるが、「菅公系譜」には、宇庭の父の甥について、居大和国添郡菅原郷とし、文武天皇

垂仁天皇の菅原伏見山陵とされる宝来山古墳
（奈良市尼辻町）

朝に律令撰定で勤広参となり、和銅二年（七〇九）に叙従五位下と記される。

先にあげた『菅家御伝記』には、垂仁天皇が崩御して菅原伏見山陵に葬り、この喪葬の件を野見宿祢が主担したので、「爾来土部氏万葉居菅原伏見邑」と記されるが、この地になんらかの勢力拠点があったとしても、当初から長く土部氏主流が居住したとは思われない。しかも、古墳築造の年代等から考えて、垂仁天皇の真陵は纏向古墳群にあると拙見ではみる事情にもある。なお、同書には、土部宿祢甥の四世孫が遠江介古人だと記される。

菅原宿祢古人は、学問に優れ、文章博士・大学頭を歴任し、侍読を務めた。死後の延暦四年（七八五）十二月には、侍読としての功労により、四人の男子に対し学業に励むよう衣服と食糧が支給されている（『続紀』）。

古人の子・菅原朝臣清公は、延暦廿三年（八〇四）に遣唐使に随って唐に渡り学に励んで、翌年に帰朝した。文章博士から従三位左京大夫（非参議）まで昇進した（生没が七七〇～八四二〔承和九年〕）。その子の是善（生没が八一二～八八〇〔元慶四年〕）は文章博士より昇進して従三位で参議刑部卿をつとめ、菅原氏では初めて参議に列した。

特に有名なのが、是善の三男・道真である。道真は、宇多天皇の侍読をつとめ、遂には右大臣従二位に至った。阿衡事件で藤原基経を諫めたことを契機に、宇多天皇に目を掛けられ抜擢を受けて昇進し、寛平五年（八九三）には参議兼式部大輔に任ぜられて、公卿に列した。翌寛平六年（八九四）には再開検討がされた遣唐使が道真の建議により停止され、寛平七年に従三位権中納言、寛平九年（八九七）には権大納言兼右近衛大将に任ぜらた。

次の醍醐天皇の治世には、栄進して従二位右大臣にまで至るが、昌泰四年（九〇一）正月に左大臣藤原時平一派との抗争で大宰員外帥に左遷され、道真の男子は十人ほどもいたが、長男の右少弁高視をはじめ四人が土佐などへ流刑に処された（昌泰の変。『菅家御伝記』など）。道真は延喜三年（九〇三）に大宰府で享年五九で薨去した。道真の女子では、衍子が宇多天皇の女御、尚子が尚侍・尚膳、寧子が尚侍で斉世親王妃、などが知られる。

菅原道真の死後、世に天変地異が相次ぎ、道真左遷に追い込んだ関係者の相次ぐ急死・病死があり、さらには延長八年（九三〇）の清涼殿への落雷事件とその惨状を見た醍醐天皇が体調を崩し、その後に崩御するなどという凶事があった。この辺の諸事情が道真の祟りだとみられて恐れられ、道真の諸子も流罪を解かれ京に呼び戻された。以降

北野天満宮（京都市上京区）

太宰府天満宮（福岡県太宰府市）

は、菅原氏は中級の公家として存続する。道真一家の地位回復には、藤原氏の嫡流が時平の系統から、道真に好意的だった藤原忠平（時平の弟）の子孫に変わったことも関係する。

その後に復活した道真の子孫は代々、同族の大江氏と並んで「菅家、江家」として紀伝道（文章道）を家業として朝廷に仕える。菅原氏の氏神は、山城国葛野郡の北野天満天神社や筑前国太宰府の天満天神廟とされ、これらを管理したのが氏長者である。

菅原氏の子孫の動向

平安時代の中・後期では、紀伝道の分野で菅原氏は、大江氏に優位を占められがちであった。それでも、菅原文時（生没が八九九～九八一〔天元四年〕）。道真の孫で、大学頭高視の子）が従三位、非参議で式部大輔に昇り、次いで菅原輔正（生没が九二五～一〇〇九〔寛弘六年〕）。道真の曾孫で、右中弁淳茂の孫）が弁官や大学頭、式部大輔や円融・花山両天皇の侍読などの経歴の後に、正三位で参議大宰大弐にまで昇進して、北野宰相と崇められた。輔正の子の為紀も大学頭になったが、従四位下にとどまる。これら一部の例外を除いて、平安中・後期では菅原一族から公卿クラスに列せられることはなかった。

これが、鎌倉時代初期になって、**菅原為長**が正二位まで昇り、大蔵卿（同職は卅年超も在任）や参議にまで昇進して以降、地位が一変する。子孫一族は公卿に列せられる者を多く出すようになり、朝廷における紀伝道の要職を独占した。

この辺の経緯をもう少し言うと、鎌倉前期頃の為長は、従四位上大学頭菅原長守の子で、九条家の家司をつとめ、土御門天皇の侍読となり、以降五代の天皇の侍読を務める。菅原一族では、承元四年（一二一〇）に一歳年少の菅原在高が従三位に叙せられて、正暦三年（九九二）に叙位の菅原輔正以来二二〇年余ぶりに菅原氏から公卿を出したが、翌建暦元年（一二一一）には為長も続いて従三位に昇叙され、嘉禎元年（一二三五）には参議に任ぜられ、これも前出の輔正以来二二六年ぶりとなる。寛元四年（一二四六）三月に薨去し、享年は八九歳であった（生没が一一五八～一二四六）。為長の子には、高辻家の祖・長成、五条家の祖・高長などがいる。

その後は、近世に至るまでに高辻、五条、東坊城、唐橋、清岡、桑原の六家の堂上家（いずれも家格は半家）が分出した。東坊城家は五条高長の子の参議長経の子・茂長が祖であり、清岡・桑原両家は、ともに五条権大納言為庸の子から出ている。唐橋家は早い分れで、大学頭定義の四男式部大夫在良の九世、従二位在雅が始めて唐橋と号した。これら以外にも菅原一族の流れが多くあり、高位に昇った者もいるが、省略する。

氏長者は「**北野の長者**」と呼ばれ、一族最高位の公卿が交代で務めた。明応五年（一四九六）に九条政基父子が菅原氏の一員、唐橋在数を殺害した事件では、北野の長者の高辻長直が一門の公卿を率いて政基を告発する申状を朝廷に提出している。「北野の長者」とは、北野天満宮・太宰府天満宮などの社領の管理・安堵や、その関係の朝廷・幕府への口入による保証の獲得も重要な役割であり、戦国時代に至るまで天満宮領荘園の本所としての立場を維持し続けた。十五世紀末の上記唐橋在数の殺害事件以後では、唐橋家は衰退し、高辻・五条・東坊城家の中から長者が選ばれるようになった。地下の官人には、若江家、前田家、塩小路家などがあった。

秋篠氏の一族

併せて、秋篠氏についても触れておくと、参議にまで栄進した**秋篠安人**がいる。土師氏の流れを汲む人々なかでは、最初に参議に任じた者である。

安人の父は、諸陵頭、大学頭などを歴任した従四位下千村であり（菅原古人の兄弟とする系図もあるが、これは誤り）、『続紀』には、桓武天皇朝の天応二年（七八二）五月（八月に延暦に改元）に、少内記正八位上の土師宿祢安人の請願により、安人と兄弟男女六人に秋篠の氏が授けられた。延暦四年（七八五）八月に土師宿祢淡海と姉の諸主らにも秋篠宿祢が与えられた。延暦九年（七九〇）十二月には改氏姓された諸上らの大枝朝臣にならい、同月に菅原宿祢道長・秋篠宿祢安人等も朝臣の賜姓を受けた。

秋篠安人は、延暦六年（七八七）に少外記から大外記に昇任し、同十年（七九一）までその任にあった。官位は延暦八年（七八九）に外従五位下、同十年に内位の従五位下に昇叙され右兵衛佐兼大判事になる。官途は、少納言、左少弁、左中弁と、桓武朝にあって太政官の実務官僚を務める一方、右兵衛佐・中衛少将と武官も兼帯する。延暦十六年（七九七）には、菅野真道らと『続日本紀』を編纂して正五位上、延暦十九年（八〇〇）に従四位下に叙せられた。延暦廿四年（八〇五）には、菅野真道に続き参議に任ぜられた。

ところが、平城天皇朝では、大同二年（八〇七）に伊予親王の変に関与したとして、造西寺長官に左遷のうえ、他の官職は全て罷免されて、いったんは失脚する。それでも、翌大同三年に右大弁に復し、その翌年には左大弁に任ぜられた。嵯峨天皇朝に入ると、大同五年（八一〇）の藤原薬子の変の後には、参議に還任されて、左大弁・左兵衛督を兼任する。弘仁六年（八一五）に従三位に叙せられ、この間、嵯峨天皇の命により編纂された『弘仁格式』も手がけた。弘仁十二年（八二一）正月に薨去し、享年が七〇歳であった。

秋篠安人の後については系図で伝えるものがないが、史料には子女らしき者も見える（『続後紀』承和八年〔八四一〕に叙爵の五百河〔少外記の前歴が承和元～五年にある〕は息子で、同十一年に叙爵の氏永もそうか）。嵯峨天皇の皇子を見ると、「源清」は生母が正四位下秋篠高子の故に号「秋篠禅師」だと『本朝皇胤紹運録』に記載される。『続日本後紀』承和九年（八四二）に従五位下から正五位下に昇叙の秋篠朝臣康子には、「太上天皇更衣也」と見え、嘉祥二年（八四九）に正五位下から従四位下に昇叙の「京子」と同人であろう。「高子、康子、京子」のどれが正記か不明も（六国史を考えて、康子が穏当か）、年代的にこの女性は安人の孫娘ないし娘になるか。

以下に記す秋篠を名乗る人々もいるが、安人との関係は不明である。

延暦十五年（七九六）七月に、河内国の大枝朝臣（氏麻呂、諸上）・菅原朝臣（常人）・秋篠朝臣（全継）の諸氏の十一人を右京に貫付しており、同年十一月には、河内国志紀郡の荒田一町を正七位下秋篠朝臣清野に賜った。弘仁二年（八一一）三月に、河内国の従七位下土師宿祢常磐に秋篠朝臣の賜姓があり、まだ河内国に一族が居たことが分る。

一族で著名な人物は、始祖の参議秋篠朝臣安人や、僧・永忠（弘仁六年〔八一五〕に大僧都に補任）である。一族からは、弘仁三年（八一二）六月に左京人の従五位下秋篠朝臣上子・秋篠朝臣清子、右京人の従五位下秋篠朝臣室成・従七位上秋篠朝臣宅成ら、御井朝臣を賜姓した者も出ている。また、『続日本後紀』天長十年（八三三）二月条の秋篠朝臣雄継や秋篠朝臣吉雄のように、菅原朝臣に改氏姓したものもあった。

御井朝臣の「御井」は、河内国茨田郷三井郷に因むかと太田亮博士は言うから、御井朝臣賜姓の一族は、延暦十五年に河内から右京に移貫した秋篠朝臣全継の関係者か。

秋篠朝臣氏の族裔では、平安中期の延長七年（九二九）六月に内堅正六位上秋篠朝臣直平が東寺百合文書に見えるが（『平安遺文』）、これ以降には官人で史料に見えない。

室町期の応永廿七年文書（「一乗院坊人用銭・給分支配状」）に見える一乗院方衆徒の在地武士「秋篠尾崎、秋篠南」は、古代秋篠氏の末流だったか。戦国末期に筒井順慶が大和を統一するときに、添下郡の秋篠春藤がいて中坊氏麾下の将で見える（『姓氏家系大辞典』）。

地方の菅原姓武家諸氏

大宰府天満宮の宮司家に西高辻家（高辻家から入り、明治に男爵家）があり、その一族が筑前・筑後などにあった。地方には菅原姓を称する武家もかなり多くあり、そのうち、幕藩大名となったのは、加賀金沢藩主の前田氏、家康との縁由が強い久松氏、大和の柳生氏があげられるが、それぞれ系譜的には疑問な面がある。柳生氏については系譜の判断が難しいが、他の諸氏は殆どが系譜仮冒ではないかとみられる。これら諸氏のごく概略に触れておく。なお、肥前佐賀藩士から出た大隈重信や副島種臣も菅原氏の流れだという。

柳生氏：大和国添上郡柳生郷（現・奈良市東部の柳生地区）に起こり、『藩翰譜』や『寛政重修諸家譜』によると、柳生氏の姓は菅原姓とされ、道真の曾孫の紀伊守薫宣の後裔とする系図が見える。薫宣の孫の大膳亮永家が関白頼通に仕え、小柳生荘を預かる。柳生氏の事項が明らかになるのは南北期の播磨守永珍のころからで、後醍醐天皇の笠置山臨幸に参じたという。但馬守宗矩は、家康・秀忠・

家光の徳川三代に仕えて大名にまで立身した。
同族に中坊《なかのぼう》氏があり、飛騨守秀祐は筒井定次の配下にあった。主人定次の不行跡を徳川家康に訴えたので、定次は改易され、秀祐は南都奉行に起用されたものの、その翌年（慶長十四年〔一六〇九〕）に定次の旧臣に暗殺された。後裔は幕臣で『寛永系図』に見える。

美作菅氏：美作国の中世武士団で、美作菅家党ともいい、有元（有本）氏を主にして一族が多く、美作に広く繁衍した。この一党は実態では美作古族の流れをひいたと考えられ、後世になって公家の菅原氏に系譜附会をしたとみるのが穏当なところか。

前田氏：尾張国海東郡荒子村の城主で、美作菅党の分流・原田氏の末裔所伝が系図に見える。このほか、菅原輔正の子の忠貞の後とする所伝（『諸系譜』三十所収の「前田家系図」など）や、菅原道真が九州でもうけた子の子孫説もあり、それぞれに疑問である。利仁流斎藤氏末流の前田氏もあるが、これは前田玄以の出自であって、前田利家の系譜ではなく、異説が種々あるも採るに足らない。
これらのなかでは、美作菅家党の族裔というのが妥当性が高いが、この関係では、鈴木真年が編纂・書写した『前田家系図』（金沢市立図書館の加越能文庫蔵）がある。

久松氏：尾張国知多郡の阿古居城（坂部城。現・知多郡阿久比町）の城主で、系譜類では公家の高辻家一族の末裔とするが（『久松家譜』）、のちに一色氏との縁由で清和源氏の子孫とも自称した（一色氏から入嗣があっても、血脈は後ろにつながらない）。徳川家康の母・於大の方（伝通院）が久松俊勝に嫁して生んだ諸子（家康異父弟の松平康元、勝俊、定勝）が幕藩大名となり、江戸時代は松平（久松松平）

を称した。この祖系は探求しがたい面もあるが、実際の出自は知多郡の古族（和珥氏族の流れか）の末裔というところか。

清岡氏：菅原定義の子の輔方（蔵人所雑色）の後裔。菅原在長が南北朝期に尊良親王に従い土佐に下向したが、その族裔である。清岡公張《ともはる》は、通称は半四郎で幕末の土佐藩士で尊皇攘夷運動に奔走したが、明治時代の官僚で元老院議官などの経歴で、従二位勲一等子爵となる。先祖は、土佐国司一条公に、その後は土佐藩に仕えて同国安芸郡にあった。

大枝氏の朝臣賜姓

和泉の毛受腹といわれる系統が、後の大枝・大江氏につながる。祖の菟連の孫の土師連富杼《ほど》は、百済救援の白村江戦で筑紫君薩夜麻らと共に唐の捕虜となり、仲間の大伴部博麻の献身的努力で帰国ができた（『書紀』持統天皇四年〔六九〇〕条）。その子が祖麻呂・真妹（和史〔高野朝臣〕乙継の妻）の兄妹である。

桓武天皇が即位十年となった延暦九年（七九一）に、縁戚関係にある正六位上土師宿祢諸上《もろかみ》（桓武天皇の再従兄弟。母は勝部臣石麿女という。「諸士」は誤記）等に大枝朝臣の姓が与えられた。このときに、同族の菅原宿祢真仲と土師宿祢菅麻呂らも同じく大枝朝臣が授かる。

諸上は、前年に征東将軍紀古佐美の征夷遠征に従ったが敗れ、なんとか帰京した。この一族が山城国乙訓郡大枝に住して、天皇の外祖母土師宿祢真妹の縁由によるものであり、祖麻呂の後裔一族が賜姓の対象になった。大枝朝臣は、延暦十五年（七九六）には、右京に貫付されるが、貞観八年

大枝神社（京都市西京区大枝沓掛町）

（八六六）十月になって、参議正四位下大枝朝臣音人や従五位下大枝朝臣氏雄らが奏請し、大枝の表記を大江に改めた。

　当地に大枝神社（京都市西京区大枝沓掛町。一に延喜式内社の乙訓郡大井神社にあたるともいう）を奉斎した。同社の祭神は高美計神とされるが、この神はあるいは高皇産霊尊にあたるか。山城・右京の大江氏がある一方、諸上の従兄で、本来の嫡流たる大枝朝臣菅麻呂の子孫は、もとの和泉国大鳥郡の地に長く居住して、中世では武家となり、この流れから万代《もず》（毛須）、奥の苗字が出た（後述）。

大江氏の子孫の動向

大江氏の系統は、代々、文章道を家職とした。なお、平城天皇の皇子阿保親王の子が祖先の備中介本主とか音人だとする系図も、『尊卑分脈』や『群書類従』に見えるが、これは明らかに後世の系譜仮冒である（本主が阿保親王の侍女〔伊予介中臣朝臣石根の娘〕を娶って音人・音峯を生んだことを転訛させたとみられるが、この造作者が誰かは不明）。

　大江朝臣音人は、承和九年（八四二）の承和の変に連座し一時、尾張国に配流されたこともあるが、二年後に許され帰洛の後は官途を重ねた。承和十五年（八四八）に叙爵し、大内記に任じ、弁官をつとめ右大弁に叙任し、貞観六年（八六四）には参議に昇進する。菅原清公に儒業を学び、清和天皇の侍読となり文章博士であったが、従三位左大弁参議左衛門督に至り、江相公と称された。菅原是善らと『貞観格式』の撰上にあたり、『文徳天皇実録』の編纂にも参画している。

大江氏では、平安末期までに参議に任じたのは、ほかに維時（九五〇年任、中納言まで昇進。音人の孫）、朝綱（九五三年任。文章博士、左大弁、勘解由長官などを歴任。音人の孫で、書家でも著名）、斉光《ただみつ》（九八一年任。正三位。維時の子）、匡房（一〇八八年任、従二位権中納言まで昇進）の四人がいた。傍流には、大枝朝臣永山（正六位上大枝長人の子）がおり、平安初期に大学頭などを経て、従五位下肥後守に至った。

大江氏には優れた歌人や学者が多く出て、土師氏系統諸氏のなかでは、平安期の官人として大江氏が最も高位に昇った。平安朝の「三十六歌仙」と呼ばれる和歌の名人のなかに、一族から大江千里、大江匡衡（正四位下式部大輔）、大江嘉言、女性では和泉式部、赤染衛門（大江匡房の妻。本姓は赤染氏）らが選ばれた。大江匡衡の孫には、権中納言大江匡房がいる。平安時代屈指の学者で、兵法に優れて八幡太郎源義家に兵法を教えたともいう（『奥州後三年記』など）。匡房は左大弁、大宰権帥や大蔵卿にも任じた。和歌にも優れ、彼の談話を藤原実兼（信西の父）が筆記したのが『江談抄』である。

平安後期の十二世紀には、摂関家藤原氏を頂点とした公家の家柄の序列・格付が次第に固定されるようになり、大江氏は多くが五位で地方の国司、中級ないし下級貴族であった。

将軍源頼朝に仕えた大膳大夫大江広元は、大江匡房の曾孫であり、頼朝の覇業を政所（公文所）の執事として施政面で支えた。明法博士中原広季のもとで養育され、長く中原姓を称したが（中原親能と育ての兄弟分）、最終的には大江姓を名乗った。

父の系譜には諸説ある（大江維光の実子という説〔この場合、母は藤原仲基女〕のほか、藤原長家流の参議光能の実子説〔同、母は大江維順女〕、中原広季の実子説など）。広元が改姓宣旨を願った申状が『東鑑』建保四年（一二一六）閏六月十四日の条に見える。それによれば、養父中原広秀（広季。従四位下掃部頭）には養育の恩があるが、大江氏の衰運を見ると、大江維光（散位従四位上）の子として本姓に戻りたいと望んだ。広元の後裔が古くからの土師氏の系図（『美濃国江氏系図』や毛利氏関係の『江家年譜』など）を長く伝えた事情も併せ考え、大江維光実子説をとっておく（参議光能の子というのは、中原親能との混同ではなかろうか）。

広元は元暦元年（一一八四）に相模国鎌倉に下向し、頼朝が鎌倉幕府を開くと、幕府政治の中枢にあったが、一方で明法博士や大膳大夫の官にもついた。建保二年（一二一四）に正四位下に叙し、同四年には陸奥守に任じて、幕府のなかでは第二の高位者であった。広元は諸子に各地の領地を分配したことで、これらが武家の大江氏として諸流が生じた。

一方、広元の兄で従四位下右京大夫の大江匡範の子孫は、宮廷の中下級官人として残り、時に三位昇進者もいた。室町時代後半頃からは北小路を家号とし、江戸時代では地下家として三家（蔵人の二家、近衛家諸大夫の一家）があった。このうち、代々蔵人を務めた二家は、江戸後期の弘化四年（一八四七）十二月に堂上家（半家）に列せられた。これが、堂上家への昇格としては最後となる。堂上二家は、山城守俊祇（万治三年〔一六六〇〕卒）の子、俊真と俊光の後であり、諸大夫家は俊祇の兄弟・修理大夫俊記の後である。

大江姓の中世武家諸氏

大江広元の諸子からは、中世武家の諸氏を輩出した。

承久三年（一二二一）の承久の乱では、京都守護をつとめていた広元嫡男の大江親広（執権義時の娘婿で、武蔵守等も歴任）が失脚したが、子孫は出羽に残った。宝治元年（一二四七）には、広元四男の毛利季光（相模国愛甲郡毛利庄〔神奈川県厚木市域〕にあって評定衆もつとめ、従五位上左近将監）が、宝治合戦で三浦泰村に与して三男子ら一族と共に討たれたり自害するが、毛利氏でも生き延びた越後国刈羽郡の一族がある。これは当地に戦国時代まで残るが、分出して安芸で発展した一派もあった。これが、季光の四男・毛利経光の系統であり、安芸の毛利氏は南北朝期に高田郡吉田荘に定着し、その流れからは戦国時代に中国地方の覇者となる戦国大名毛利元就が出て、幕藩大名家につながった。

広元の次男で評定衆となった左衛門尉時広の子孫は、出羽国置賜郡長井荘に住み、長井氏として歴代・一族が鎌倉幕府の評定衆、引付衆や六波羅評定衆などの要職を務め、『東鑑』に一族が多く見える。幕府滅亡後も、足利尊氏の側近として室町幕府にあった。一族は、十四世紀に伊達氏により本拠地を奪われるまで、長く勢力を保った。

そのほかにも、大江広元の後裔は各地方で武家として活躍した。この辺は諸書に詳しいから、主な活動をもうすこしあげれば、以下のとおりである。

嫡男・親広は執権義時の娘婿として京都守護などの幕府要職を歴任するが、承久の乱では朝廷方につき敗走し、出羽国寒河江荘に隠れる。その子孫は、上田、左沢、寒河江などの諸氏につながる。

親広の嫡男大江佐房は、承久の乱の戦功により上田荘を得て、上田を号し、後に正五位下左近将監、尾張守となる。佐房の弟・広時の子孫から溝延・左沢・寒河江が室町前期頃に分かれ、左沢氏の後裔に美濃の郷氏が出た。

先祖がまず出羽国左沢《あてらざわ》（現・山形県大江町）に居住し、後に室町末期に美濃国方縣郡（現・岐阜市域）に遷住して、江氏《ごう》を名乗った。この系統の一族が、『美濃国江氏系図』を伝えており。同系図は戦国末期頃の政広の子の政房で終わるが、族裔がその後も美濃に続いて、明治期に男爵に列した郷純造を出した。郷純造は、岐阜市黒野の豪農の子に生まれ、幕末に幕臣に成り上がり、明治政府では初代の大蔵事務次官となった。その系図は、中田憲信編の『各家系譜』五に「郷男爵家御系譜案」として見える。『美濃国江氏系図』とは違って、政広の長子の広成（大谷吉隆に属して関ヶ原で戦死）の後裔が郷純造であり、広成の三弟の広実の孫が政房と記され、美濃に来るまでに近江の佐々木六角氏に属したことも記事に見える。帰農して、江戸時代は村内の頭百姓としての地位にあったと伝える。

次男・長井時広は備後守護となり、兄・親広が承久の乱で失脚して以降、大江氏の惣領家として、その子・泰秀から評定衆を始め幕府の要職を務める。泰秀の孫の宗秀は寄合衆にもなり、『吾妻鏡』の編纂者の一人とみられている。その孫が『太平記』に見える挙冬《たかふゆ》である。この族裔でも、安芸に分かれたものもあり、毛利氏萩藩中に見える。

三男・那波宗元（一に宗光、政広）は掃部助と系図に見え、上野国那波郡那波荘に起こる。那波氏には先行するものがあり、秀郷流藤原氏の那波太郎弘澄（広純）の跡を娘婿として政広が継いだともいう。その子・左近将監政茂は仁治二年（一二四一）に叙爵して従五位上に進み、建長六年（一二五四）に引付衆となった。『建武記』に那波左近将監政家が見え、さらに子孫相伝して戦国期に上杉謙信に従った駿河守宗俊まで続くという。

四男・毛利季光は、天福元年（一二三三）十一月条に評定衆と見える。宝治元年（一二四七）の宝治合戦で三浦泰村に味方して、三浦一族とともに頼朝の持仏堂であった法華堂で自害する。その四男・経光は越後の佐橋荘に居たため乱に巻き込まれず、所領を安堵された。越後は、経光の長男基親が佐橋北条荘を継ぎ、越後北条氏、安田氏などを出した。四男の修理亮時親は安芸国吉田庄を相続し、安芸毛利氏の始祖となって下向し、この流れが戦国大名たる元就、輝元らに繋がる。

五男・海東忠成は尾張国海東郡に住み、嘉禄三年（一二二七）に叙爵して従四位下まで進み、寛元三年（一二四五）に評定衆となるものの、宝治合戦における兄への加担を問責された。その子・忠茂は熱田大宮司になるといい、その孫の広尚は元弘元年（一三三一）の近江唐崎合戦で子の幸若丸とともに討死して、この辺から後は系図に見えない。三河国幡豆郡の酒井（坂井）氏は幕藩大名になり、海東氏一族の出とも称した系図をもつが、これは疑問が大きい。

その他、出雲の多胡氏や信濃の芦沢氏など、大江氏と称した氏は多いが、その多くは不明か疑問である。例えば、多胡氏は清和源氏とも称し、尼子氏の老臣で見える。苗字は上野国多胡に因むが、鎌倉中期の文永年間（一二六四～七四）に出雲郷地頭となって出雲国へ下向したことが出雲多胡氏の発祥と伝える。承久の乱では多胡宗内が敵を討ち取ったと『東鑑』に見え、恩賞として国内の重要所領三か所を得たが、そのうち出雲郷は公領最大規模で、乱までは在庁官人筆頭の勝部宿祢資盛の所領とみられる。その系譜は上野の惟宗氏を称する一族の出であり、これは永仁六年（一二九八）

七月日付の平田地頭惟宗頼直寄進状（鰐淵寺文書）により惟宗姓と分る（ただし、秦氏から出た惟宗朝臣一族から上野国へつながる系図は管見に入っていない）。

その他の土師一族諸氏の動向

土師氏後裔の武家諸氏のうち、周防国佐波郡の土師宿祢氏と和泉国毛受の大江朝臣氏は、中世に武家化して活動事績を残すので、簡単に触れておく。

まず、**周防国佐波郡**の土師氏の後裔について、もう少し記しておく。

土師娑婆連の系統が周防の在庁官人で続き、平安中期以降では土師宿祢を名乗って史料に見える。『東鑑』文治三年（一一八七）条には、同年二月の在庁官人連署に土師宿祢姓の安利・弘安・助遠・国方・弘正の名が見える。嘉禎二年（一二三六）四月の「東大寺文書」にも、日置宿祢や佐波宿祢（出雲国造族の佐波臣の後か）等と並んで散位土師宿祢が多く見えるが、ここで見える日置宿祢も出雲国造族裔かもしれない。正和二年（一三一三）の「周防国在庁官人等連署起請文案」（阿弥陀寺所蔵文書。『防府市史 史料Ⅰ』所収）でも、四十人の在庁官人の中に土師氏が十七人見える。

防府天満宮（山口県防府市松崎町）

山口県防府市松崎町に鎮座の防府天満宮は、当初、松崎天神と呼ばれたが、これを祭祀したのがこの一族でもあった。所伝では、菅公左遷の時に土師宿祢信定の館に泊まったとされ、延喜三年（九〇三）に松崎に菅公廟を創建したのが起こりだという。その子の武光は松崎社社司となり、子孫は防府天満宮大宮司を世襲して武光氏となり、近世に至った。出雲神社近隣の下徳地の「武光名」がその苗字の起源の地とみられる。

武光の兄弟（名は武英か）の子、土師三郎道武は東国に行き、武蔵国多摩郡栗原郷に住む谷保県主貞盛（壬生吉志姓）の娘を妻としたという。武蔵武芝の女婿という菅原正好も、実際にはこの一族の出なのかも知れない。土師道武の曾孫には行基が系図に見え、これが「西角井家系」に見える行基と同人の模様である。行基の曾孫が津戸二郎為広と伝え、母が秩父権守重綱（畠山氏の祖）の娘で外祖父に養われた。為広は武蔵国多摩郡津戸（栗原郷の谷保村あたりか。埼玉郡下忍村津戸もある）に居住して、地名に因んで津戸を名乗り、その子孫は津戸、黒須、伏見などを苗字として長く武蔵にあった。津戸一族は六波羅探題の役人として多く見える。『東鑑』には、正嘉元年正月条に津戸新民部丞が見えるが、この者の名は為忠といい、三郎為守の孫で頼嗣将軍や宗尊親王などに仕えたと系図に見える。上記の母縁で、為広の子孫は長く谷保天満宮の祠官家でもあった。『新編武蔵風土記』入間郡条には、黒須長右衛門吉永の記事が見える。

『鷲宮町史』（史料四）に掲載の「正能氏系図」によると、菅原朝臣孝標（「更級日記」作者の父）の子に為実・為広がおり（兄弟の父を孝標とするのは系譜仮冒）、為実の子の為重が忍太郎と名乗って、これが正能氏の祖先だという。忍一族は、『東鑑』巻十に忍三郎・忍五郎、巻四十に忍入道跡（建

鷲宮神社（埼玉県久喜市鷲宮）

長二年の閑院殿造営にあたり築地西鰭を、朝山右馬大夫十丈、忍入道跡五丈などと見える）などが見えるから、埼玉郡の忍荘に起った有力な氏であった。同書巻十は建久元年（一一九〇）十一月の頼朝入洛の随兵であり、巻十五の建久六年の東大寺供養の随兵には「鴛三郎」と表記される。為広の子の津戸太郎為長は石橋山合戦や一ノ谷合戦に参陣したといい、その弟の津戸三郎為守は法然上人の弟子だと系図等に見えるから、忍三郎・忍五郎は忍太郎為重の兄弟で、津戸太郎為長兄弟の従兄弟かも知れない。

武蔵国埼玉郡の鷲宮《わしのみや》神社は、埼玉県久喜市鷲宮（旧埼玉郡大田荘）にあるが、「お酉様の本社」、別名を土師の宮、大鳥明神といい、土師氏ないし出雲族が祭祀したと伝え、天穂日命と子の武夷鳥命、及び大己貴命（別宮の神崎神社で、『武蔵志』などに天穂日命荒魂とする）を祭神とする。同社には毎年秋に最大の祭り、土師祭もあるが、由来の詳細は不明である。近隣には、数多くの同名の分社が存在する。同じ埼玉郡岩槻（現・さいたま市岩槻区宮町）の久伊豆神社の由緒には、出雲族土師氏が創祀したとある。古墳時代の窯業や埴輪製作に関わる土師部の存在が武蔵で知られ、国分寺瓦に土師部勝磨という人物の刻記がある（『日本古代人名辞典』）。伝承では、台東区の浅草寺・浅草神社の開創に土師真中知《まつち》が関わる。

浅草神社㊤、浅草寺参道・仲見世㊦
（いずれも東京都台東区）

土師部は武蔵北部の児玉郡あたりからその北方へも展開した模様であり、群馬県南の藤岡市域（児玉郡の北隣）は旧上野国緑野郡で、ここに土師郷があったと『和名抄』に記され、土師神社（『上野国神名帳』に「正五位上土師明神」）や本郷埴輪窯址が残る。同じ土師郷のなかでも、いまは神流川の流れが変わって埼玉県児玉郡神川町域になるが、廣野大神社が肥土にあって主祭神は天穂日命などとされる。下野国では、足利郡に土師郷があった。

和泉の大江氏については、毛受腹の土師氏の嫡流で、犬養の後裔となる。犬養の子の菅麻呂が大枝朝臣を賜姓し、その曾孫の氏雄が参議音人らとともに大江朝臣を賜姓し、その子が従五位下弟常である。弟常の十四世孫の奥十郎光清を祖とする「奥系図」（『百家系図』巻四六所収）があり、光清は楠木正成に従って湊川合戦で討死したものの、その子の孫九郎実興（後に遠清と改め）は畠山氏に従って紀伊国伊都郡に遷住し、子孫の奥新八郎実宗は大和大納言豊臣秀長に仕えた。その子の八郎兵衛清時は河内狭山に居住した、という。

　大鳥郡毛須の光明院（堺市北区百舌鳥赤畑町にあって、百舌鳥八幡宮に隣接）には、檀那の万代《もず》奥入道宗珠とその子の大江得夜叉丸の願文添状が至徳四年（一三八七）三月付けで残される。入道宗珠の実名が不明だが、年代的に孫九郎実興の子の右京進宗教・彦三郎宗清兄弟くらいにあたるか。万代の流れから、堺の富商の万代屋宗安（千利休の女婿で茶湯者。秀吉の茶頭・御伽衆を務めた）も出たという。

　このほか、備前国邑久郡土師郷の一帯は、飛鳥京跡出土の木簡では「大伯郡土師里」と呼ばれ、「土師寅」が米を送ったことが墨書される。土師氏が本拠地とした所以でその地名がついた。

第三部

畿内・東国に展開した初期分岐の支族

出雲国造の一族ではあるが、天津彦根命の子の天御蔭命（天御影命）の後という形で系譜を伝えるものがある。畿内及び周辺へは、物部氏の祖神・饒速日命とともに来た模様である。これらでは、近江の三上祝や凡河内国造が著名であるが、近江から更に茨城国造など東国に展開して、その地で多くの国造家を分出した。物部氏の初期分岐も東国にあり、出雲建子命の後裔と称して、武蔵国造などが出た。これらの一族も簡単に見ておく。

一　三上祝とその同族諸国造

山代日子命の重要性

天御影命（天夷鳥命）の子の意富伊我都《おおいかつ》命の後は、その諸子の世代のときに畿内方面に移遷して大発展し、後裔の流れから近江の三上祝や凡河内国造、山代国造を出したと伝える。すなわち、系図によると、意富伊我都命の子のうち、彦伊賀都命は近江の三上祝・蒲生稲置や額田部連の祖、阿多根命は山代国造の祖、彦己蘇根命は凡河内国造の祖とされる。

こうした系譜と出雲国意宇郡の山代郷あたりの重要性（隣の大草郷を含めた一帯が意宇系統氏族の本来の根拠地域であって、後には出雲国衙等も置かれた）などから考えると、『出雲国風土記』に大穴持命の「子」と見える山代日子命とは、実は「子」ではなく「女婿」くらいの位置づけで、天目一箇命（天夷鳥命）・意富伊我都命親子のいずれかの別名ではないかと推される。意宇郡の神奈樋野（現・茶臼山）の中腹にもともと鎮座したのが、山代日子命を祀る**山代神社**（高森明神）であり、意宇郡山代郷に鎮座の式内社であった（現在は、松江市古志原に遷座。江戸前期、寛文年間までの旧社地には磐座ないしは岩室の古跡ありという）。

その摂社に「幸神社」がある（塞の神、石神を祀るから、荒神社と同じ。京都市上京区にも出雲路幸神社があり、久那斗神などサイの神三神を祀るから、「幸神＝荒神」か。この同名社は、安来市の能義神社の北方近隣の西松井町にもある）。飯石郡三刀屋の出雲井神社（現・雲南市三刀屋町殿河内。猿田彦命・天鈿女命あるいは岐神を祀るというから、原型の祭神は岐神か。境内社に大荒神皇大御神もある）の付近には、幸神神社もある（同じ雲南市の大東町新庄の鏡神社のうちにも同名社がある）。

山代日子命の実体については、系譜からは、即断できないが、意富伊我都命は櫛八玉命の兄弟

山代神社（松江市古志原）

の位置にあり、あるいは両者は同人という可能性すら考慮される。この神について、『旧事本紀』の記事を基に考えて行くと、「国造本紀」には橿原朝に「天目一命を以て、山代国造となす。即ち山代直の祖」、「天神本紀」に「伊岐志邇保命《いきしにほ》　山代国造等の祖」（五十研丹穂命として、「伊福部系図」に見える。物部氏祖神の一）という記事もあって、山代日子命とは天目一箇命（天夷鳥命）と同神とみるのが割合、穏当そうである。

出雲国風土記には四つの「神名火山」が見えており、西から言うと出雲、楯縫、秋鹿、意宇の四郡にあった。それが各々、順に仏経山、大船山、朝日山、茶臼山で宍道湖を四方から取り囲むように位置して、それぞれ、山中に味鉏高彦根命（伎比佐加美高日子神）、天夷鳥命（多伎津彦命）、饒速日命（佐陀御子神）、天夷鳥命（山代日子命）が祀られたと推される。出雲の四大神と同様、四神名火山については、これらを祭祀する有力古代氏族集団の存在が考えられ、その祭祀における重要性が確かめられる。

出雲井神社（雲南市三刀屋町）

近江の三上祝と畿内周辺の同族

三上祝等の祖・天御影命は、『旧事本紀』天神本紀では天御陰命（凡河内国造では祖を天戸間見命と表示）と表示され、物部氏の祖神・饒速日命が畿内に天降りした際に随伴したという三二神のなかにあげられる。しかし、むしろその子の意富伊我都命が兄弟の饒速日命とともに畿内へ行動した可能性があろう。随伴三二神には、山代国造等の祖という伊岐志邇保命も混入する。これら当該随伴神の記事には、神名の重複が様々にあり、世代的年代的に見て混乱が多い等々の事情で、そのまま記事通りに受け取るのは疑問である。

天津彦根命の子・天御影命の後裔氏族のなかでは、嫡流が三上祝氏であって、古代より近江国野洲郡三上郷（現・野洲市三上）に住み、近江国の三宮、御上神社の神職家系、御上祝（三上祝）である。三上郷域の三上山（御影山、御神山。標高四三二メートル）に降臨したことに始まると伝える。近江富士の異称をもち、秀麗な円錐形か

三上山

御上神社（滋賀県野洲市三上）

ら古代の信仰対象とされて、神社の東側にある神体山の山頂に奥津磐座（幅約三メートル、高さ約二メートルの岩塊）があり、山に湧く霊水は「御上神社の手水」とされる。山腹の谷間に出世不動明王本堂があり、背後に接して半球状の巨岩がある。三上山の北方の背後に妙光寺山があり、その麓に巨岩をもつ岩神神社もある。由来は不明だが、古代磐座の祭祀場とみられる。

三上郷近隣の大岩山から多くの銅鐸が出土したことで有名であるが、大岩山丘陵には大岩山古墳などの多くの古墳が築造された。三上氏は同族の穂積・物部氏一族と通婚を重ねており、一族の息長水依比売は彦坐王の妃となって、丹波道主命を生んだ。

三上氏でも畿内の諸豪族と同様、崇神朝頃から支族分岐が目立ってくる。崇神朝頃の大加賀美命は、息長水依比売の長兄とされ、弟の水穂真若命は蒲生稲置・菅田首の祖となり、筑簞命《つくばこ》は東国・伊勢方面に展開して茨城国造や桑名首、額田部連など多くの諸氏を出した。野洲郡の安国造も同族である。

大岩山銅鐸出土地

三上山西麓の御上神社では、中世近世に至るまで一族が多く、祠官家をつとめ、武家としても佐々木六角氏のもとで活動した。三上氏は、後に女縁からか清和源氏源義綱（義家の次弟）の後裔を称しており、そうした系譜が『群書類従』に記載される（勿論、系譜仮冒）。

三上祝一族では、近江国蒲生郡の蒲生稲置は竹田神社（蒲生郡日野町小谷）を奉斎し、菅田首は菅田神社（近江八幡市中小森町の同名社と現・竹田神社〔東近江市鋳物師町〕が論社）を、伊勢の桑名首は多度大社などを奉斎して、各地で古社に奉祀した。蒲生氏は中世でも武家としても栄え、蒲生郡を中心に一族が繁衍した。系譜は秀郷流藤原氏を称したが、蒲生稲置の後裔であり、戦国末期に蒲生氏郷を出した。式内社ではないが、蒲生郡豊浦庄の産土神、活津彦根神社（近江八幡市安土町下豊浦に鎮座）も、蒲生稲置が奉祀したとみられる。

大加賀美命の子の速都鳥命は、景行朝に長門国造に定められ、その孫の践立《ほむたち》は神功皇后紀に見えて、住吉神の荒魂を祀った。これが、長門一宮の住吉坐荒御魂神社（現・住吉神社で、筒男三神を祀る。山口県下関市一の宮住吉）であり、子孫は長く同社を奉斎した。支流の賀田（荷田）宿祢氏は、中世に山城の伏見稲荷神社に奉祀した。国学四大人の一人、荷田春満（羽倉信詮の次男）はその末裔である。

長門国造一族からは、河内の河内郡桜井郷に起こる桜井田部連も出た。桜井屯倉（大阪府東大阪市の池島町・六万寺町等の付近とされる）の田部を管掌したが、桜井田部連島垂根の子女に男鉏・糸媛（糸井比売）があり、後者は応神天皇の妃、隼総別皇子の母である（『書紀』等）。後裔に物部守屋大連の部下の胆淳《いぬ》連（守屋滅亡の時に討死）があり、天武天皇十三年（六八四）には宿祢の賜姓があった。讃岐国三木郡の支族からは、九世紀後半の明法家の貞相（連姓。官位は従五位下大判事。右京六条一坊に移貫）と子の豊直（従五位下遠江介）を出した。

山代国造と桑名首

山代国造については、神武朝に阿多根命が、成務朝に曾能振命が、それぞれ山代（山背）国造に任じられたと「国造本紀」に記される。山城国南部の綴喜郡あたりを領域とした。なお、山城国北部の「久我国造」との関係は明確ではないが、こちらは鴨県主同族の国造か。乙訓郡に久何神社、愛宕郡に久我神社という式内社がある。

広田神社（兵庫県西宮市大社町）

『書紀』神功皇后摂政元年紀には山背根子（山代根子）が見え、神功皇后が韓地遠征からの帰途に忍熊王らの反乱鎮圧に向かった際に、その命をうけて、務古《むこ》水門の近くで姉娘の葉山媛に天照大神の荒魂を祀らせ（広田神社の起源。瀬織津姫かともいう）、妹娘の長媛に事代主尊を祀らせて（長田神社の起源）、航海の安全を祈ったと見える。

摂津国武庫郡の**広田神社**は、背後の六甲山や甲山など聖なる巨石群の山々を守護するように鎮座し（西宮市大社町）、祠官家を葉山媛の兄の稲鋤毘古直の後裔、鷹羽氏が長く世襲した。六甲山全山は、もとは同社の社領であったという。広田神社の境内に御神水があり、外苑の社叢林でも「おすぎの水」が湧き出る。六甲山頂近くに鎮座するのが、「六甲山神社石宝殿」で境外社とされる。同じく境外社に塞神社（西宮市奥畑）や須佐之男神社もある。北西近隣の西宮市甑岩《こしきいわ》町に越木岩神社があって、磐座信仰で神体の甑岩がある（高さ一〇メートル、周囲四〇メートルで、これを中核に三群の磐座）。越木岩神社の境内にも、御神水が湧き、湧出箇所には水神様が祀られる。その北方には、北山巨石群が広がる。

天武天皇五年（六七六）十月に、大乙中山背直百足が新羅小使として派遣された（『書紀』）。

山代（山背）氏の姓は直であったが、天武天皇十二年（六八三）に連姓に、同十四年には忌寸姓に昇格した。慶雲三年（七〇六）十月には、山背国造外従八位上の山背忌寸品遅《ほむち》に位一階が進められた（『続紀』）。一部は、天長十年（八三三）に宿祢姓を賜った（一族に朝臣姓は見えない）。平城京出土木簡には、「无位山背忌□〔寸カ〕」と表示するものがある。

承和年間に左少史から少外記・大外記を歴任した山代宿祢氏益が『外記補任』等に見えており、承和十年（八四三）には従五位下に叙し豊前介に任じられた。この流れが外記や右大史などを歴任して鎌倉前期頃まで続き、系図に見える。支族で綴喜郡田原郷の御栗栖に居住したものから大道寺氏が出て、伊勢新九郎長氏（北条早雲）に随って関東に下向し、小田原北条氏の重臣となっている。

越木岩神社の甑岩（西宮市甑岩町）

伊勢北部の**桑名首**氏は、桑名郡で多度神社（桑名市多度町多度。名神大社、伊勢国二宮）を祀った。同社は天津彦根命を祀り、別宮一目連神社で天目一箇命（天久斯麻比止都命）を祀る。社殿北側背後の多度山（標高四〇三メートル）を神体山として、山中に数多の磐座・神石が遺される。桑名市本町には式内社の桑名神社があり、同様な祭神をもつ。

桑名宗社（三重県桑名市本町）

多度山の地下水及び多度川の伏流水により湧き出た池「きよめの池」があり、多度大社が管理して、その神賑行事の一つ、上げ馬神事の際に、神社に入る馬の足をこの池の水で洗い、身を清めるために現在も使われる。桑名市上野の丘陵地の山腹からは清冷な湧水「御膳水」が流れ出しており、これを集めて上野溜池の傍に導水しているが、江戸時代には桑名城の藩主の飲料水として、毎日、城まで運ばれた（以上は、環境省のＨＰに拠る）。

『姓氏録』には右京神別に桑名首をあげ、「天津彦根命の男、天久之比乃命の後」と記すが、やや不完全な表記である（境内の鉾立社は天久之比乃命を祀るといい、武神の天目一箇命に通じる）。伊勢の桓武平氏と称する諸氏には、桑名首族裔がかなり混入するとみられる。

凡河内国造と座摩五神

凡河内国造は、神武朝に彦己蘇根命《こそね》（彦己曽保理命）が定められたと「国造本紀」に見えるが、その事績は不明も、同族の物部氏とともに河内地方の服属に貢献したものか。『書紀』には散発的にこの一族が見えるが、古代の系譜は伝えられず、不明な点が多い。

もとの凡川内国は、後に河内・摂津・和泉の三国に分けられるが、こうした大領域をもつ大国造であった。本拠はもと河内（大県郡あたりか）にあったが、後に摂津国菟原郡（兵庫県神戸市灘区域）を中心とした西摂に移遷し、河内国魂神社（五毛天神。神戸市灘区）を奉祀した。御影山南麓の御影森に天神社として鎮座したが、「御影」は先祖の名であった。同地で軍事的な要地の務古（武庫）の水門などを押さえた。摂津国河辺郡郡家郷の戸主として凡河内直阿曇麻呂が、天平勝宝八年（七五六）の「東大寺三綱牒」に見える。

凡河内氏の姓は、もとは直で、天武十二年（六八三）に連姓、同十四年（六八五）に忌寸姓となったが、この辺は山代国造の動きと符合する。藤原宮跡東方官衙北地区から出た木簡に「凡川内忌寸豊□」と見えるものがあり、当初は「凡川内」の表記で、八世紀前葉頃までこの表記でなされたとみられる。

『姓氏録』では河内と摂津の神別に凡河内忌寸が掲載され、額田部湯坐連や大県主・国造らと同族と見える。なお、野見宿祢の後裔にも凡河内忌寸氏があり、『姓氏録』摂津神別に掲載されて、天穂日命の十三世孫、可美乾飯根命の後と見える。このほか、唐からの渡来系にも河内国志紀郡人の凡河内忌寸（後に清内宿祢賜姓）があった。

摂津国西成郡の坐摩《いかすり》神社は、大阪市中央区久太郎町に鎮座し、摂津一宮ともされる古社で、凡河内国造一族の奉斎がいわれる（のち都下国造といい、苗字を渡辺とする。『延喜式』臨時祭に「凡座摩巫取都下国造氏童女七歳已上者充之」と記載）。祭神は座摩五神といわれ、実体には諸説あるが、波比岐神を含むことに注目される。『延喜式』神名帳では、まず宮中神の条に「座摩巫祭神五座」としてあげられ、「大宮地の神の霊」と解され、五神合わせて天孫族の遠祖神とみられる（波比岐神は実体が五十猛神ともいわれる）。伊勢の皇大神宮内宮の境内（三重県伊勢市宇治館町）にも、屋乃波比伎神（神庭守護の神で、石神とされる）として祀られ、「矢乃波々岐神」といわれる（『神道大辞典』等）。座摩五神のうち、生井神・栄井神・綱長井神の三神は一括して「井泉神」、波比岐神・阿須波神は一括し「宅神・竈神」とされる。同社の元の鎮座地には、「神功皇后の鎮座石」と言う巨石があり、磐座信仰の地であった。

井泉神が御井神とみる説は菱沼勇氏にあり（「井泉神と式内社」）、これが妥当であろう。御井神とは、筑後国御井郡の高良大社で祀る高魂命（わが国天孫族の祖で、天照大神の父神）をさす。座摩五神を和泉国で祀るのが、同国四宮とされる和泉郡式内社の積川《つがわ》神社（岸和田市積川町）である。牛滝川上流の水利神として地域住民の信仰を集めたが、こ

積川神社（岸和田市積川）

の「井泉の神」の奉祀氏族は不明である。積川村の南の内畑村には式内社・山直神社があって（積川社の南西二キロ弱の地）、武蔵国造一族から分れた山直氏が居たから、その同族の奉祀に関わるか。『姓氏録』和泉神別に山直があげられ、天穂日命の十七世孫、日古曽乃己呂命の後と記され、山直神社の祭神にも天穂日命・速須佐之男命・彦曽乃世呂命が見える。

凡河内国造一族は、『書紀』には、まず孝元紀に見え、河内の青玉繋《あおたまかけ》の娘・埴安媛が武埴安彦命を生んだとある。武埴安彦は崇神天皇に反乱を起こして滅ぼされている。次ぎに、雄略天皇九年条に凡河内直香賜《かたぶ》と采女とを派遣して胸方神（宗像神）を祀らせたところ、香賜は采女を神域で奸したので、不謹慎として逃亡した香賜を追求し、三島郡の藍腹で誅殺させたと見える。安閑紀元年条には、大河内直味張（又名が黒梭）があり、言を左右にして天皇に領地を献上せず、これが後に露見して、三島竹村屯倉へ河内縣の部曲であった田部を供出した。上記はともに摂津の三島郡に勢力があったことを示す。味張の妹という稚子媛は、宣化天皇の妃となって火焔《ほのお》皇子（為奈真人等の祖）を生んだと伝える。

その後も、推古紀に大河内直糠手（大唐客の裴世清の接遇）、舒明紀に大河内直矢伏（唐使の高表仁の接遇。糠手の子か）が外交に見えるが、これは難波津の近隣居住による起用か。『続日本紀』には、慶雲三年（七〇六）十月条に摂津国造凡河内忌寸石麻呂を従七位上から位一階進める、との記事があり、摂津国造に変わっていた。奈良時代以降では、かつての勢力は衰えていたようで、六国史には族人が殆ど見えない。

この一族では、平安中期の歌人、醍醐天皇のときの凡河内宿祢躬恒（甲斐少目）が著名で、三十六歌仙の一人であり、紀貫之らとともに『古今和歌集』の代表歌人にあげられる。その後裔と称したのが、播磨国広峯神社の祠官家の広峯氏であり、一族は南北朝期に尾張に分かれて恒川氏を出した。牛頭天王を祀る同社の摂末社に荒神社もある。また、日吉社祠官の家も一族から出たが、平安中期から末期頃までの系図が伝わるくらいである。

東国への分岐――茨城国造と同族諸国造

東国の筑簞《つくばこ》命の後裔が東国や畿内で大発展しており、東国諸国造の祖となっている。『常陸国風土記』の筑波郡条によると、美万貴天皇之世（崇神朝）に采女臣の友屬、筑簞命を遣し、かつて紀国と呼ばれた地域を、その名をもって筑波の国と名づけたと見える。崇神朝に大和王権の勢力が伸びたときに、常陸に派遣されたことになる。「采女臣の友屬」という意味は、采女臣・穂積臣は物部氏の一族であり、いずれも天目一箇命の後裔となるが、筑簞命もその同族ということになる。鈴木真年らが伝える系図類も、事実上、これを示すが、従来の学究はこれに気づかないできた。

同書には、筑簞命の領域はかなり広かったようで、後に茨城国造と筑波国造に分れたが、この一族が筑波山神社を奉祀したとみられる。古来、山岳信仰があり、女体山が祭祀の場で北斗岩・大仏岩・高天原など巨岩信仰の場がその周辺に形成された。かつては山麓東南の六所神社を里宮としたが、その神社跡からすこし登ると夫女ヶ原と飯名神社があり、前者に陰石とみられる裂けた巨岩（夫女石）、後者に陽石とみられ巨岩がある。

その系統では、嫡宗が茨城国造となった。筑簞命の孫の建許呂《たけころ》命は、『常陸国風土記』にも見え、日本武尊東征の際に随従して功績が大きく、子弟の後裔は茨城国造や相模の師長国造らを中心に東国で繁栄するとともに、額田部連などの諸氏が畿内にも進出した。この関係の畿内氏族もかなりある。「国造本紀」には、茨城国造は応神朝に天津彦根命の孫（後裔の義）の筑波刀祢を国造に定めたとあり、この者が建許呂命の嫡男にあたる。

筑波刀祢の子、久等宿祢は『播磨国風土記』揖保郡広山里条に見えて、応神天皇朝に額田部連久等が派遣されてきて、出雲御影大神を祀ったとある。その子孫は、**額田部連**のほか、高市県主、三枝部造、奄智造、薦集造など畿内の諸氏となった。同書の揖保郡鼓山条に額田部連伊勢が神人腹太《みわひとはら》文と闘ったとの記事も見える。『書紀』には推古十六年の唐客、同十八年の新羅客等を迎える役割を額田部連比羅夫が果たしたと見える。

額田部の本来の職掌については諸説あるが、鍛冶部とするのが妥当である。『姓氏録』には額田部宿祢諸氏があげられ、角凝魂命の男、五十狭経魂《いさふたま》命の後と遠祖を伝える（摂津神別・額田部宿祢）。角凝魂命とは、わが国天孫族の始祖・五十猛神にあたる。天孫族の系統には、額田部臣（出雲国造族）、額田部直（長門国造族）が出ており、出雲の額田部首もなんらかの国造族か。また、久等宿祢の兄弟の鏑子足尼が茨城国造を継ぎ、建部・若舎人部を出した。

建許呂命は男子八人をもったというが、そのうち意富鷲意弥《おみ》命が相模の師長国造の初祖、大布日意弥命が上総の須恵国造の初祖、深河意弥命が同じ上総の馬来田国造の初祖と「国造本紀」に見える。筑簟命の子の忍凝見命の子の阿閉色命の系統が筑波国造となった。なお、道口岐閉国造は他の名前の国造との重複がありそうで、除外しておく。

筑波国造の一族から伊勢で栄えた一派も出た。忍凝見命の弟の弟凝見命は、忌鍛冶部及び桑名首（上述）の祖となったが、忌鍛冶部は伊勢の皇太神宮関係の活動をした。

二　武蔵国造と東国の諸国造族

出雲国造と同様に天穂日命を祖神と伝えるのが、武蔵など**東国の諸国造**である。その系譜には、出雲氏の支流の出で、出雲建子命の後裔というが、この系譜は個別には種々の疑問があるものの、総じて信頼できそうでもある。そこで、詳細に論究しては大部になるので、出雲氏関連の祭祀のところを中心に概略を見ておきたい。

武蔵等東国諸国造の分岐

東国諸国造の系譜は、氷川神社の祠官家西角井氏に伝わる系図（『埼玉叢書』第三巻に「武州一宮氷川神社書上」のなか「西角井従五位物部忠正家系」として掲載）に始まりから見え、中田憲信編の『諸系譜』第一冊所収の「東国諸国造」にもほぼ同様に見える（同じ氷川社祠官の岩井氏は、本来、物部直姓

氷川神社（さいたま市大宮区）

なのに、祖系を失って物部連氏から出たという系図を伝える）。

その系図は、「天穂日命（天菩比命）—天夷鳥命（建比良鳥命）—出雲建子命（伊勢津彦）—神狭命（二井之宇迦諸忍之神狭命）—身狭耳命—五十根彦命—天速古命—天日古曽乃己呂命—忍兄多毛比《たもひ》命—若伊志治命—兄多毛比命」とされていて、長く続く（系の途中で、神武朝以前の命名法である「天」を冠する者も見えるが、この冠を取った名として考えておく）。初期段階では直系だけで続けられ、兄多毛比命の世代から数系統に分かれて、武蔵・相模や房総の海上《うなかみ》・千葉など関東南部の諸国造につながる。府中市住吉町の小野神社は、国造の兄武日命が勧請したと伝える。

小野神社（東京都府中市住吉町）

記紀などには、東国諸国造が出雲国造と同族という所伝も見える。『古事記』では、天之菩卑能命の子・建比良鳥命が出雲国造・无邪志国造・上菟上国造・下菟上国造・伊自牟国造（伊甚国造）・遠淡海国造などの祖だという。『書紀』でも、天穂日命が武蔵国造などの遠祖とする。『高橋氏文』では、東国に巡狩してきた景行天皇に対して、磐鹿六獦命（膳臣の遠祖）に従い御膳を献上した大多毛比は「無邪志国造」の上祖だと記される。上記の兄多毛比命がこの大多毛比にあたる。『姓氏録』でも、ほぼ同様に伝える。

寒川神社（神奈川県高座郡寒川町）

『旧事本紀』の「国造本紀」によれば、成務天皇朝に出雲氏の祖、名は二井之宇迦諸忍之神狭命の十世孫の兄多毛比命を无邪志国造に定めたと見える。次の「胸刺国造」も同じ国造であって、同書には山代国造などでもこうした国造重複が見られる（地域が異なる別の国造とするのは誤解）。天穂日命を祖神とする系譜を伝えるのは、上海上国造など他の諸国造でも同様であるが、**相武国造**では、同書に武刺国造祖の神伊勢都彦の後裔（三世孫の弟武彦命が国造に定められると見えるが、「三」は疑問で「七」程度か。兄多毛比の弟）、と記される。

相武国造一族から奈良時代の名僧良弁が出た。この一族が奉祀したとみられる大住郡の式内社の大山《おおやま》阿夫利《あふり》神社（伊勢原市大山。大山石尊社）には、山頂の大きな自然石を神体とする巨石崇拝と、山腹の二重滝などの滝を拝する湧水地信仰がある。大山の山腹に良弁が開基の大山寺があり、入山の時に水行をしたという「良弁滝」（二重滝の東南）もある。

相模一宮は高座郡の寒川神社（同郡寒川町宮山に鎮座の名神大社）であり、国造一族の奉祀といい、祭神の寒川比古・寒川比女は、大水上命の御子という。大水上命は、伊勢内宮末社の牟弥乃《むみの》神社（三重県多気郡多気町土羽）で祀られるが、別名が「大神御蔭川神」とされ、この名は天御蔭命に通じ、この一族の遠祖が伊勢から到来したことを示唆する。寒川神社の本社殿の真後ろに「難波の御池」という清泉（あるいは、裏手の森にかつて豊かな湧水「八気の泉」）があり、この湧水を社名の由来とする説もある（菱沼勇氏の『日本の自然神』など）。その背後に神体ともいう小山、神嶽山がある。同じ高座郡の式内社、石楯尾神社（論社が相模原市緑区などに数社ある）には「烏帽子岩」という巨石信仰も伝わる。

寒川神社は、下総国千葉郡にも式内社（千葉市中央区寒川町に鎮座）であって、こちらは同族の千葉国造一族が奉祀した。その論社が船橋市三山の二宮神社で、須佐之男命等を祭神とし、湧水の源として御手洗池がある。

伊甚国造は、「国造本紀」には安房国造の祖・伊許保止《いこほと》命の孫（広義の「子孫」の意か）、伊己侶止直が成務朝に国造に定められたと記される。出雲国出雲郡の式内社に伊甚神社（松江市宍道町伊志見）が掲げられることと関連があろう。旧夷隅郡夷隅町（現・千葉県いすみ市）の苅谷には、国吉神社の隣に出雲大社上総教会があるが、これは慶応年間の勧請とされる。

五世紀前半の安閑天皇の御代に、伊甚（夷隅）国造の稚子直が春日皇后に無礼を働いたことで、その贖罪のため屯倉（御料地）を献上したと、『書紀』に見える。このときに、現在の神社の鎮まる苅谷の地に、勅使を迎える為の「仮屋」が設けられたと伝える。そこに後に諏訪神社が設けられ、これが国吉神社につながると伝える。後代の『三代実録』貞観九年（八六七）四月条には、上総国夷灊《いすみ》郡の春部直黒主売の名が叙二階等の褒賞で見えており、皇后のため屯倉が置かれたことは史実だとみられる。房総には、このほか須恵国造（上総国天羽郡に三宅郷）や、下海上国造（下総国海上郡に三宅郷）、印波国造（同国印播郡に三宅郷）の領域内にも、それぞれ大和王権の屯倉が設置されたとみられる。

伊勢津彦とは誰か

これら東国諸国造は、その系譜や東国遷住の契機等を検討すると、神武天皇朝に東国に遷住したと系図記事に見えるから、二世紀の後葉頃の神武東遷（大和への侵攻）が要因で、畿内から東方へ退転した一派の流れであった。それが、諏訪神建御名方命の一族及び少彦名神後裔一族とともに、伊勢津彦（の一族）が東遷したことに起因する。

この関係のせいか、武蔵国には出雲伊波比神社や氷川神社が多く分布しており（氷川神社は、旧武蔵国域に二二二社もあり、その域外では近隣に六社あるという）、信濃国水内郡にも式内社「イヅモ（伊豆毛）神社」（現在は、長野市豊野町豊野下伊豆毛に鎮座）の存在が知られる。信濃のほうの祭神は、いま素盞嗚命・大己貴命とされるが、出雲建子命（『大日本史』『神祇志料』など）とか伊勢津彦命（『神名帳考證』）とする見方もある。この旧鎮座地には、大石があり、武蔵の出雲伊波比神社においても、巨石がおかれる事情がある。もっとも、志賀剛氏は、「イヅモはイヅミ（泉）の訛り」だと指摘し、この地域は泉が多く、「ミとモは共に乙音の音であるから交代する」と事情を説く（『式内社の研究』第十巻）。武蔵の狛江（京都狛江市中和泉）には、もと六所宮といった伊豆美神社がある（主祭神は大国魂大神）。

東国諸国造の移遷・分岐に関する具体的な系譜は、かなり難解である。出雲国造関係の系図では一族の神狭命《かむさ》の後裔にあげられており、神狭命が神武世代にあたるから東遷のときの活動主体にあたるとみられる（それ故に、上記の无邪志国造の記事にも名が見えるか）。その父が出雲建子こと櫛玉命で、出雲国造祖の櫛八玉命（伊佐我命）の弟とされるが、これまではその実体が把握されていなかった。

拙見では、これまで記してきた物部氏・出雲氏同族説を踏まえて、櫛玉命とは物部氏遠祖の櫛玉饒速日命と同神だと考えた。「天夷鳥命＝天目一箇命」で、その子が「櫛玉命＝饒速日命」ということになり、出雲から畿内にやって来て、その子の代に神武の大和侵攻により東遷を余儀なくされたということである。

『伊勢国風土記』逸文には伊勢津彦が東遷したと見えるが、「西角井家系」（櫛玉命が伊勢津彦とする）と対比して年代的に考えると、本来は神狭命のほうが、神武当時は伊勢に在って、神武侵攻のあおりを受け東遷した伊勢津彦にあたるとみられる。ただ、『播磨国風土記』にも同名の「伊勢津彦」なる者が見えるから、「伊勢津彦」は親子二代にわたる通名かもしれない。なお、当該「伊勢津彦」について、諏訪神建御名方命にあてる説も見られたが、ほぼ同時に同じ要因で東遷したものの、別神とするほうがよい。

なお、伊勢津彦東遷のときに近親一族を遠江に残したが、「国造本記」には素賀国造として掲載される。これが、『古事記』に天菩比命の子、建比良鳥命の後裔、出雲国造一族として遠江国造をあげるものにつながり、「素賀国造」の実体は遠江国造の前身母体であった。その勢力圏には三遠式銅鐸やアラハバキ神祭祀など特異な事情も見られる。

それにしても、この系統が、初期段階で「出雲建子命」と名乗ることに留意される。

その後裔一族が常陸西部にもあって、『常陸国風土記』に新治国造の祖・比奈良珠《ひらなす》命が美麻貴天皇（崇神）の治世の時に派遣されたと見え、「国造本紀」でも成務朝に美都呂岐《みつろき》命の子の比奈羅布命を新治国造に定めた、と記される。茨城県の加波山は筑波山系を構成するが、この山地には巨岩・奇岩の巨石群があり、三尊石（桜川市真壁町長岡）が代表的である。この辺は、新治国造や筑波・茨城国造による古代祭祀に関係するものなのかも知れない（建許呂命の後裔、三枝部連が加波山神社を祀ったともいう）。同じ一族では、『播磨国風土記』に景行朝に賀毛郡の山直の祖・息長命、又の名伊志治が見え、広く活動していた。

天目一箇命の弟、少彦名命を祭神とする神社が関東南部に多く分布しており、それが古代武蔵国の政治的中心であった多磨郡に集中する、と水野祐氏は指摘する。

伊豆国造家については、神代からの系図が静岡県三島市の三嶋大社の東神主家矢田部氏に伝わる（東大史料編纂所蔵の「矢田部文書」等に所載）。その上古部分では中臣連氏の祖神との混同が見られるが、要は服部連と同祖であり、少彦名神の後裔に位置づけられる。近隣の知々夫国造も、同族の信濃の阿智祝ともども、伊豆国造の同族だとみられる。この東遷も、武蔵国造一族の東遷と相通じるものであることは、先に述べた。

三嶋大社（静岡県三島市大宮町）

武蔵国造一族は古来、武蔵三宮の氷川神社（同社には簸《ひ》王子社もある）を奉斎したが、水野祐氏は、この「氷川」が出雲の斐伊川に通じて原義「火の川」で、斐伊川はその中流域の大原郡斐伊郷から起った呼称であり、斐伊郷に鎮座した樋速日子命《ひのはやひこ》が天上界の火神であったと指摘する。

武蔵でもう一つ留意したい神社は、武蔵国造が奉斎し、後に武蔵総社となった多摩郡の大国魂神社である。武蔵国造と同系統の岩城国造が奉斎した大国魂神社（いわき市平菅波に鎮座、祭神のなかに少彦名神もあげる）と祭神を同じくする。『出雲国風土記』には、意宇郡飯梨郷に天降りした神が大国魂命だと記載されており、武蔵・岩城の大国魂命と同じ実体とみられる。そうすると、それは、大年神の子の大国御魂神（『記』）ではなく、大己貴命（『書紀』一書）でもない（樋速日子命か近親に当たりそうである）。「大国魂」とは、土地の地主神・守護霊という一般名称であるが、出雲の場合は同国の地主神で、天夷鳥命あたりになりそうである。武蔵国造を本宗的な存在として、東国では、支流に房総の海上国造など諸国造が分かれたが、この辺にはあまり触れないでおく。

武蔵国造族と氷川神社等の奉祀

武蔵（牟邪志）国造家が奉斎した氏神は、武蔵国足立郡大宮の氷川神社である。現在の祭神は、男躰社が須佐之男命、女躰社が稲田姫、簸王子社が大己貴命とされる（各々の神主家が、元禄期頃に岩井駿河家、角井駿河家〔東角井〕、内倉修理家のち角井監物家〔西角井〕で国造一族の後裔）。氷川神社の「氷川」が、出雲の斐伊川（肥河）と同じとしてよいのであろうが、杵築大社をもとに武蔵のほうで創祀されたとみるのは、神社名が異なることから無理であろう。「氷」は日・檜とともにヒの訓仮名で日と同義で、「川」は神前の湧水池（神泉）をさす、と志賀剛氏がいう（同氏著『式内社の研究』第六巻）。続けて、同社のもっとも盛大な大湯祭は、神池の湧水を神前に供して豊作を祈る古式から発達し、この霊泉信仰に始まると記される。

氷川神社で素盞鳴神を祭神とするものは、本来、波比岐《はひき》神（アラハバキ神。実体は不明も、五十猛神か。後述）を祀ったかと考えられる。埼玉県域の入間川流域には、須佐之男神を祀るが、原型は波比岐神を奉斎したとみられる式内社が、次のように顕著にある。

流域の入間郡には、武蔵国造一族の物部直氏や大伴部直氏が居住した。神護景雲二年（七六八）に正六位下物部直広成らが入間宿祢を賜姓し、京にも居住した。広成は、授刀舎人のとき藤原仲麻呂の乱で勲功あって立身し、陸奥介、征東副使・副将軍を経て叙爵し、常陸介や造東大寺次官にまでなった。『姓氏録』には左京神別に入間宿祢をあげて、天穂日命十七世孫、天日古曽乃己呂命の後と記される。

①入間郡の出雲伊波比神社。主な論社が、
出雲祝神社：入間市宮寺
出雲伊波比神社：入間郡毛呂山町岩井。物部天神社に合祀。近くに御手洗池がある。
入間郡には式内社の物部天神社もあり、所沢市の北野天神社を構成する三社のうちの一社で、祭神は物部氏の祖神饒速日命とされる。

②男衾郡の出雲乃伊波比神社。論社が次の二社あげられる。中田憲信は、出雲建古命が男衾郡の当該社に祀られると記される（「菅公系譜」）。
出雲乃伊波比神社：大里郡寄居町赤浜
出雲乃伊波比神社：熊谷市板井。境内に氷川神社がある。

③横見郡の伊波比神社：比企郡吉見町黒岩。祭神は天穂日命という。
吉見丘陵の中腹にあって、神社の近隣に高さ一〇メートル《メートル》ほどの立石（黒岩）がある。

なお、横見郡には式内社で高負比古神社（高負彦根神社。吉見町田甲）があり、「西角井家系」に見える武蔵国造の祖・五十根彦命の別名とされる。伊波比神社の北方近隣に位置して、社殿後方に巨岩がある。「イハヒ＝イハヰ」とみれば、荏原郡の磐井神社（都内大田区大森北）も同類となろう。同社の側には、霊水の「磐井」がある（古来のものではないようだが、古書にも磐井が見える）。

湧水・霊水に関する武蔵の神社では、多摩郡式内社に青渭《あおい》神社があり、現在は論社が三あり（調布市深大寺〔青波天神〕、稲城市東青沼〔青沼明神〕及び青梅市沢井〔惣岳明神〕）、いずれも湧水・沼と関連する。なかでも、青梅市沢井では惣岳山山頂（標高七五六メートル。御岳山北東）に奥宮（本殿）や磐座があって、社前に「青渭の井」と呼ばれる霊水が出て（傍らに真名井神社の小祠）、山麓の水源にもなり、最適かと菱沼勇氏（『武蔵の古社』）などが言う。神主家は宮野氏といい、江戸中期にはかなりの勢力があったと文書類から知られ、入間郡三ケ島邑（所沢市）の中氷川神社の神職や荏原郡碑文谷村八幡の神職もこの氏という（『姓氏家系大辞典』。ただ、系譜不明であって、武蔵国造族か知々夫国造族かは判別不能）。

アラハバキ神と荒神さま

日本の民間信仰的な神で、東北地方を中心に古くから広く信仰されてきたとみられるものに「アラハバキ神」がある。表記は様々で、荒脛巾・荒覇吐・阿羅波比・阿良波々岐などある。この神が偽書『東日流外三郡誌』でも取り上げられるため、縄文の神とか蝦夷の神とかともいわれ、「遮光器土偶」のイメージとか蛇の神説もあるが、これらはみな、誤解である。関東地方にもこの神が多く、東海の三遠地域などにもあって、その分布は広い。

「アラハバキ神」の関東での分布中心が武蔵大宮の氷川神社で、その摂社に門客人社があり、古くは荒脛巾神社といった天津神社もある（今は少彦名命が祭神）。さいたま市見沼区中川の中氷川神社（中山神社）にも「荒脛神社」が境内にある。同神は、武蔵国総社たる大国魂神社の「坪宮」にも鎮座し、東京都のあきる野市二宮神社の摂社荒脛神社や奥多摩市の奥氷川神社奥宮「愛宕神社」等々、武蔵では広く分布し、地域的には陸奥に次ぐ。

埼玉県では、さいたま市や上尾市などの氷川社の末社に「荒脛社」が多くあることが、『新編武蔵風土記稿』に記される。関東では、上総国の姉埼神社（千葉県市原市姉崎）、相模国愛甲郡の小野神社（神奈川県厚木市小野）などにも、末社・相殿にアラハバキ神を祭るとされ、この辺は武蔵国造家と同族の国造一族により奉祀されたものとみられる。

柳田国男も、武蔵に荒脛巾社という由来不明の小社が数多くあると認識し、それは、「外来の神ではないか、不思議に大社の門神になっている」と門客神説も探りながらも、結局はわからないとした。柳田は石神を研究しつつも、アラハバキ神との関連が気づかない程度なのだから、それもやむを得ない。岩手県花巻市東和町谷内の丹内山神社には、アラハバキ神の巨石（胎内石）が神社の奥に鎮座する。

この神の由来・実態は、関係事情を丁寧に広く検討すれば次第に見えてくる。東海地方の三河や遠江は荒羽々気神祭祀が多い地域といわれ、アラハバキ神を祀る神社の多くは磐座を神体とする。三河一宮たる宝飫郡の砥鹿神社の摂社に荒羽々気神社があり、同郡式内社の石座《いわくら》神社（愛知県新城市大宮）は祭神を天之御中主尊・天稚彦命（出雲・物部氏族の祖）などとし、背後の雁峯山にある磐座（巨石が多数）を祭祀したとされ、末社に荒波婆岐社がある。同市杉山の竹生神社でも、摂社に荒羽々気社がある。静岡県浜松市浜北区堀谷の六所神社（荒鎚山）は巨大な磐座が神体とされ、掛川市大渕にも若宮神社の境内社に阿羅波婆鬼神社がある。これら三河・遠江のアラハバキ祭祀は、三遠式銅鐸の分布ともほぼ重なる（これら諸事情は素賀国造とも関係ありか。アラハバキ神関連の客神社の分布が伊予に多いのも、当地の小市国造・風早国造が駿遠の物部一族からの分岐と関係ありか）。駿河に続く伊豆の三嶋大社（静岡県三島市大宮町）にも、かつて末社に荒脛社があり、相模方面への分布につながる。

畿内には端的にアラハバキ神を祀る神社は知られないが、奈良県吉野郡吉野町にある金峯神社が、金山毘古命を地主神として祀ることで相通じるとする見方もある（秋田県横手市雄物川町大沢の金峰神社が金山毘古神・荒羽々岐神などを祀る事情がある）。

東国や陸奥を遠く離れた出雲にもアラハバキ神が多くあって、杵築大社の摂社や美保神社の境外社・客人社、などで祀られる事情がある。島根半島の佐陀神社でも、「一宮巡詣記」の図の中に「あらはばきの門」が書かれると栗田寛が指摘した。松江市島根町加賀に客神社があり、佐陀大神（実体が物部祖神の饒速日命）が加賀の潜戸で誕生した伝承があると先に記した。日御碕神社にも摂社に門客人神社がある。

東国諸国造の氏族源流が出雲にあると先に見たのだから、同神の起源が出雲だとみるほうが自然である。これが、出雲では「岐神《くなどのかみ》」（塞の神）とも呼ばれる。伊勢神宮の「荒祭宮」（祭神は天照大神の荒御魂という）でも祀られるというが、伊勢津彦（東国諸国造の祖神）が伊勢国度会郡に居したというから、その辺と関係するものか。

近江雅和氏は、弥生時代前後に始まる古代製鉄を追っているうちに、アラハバキ神という謎の信仰にぶつかったといい、『記紀解体—アラハバキ神と古代史の原像』（一九九三年刊）を著した。門客人神の像は片目に造形されることが多く、片目は製鉄神の特徴とする見方などを根拠とする。「塞の神」が、本来は「サヒ（鉄、鉏）の神」の意味との見方もある（真弓常忠説）。『新編会津風土記』によると、北会津郡湊村（現・会津若松市湊町で、猪苗代湖の西北岸）の大字赤井の荒脛巾神社は金山比古命を祀るという（現在の祭神は塩椎神とする）。会津若松市町北町の荒祖《あらはばき》神社も金山比古・金山比売を祀る。

同神に興味を持ち、これを取り上げる著作はかなり多い。なかには、シュメール神など妄想・誤認識も多く様々に混雑するが、総じて言うと、近江雅和氏らの製鉄神説が妥当か。

一方、「**荒神さま**」であるが、その起源は古く、全国に荒神信仰が存在する。出雲地方には特に多くあり、『雲陽誌』には各地区毎に「荒神」の名前が見られる。それが、石神信仰とも結びつく。杵築の出雲大社周辺でも、千家・北島両国造家の邸宅に祀られる荒神社や本郷荒神社・八大荒神社・大土地荒神などを含めて十四か所ほどの荒神社がある。この信仰の歴史が長いだけに、仏教などと習合した、三宝荒神もある。山陰地方の荒神信仰は、地荒神と言われるが、屋敷荒神や竈荒神とも無縁ではない。出雲地方や鳥取伯耆地方の荒神祭りは、国の無形民俗文化財にも指定される。

吉野裕子氏は、「荒神」の考察でアラハバキ神を取り上げる。それによると、アラハバキ・門客人・客人などと呼ばれる神が荒神につながる例が、島根県八束郡（現・松江市美保関町）の千酌《ちくみ》の爾佐《にさ》神社に付属の荒神社に見られる。この社は境外摂社であって、本社から数百トメール東寄りの森に祀られるが、同時に客人社でもあった（通称は「オキャクサン」、または「マロトサン」という）。この社が昔は、アラハバキサンと呼ばれた。このように、荒神社がアラハバキサンと呼ばれた例は、島根半島に少なくない（『山の神―易・五行と日本の原始蛇信仰』一九八九年刊）。「アラハバキ・マロト・荒神」の三者は一つだとされる。ただ、吉野裕子氏が言う「アラハバキ＝荒神」は妥当で、出雲に関係するとしても、この神が蛇神だとの説は、製鉄神という点からは疑問が大きいと拙見では考える。

ここまで見てきたように、出雲には竜蛇信仰とは別の製鉄・鍛冶神の祭祀があった。それは、「荒」こと韓地の安羅方面から倭地へもたらされた。松江市の宍道湖北岸の外中原町（旧法吉郷で、松江城の南西近隣）には、阿羅波比《あらわい》神社も鎮座する。創祀時期は不明も、風土記・島根郡に記載の古社で（後に県社の指定）、往時は西側近隣の国屋洗合山（荒隈山）に鎮座し、毛利元就の尼子氏攻めに際し遷座された。五社明神と呼ばれ、祭神は少彦名命・大己貴命・天照大神・高皇産霊尊・素戔嗚尊とされる。

出雲の古社には韓竈神社や韓国伊太弖神社（意宇郡と出雲郡に各三社で、合計六社）など「韓」を冠するものが、出雲郡・意宇郡のあたりに多い。韓竈神社（風土記の韓銍社）は出雲市唐川町に鎮座して、新羅から渡来の素盞嗚命を祀り、その付近は古くから産銅地帯といわれ、野タタラ跡もあって鉄器文化との深い関係も示される。同社は、「岩船」伝説の岩船や帆柱石の巨石でも知られ、日御碕社にも近いが、ここにも門客人社がある。

上記の松江市加賀の客神社はいま祭神が伊邪奈美命とされるが、同市東出雲町下意東（もと八束郡）の客神社は、武甕槌神・経津主神（天目一箇命と同神）を祀る。同じ客神社でも、隠岐島では素戔嗚命を祭神とする神社が多い（旧隠岐郡五箇村の各社など）。隠岐の島町原田の御客《おんぎゃく》神社（祭神不詳）では、社殿がなく、巨岩にしめ縄を張って、前に鳥居が立つ。

「客神」とは、蕃神・流人など外国（とくに韓地）から渡来の神を指すことが総じて多い。東北・

関東の荒脛巾や南九州の門守神はその例であって、これを祀るに、境内社より大きく一社を構える例もあった。武蔵の氷川神社は、明治政府により主神をアラハバキ神から素戔嗚神に変えられたとみる説もあるが、両者はもともと同一神であった。氷川神社群が荒川の脇に鎮座するとみられている。「波波木神」が後に「顕れる」という接頭語でアラハバキとなるとの見方もあるが、アラは「荒」で安羅とみるほうが自然であろう。

島根半島にある二つの神名火山に坐す四大神のうち二神、東西の饒速日命（佐陀御子神）、天夷鳥命（多伎津彦命）が親子で、共に石の神・鍛冶神である。饒速日命とその後裔諸氏族が出雲から畿内、そして東海道（三河・遠江）を経て東国、更には陸奥にまで及んで、遠祖アラハバキ神の祭祀を広く伝えたとみられる（同神に関しては、この辺で終えておく）。

武蔵国造の歴史

景行天皇の東国巡狩に際し、武蔵国造と知々夫国造の先祖が対応して以降、しばらく見えないが、兄多毛比命の甥の五十狭茅《いさち》宿祢が『書紀』に見える。海上五十狭茅は神功皇后の韓地遠征に随行し、帰途に稚日女尊（活田大神）の活田長峡国に祀れというお告げに従い神主になったとある。この子孫は活田大神の祝部や上・下海上国造となって続いた。兄多毛比命の子の大鹿国直（大酒主）は菊麻国造となって、来熊田造の祖となるが、大酒主の娘の弟媛は仲哀天皇の妃で誉屋別皇子の母と『書紀』に見える。

『書紀』仁徳天皇十一年条には、武蔵の人、強頸《こわくび》が見える。摂津の茨田堤の築造のときに河神へ祷る人柱として犠牲になり、堤に強頸断間の名が残るとされる。強頸の姓氏は同書には不記載も、「大部」とされており、系図には、応神朝に膳大伴部で供奉したことに因り大部《おおとも》直を負った八背直の子に記載される。

次ぎに六世紀前半の安閑天皇朝まで武蔵国造の動向は知られない。

『書紀』安閑天皇元年（五三四年にあたるか）条によれば、笠原直使主と同族小杵の間で武蔵国造の地位を長く争う事件が起きた（武蔵国造の乱）。小杵は密かに上毛野君小熊の助けで使主を殺害しようとしたので、使主は逃げて助けを求め、朝廷は小杵を誅して、使主を国造に定めた。そこで、使主は横渟・橘花（橘樹）・多氷（多末《たま》か）・倉樔の四か所を屯倉として献上した、と見える。

笠原直が埼玉郡笠原（鴻巣市笠原あたりか）の地名に因むとすれば、古墳分布などから見て多摩川下流域が国造本拠とみられるから、むしろ小杵のほうが武蔵国造本宗だったか。上記の八背直の兄・筑麿直の子孫が小杵、使主だという。『和名抄』には武蔵国橘樹郡に御宅郷があげられるから、上記所伝の裏付けにはなろう（御宅郷は、現・神奈川県川崎市幸区北加瀬から横浜市港北区日吉付近の地かとみられている）。横渟屯倉が現在の埼玉県比企郡吉見町あたりにあったとしたら、横見郡に鎮座の国造一族奉祀の上記諸神社とも関係しよう。

次いで、推古朝には物部直兄麻呂がおり、『伝暦』に見えて、上宮太子の舎人で、舒明五年に武蔵国造になったと記される（姓は連で記されるが、誤読か。笠原直との関係は不明）。

奈良時代に入って、大部直不破麻呂がおり、藤原仲麻呂の乱の功績で武蔵国造に任じられ、武蔵宿祢を賜姓した。その後、宝亀四年（七七三）の太政官符には「左衛士員外佐従五位上武蔵宿祢不破麻呂」と見える。もとの姓は大部《おおとも》直である（学究でも、「丈部」によく間違われるので要注意）。この「大部」は膳大伴部に由来し、『日本霊異記』に見える多摩郡大領大伴赤麻呂とも同じである（その死の翌年に生まれた子牛の黒斑の斑文から、生まれ変わりと知られた）。

この不破麻呂の娘、家刀自は采女から立身して掌侍従四位下まで昇り、弟の弟総は外従五位下で延暦十四年（七九五）に武蔵国造となった。その子孫が国造家の本宗的存在として郡司を世襲し長く続いて、天慶の乱の時の足立郡司判官代の**武蔵武芝**につながる。氷川社の社務は、武蔵武芝の女婿の菅原正好の後裔に受け継がれ、内倉の苗字を長く名乗ったが、江戸前期に物部直氏後裔の同社祠官角井氏から養嗣を迎えて明治につながる。この系統が、出雲国造氏の初期段階から分岐して以来の系譜を伝える。

ところで、後に物部直とか大部直とかが武蔵国造に任じたと史料に見えるが、本来の国造本宗家が无邪志《むさし》直であった。それが、『日本後紀』弘仁二年（八一一）九月条の「出羽国人少初位下の无邪志直膳大伴部廣勝が大伴直を賜姓した」という記事で分かる。「无邪志直」の系統がどのようなものかは不明である。ともあれ、武蔵国造一族の族裔は、奥羽にも広く繁衍したようで、それが奥羽各地の「丈部」として見える。この丈部や物部などが、陸奥におけるアラハバキ神の祭祀伝播に大きな役割を果たしたものであろう。

武蔵国造本宗の墳墓では、武蔵南部の多摩川北岸に築かれた亀甲山古墳（墳丘長一〇七メートル）などを含む古墳群が

芝丸山古墳（東京都港区芝公園内）

考えられる。東京都港区（旧荏原郡のち豊島郡）の芝公園にある芝丸山古墳も、都内では最大級の規模（墳丘長一二五㍍）の前方後円墳で、五世紀代の築造とみられている（初代国造の兄多毛比命が被葬者という説もあるが、年代が合わない）。

なお、埼玉県行田市（旧・埼玉郡）にある埼玉古墳群は、九基の大型古墳からなり、五世紀末〜七世紀にかけての築造とみられて、関東有数の大型古墳群であることから、武蔵国造の墳墓と多くみられるが、地理的に考えて、知々夫国造関係とするのが自然であろう。

武蔵七党と古代国造家

天慶の乱の時の郡司武蔵武芝の後裔などが、平安中期頃から武蔵国で次第に武士団を形成していく。武蔵国は台地が広がり牧畜に好都合で、主に馬の飼養に携わって多くの牧が設けられ、その管理関係者から多くの中小武士が生まれた。これら諸武士は、朝廷や源・平・藤の軍事貴族、それらの配下の在地有力武士のもとで保元・平治の乱や、治承・寿永の乱（源平合戦）を戦った。これら中小武士諸氏の結合した武士団が、総称して「**武蔵七党**」

9基の大型古墳がある埼玉古墳群（埼玉県行田市）

と呼ばれる。本書では、紙数の関係でごく簡単に触れておく。

大族故にそのなかには入らない秩父平氏もあるが、畠山・河越・渋谷や千葉・上総介などの諸氏が桓武平氏の後という系譜は疑問で、北辰信仰などから見て、知々夫国造の族裔というのが実態であろう。相模の三浦氏や大庭・梶原・長尾氏（総称して鎌倉党）も、武蔵国造同族の相武国造の流れかとみられ、いわゆる「坂東八平氏」が桓武平氏に出自するというのは、みな系譜仮冒である。東国における桓武平氏の流れは、常陸の大掾氏や越後の城氏くらいが実態とみられる。

武蔵七党のなかで、武蔵国造と縁の深いのは**野与党**と**村山党**であり、ともに桓武平氏の流れと称する平忠常の孫・平元宗から出たとして、その子に野与六郎基永・村山貫首頼任兄弟がおり、共に奥州合戦に従軍したと伝える。元宗は武蔵武芝の子・野与次郎武宗の猶子・女婿といわれ、その実態は武蔵国造の族裔だったか（元宗は武宗の甥かともいう）。

前者は武蔵国埼玉郡の野与庄（現在の加須市あるいは白岡市のあたりか。足立郡ともいう）を中心に勢力をもつ一族諸氏の武士団で、足立・比企郡などにも同族がいた。後者は、武蔵国多摩郡村山郷、現在の入間川流域に勢力をもつ一族諸氏の集団であった。野与党の分布地域は、元荒川沿岸に分布する久伊豆神社（玉敷神社が総鎮守という）の分布と重なるとみられており、あるいは少彦名神の流れ（知々夫国造の族裔）だったか。両党ともに、鎌倉期までの活動が多く見られ、南北朝期の武蔵平一揆の乱あたりから次第に衰えていった。

武蔵国造一族の物部直の後裔が、奥州前九年の役のときに源頼義の配下にあって、戦後に武功を賞された物部長頼である（岩井氏祖か）。この者は『陸奥話記』に見え、源氏配下の武者には珍しく陸奥大目に任ぜられた。氷川社務家の菅原氏一族からも、この戦では菅原行基（武蔵武芝の女系曾孫）が従軍したと同書に見える。「西角井家系」には、菅原行基の娘が陸奥権介物部長久妻と見え、長久が長頼の子であれば、符合するものがあろう。

具体的な系譜が不明ながら、足立郡人で頼朝時の豪族、足立右馬允遠元は、藤原氏（北家魚名流など）からの系譜が見えるが、これは疑問が大きい。信頼できそうな祖系は管見に入らないが、武蔵国造族の後裔とみるのが自然である（姓氏不明。あるいは物部直氏の後か）。子孫は丹波国氷上郡佐治庄（現・兵庫県丹波市青垣町佐治あたり）などに展開する。

七党のなかで、**横山党**と**猪俣党**は同族で、中央官人の小野朝臣姓を称したが、それらの祖・孝泰（横山党祖義孝の父、猪俣党祖時範の祖父）の系譜には疑問がある。その父祖は承平天慶時に活動が見える武蔵国小野御牧監、押領使の散位小野諸興（『本朝世紀』等）で、祖系は古社の小野神社や八幡八雲神社の祭祀などの諸事情からみて、武蔵古族の流れとされよう。太田亮博士は、武蔵国造族の多摩郡領なる大伴直（膳大部直）から出たかとみており、この辺が妥当そうであるが、諸興・永興兄弟より遡る系譜の裏付けは管見に入らない。

このほか、**西党**は、武蔵西部の多摩川と支流の浅川・秋川流域を地盤とした。武蔵国造同族の下総の下海上国造一族の他田日奉直の流れであり、多摩郡牧監の日奉宗頼の後裔が西氏を本宗に由井・平山・立川などの諸氏を号した武士団である（中関白藤原道隆の子の大納言道頼の子が宗頼とするのは系譜仮冒。『日野市史』通史編二に記事あり）。

私市党は、武蔵北部の大里郡・埼玉郡などにあったが、武蔵七党に数えない場合もある。騎西（北埼玉郡騎西町）の地で私市部（皇后の御料地で、私部ともいう）の管理をしたというが、平安期の移遷も伝えられるので、是非は判じがたい。その系譜は、現在伝えられるのは誤伝か系譜仮冒であり、実際には武蔵国造同族の下総の千葉国造一族から出て、本姓が大私部直であり、熊谷・河原・肥塚などの諸氏があった。源平合戦では、武蔵七党の多くの武者の活動・参陣も伝えられ、平山武者所季重や熊谷次郎直実が武名を轟かした。

まとめ

出雲氏族についての主な総括

本書で述べてきたことを若干敷衍しつつ、一応の総括を大掴みに記しておく。

出雲氏、すなわち出雲国造族の源流は北九州（筑後国御井郡）に発しており、出雲での故地の一つは、出雲東部の意宇郡、なかでも同郡東部の安来地区（能義郡域。飯梨川下流域）にあった。とはいえ、先に出雲西部の出雲郡出雲郷あたりの地域も経過しており、この地の部族とも通婚関係をもった。そう考えないと、この氏族が初期から「出雲」の名義をもって活動ができなかったはずである。田中卓氏の言う大和・山城を中心に畿内に出雲氏が当初、蟠踞していて、それが後に出雲へ遷ったというわけでは、決してない。

出雲の国譲り神話は、『書紀』に見える崇神朝（四世紀前葉頃）の出雲平定を反映したものではない。同書の崇神・垂仁朝における出雲の神宝検校事件を反映したものでもなかった。これらの事件では、上古出雲の主神（統治者、族長）大穴持命が出てくるはずがない。いわゆる国譲り事件は、それよりはるかに古い時期、二世紀前葉頃の北九州の筑紫沿岸部を舞台に起きたという原型があった。だからこそ、それに続く、現実の高天原（筑後国御井郡あたり）からの「天孫降臨」という事件は、筑前地方の沿岸部「日向」（福岡市西部から糸島市の地域）の地でなされた。この時に、天孫の降臨を受け入れたのは博多平野の那珂川流域の葦原中国であり、その族長が大己貴命である（出迎えた猿田彦神こと穂高見命はその嫡孫)。山陰道の出雲にあった大穴持命は、その後代であり(大己貴命の孫にあたる)、出雲西部の出雲・神門郡地方の平野部を本拠とした。その地では、「国譲り」もそれに類した事件も、大穴持当時は起きなかった。

だから、上古出雲の開拓史は、大穴持命の前代の頃から始まるが、いわゆる「国譲り」とは無縁である。もっとも、出雲開発の遠祖神たる味鉏高彦根命は、北九州での国譲り関連事件を契機にして、そこから東遷して出雲にやって来たのであろうが。

先学の言を借りれば、水野祐氏は、「現実に出雲と呼ばれる一つの地域における史実はただ一つであり、決して異なった二つの現実が共存していたのではない。そこで出雲の史実について考える場合、私はまず出雲人の出雲観により現実性があるとして、従来『出雲国風土記』の記載を基として、それから帰納されるところの出雲の史実をもって古代の出雲の歴史を考えていく方法を提唱してきた」と記し、その上での判断が示される(「古代出雲の特殊性と大和政権」)。出雲関係神話・伝承でも、記紀と風土記との二つは判然と区別すべきという見解は、大林太良『日本神話の起源』にも記される。記紀のいわゆる「出雲系神話」をもって、出雲の歴史を考えてはならないということである。風土記には出雲独自の神名も多く見え、これらを的確に実体把握する必要もある(例えば、伊努神は、ここまで見てきた限りで、あえて比定すると能義大神で天夷鳥命・天御蔭神にあたりそうな感もある)。

味鉏高彦根命・大穴持命により開拓された出雲の地に遅れてやってきたのが、母方の縁由をもつ天夷鳥命(天若彦の子)の一族であり、従兄弟の大穴持命に対し様々な協力もして、その主導のもと出雲統治に尽くしたとみられる。そして、海岸部の出雲郡あたりから鉄資源を求めて斐伊川上流部に入り込み、山間部の飯石郡などを経て、飯梨川下流域の意宇郡東部の安来地区にいったんは落ち着いた。その後、出雲の西部と東部が緩やかに統合状態であったときに、崇神王権の出雲侵攻が東部・西部の二方面で開始されたのであろう。

出雲西部では、農業神・水神・竜蛇神の信仰など海神族の特徴が長く顕著だったこと、物部連や三上祝、東国諸国造などがその故地として出雲国に意外に深い関係をもったこと（物部連と出雲国造との同祖関係を傍証）も祭祀などから改めて認識した。物部連一族が近世に至るまで永く奉斎した石上神宮（石上坐布都御魂神社）の摂社に出雲建雄神社があって、楼門南の台地に鎮座し、ともに山辺郡の式内社にあげられた。出雲建雄神の実体は八握剣という物体とする見方もあるが、やはり神様のツルギヒコたる天目一箇命の可能性がある。これが、出雲建雄として出雲国造の祖・天夷鳥命であり、かつ、物部氏の遠祖神でもある。

先に東国諸国造の祖として見える出雲建子命が饒速日命と同神だと記したところであり、「建雄」の子が「建子」とされようが、あるいは「建雄＝建子」と可能性もありえよう（なお、出雲建雄神は、出雲では意宇郡の大森神社〔式内社宍道神社の論社。松江市宍道町佐々布〕で配祀されており、祠官家は出雲臣姓の宍道氏という。同社の旧地付近には、二巨石の女夫岩遺跡がある）。

石上神宮の摂社、出雲建雄神社（天理市布留町）

こうした諸事情があるから、出雲氏研究にあっては、山陰道という狭い地域ではなく、全国的な視野でこの国造一族の動向・事績を検討する必要性を感じる。

「出雲」の井泉

私は本書執筆中、何度も「出雲」の迷路にはまり込み、困惑して足掻いた。要は、「出雲氏」というものがよく分からなくなるためだ。出雲の国以外の地で「出雲」の名が出てくるのを見ると、それが出雲国造族の初期分岐の流れとそれに関係するものばかりであり、それも、崇神朝の出雲国内統合の前の分れなのだからである。出雲国造族がもともと唱えて保持していた名義が「出雲」ということではないのだろうか。

そうすると、大穴持命の本拠地は、その活動当時では出雲と言わなかったのだろうか。大穴持命一族の墳墓たる西谷墳墓群は、現在の斐伊川の流れの西岸部の神門郡塩冶郷あたりが主域だし、「神庭、出雲」の地名は出雲西部ばかりではなく、東部の意宇郡にも見られる。大己貴命・大穴持命の系統の関係語は、「神、大神、神門」など「神」が付くものだと受けとめ、「出雲」ではなかったと理解するほうが、妥当そうである（この辺は、まとめの感触というより、今後の取組みへの問題意識でもあるが）。

『西谷墳墓群』を著した渡辺貞幸氏の見方では、西谷墳墓群の築造者が居たのは、この墳墓群のすぐ北方にある集落遺跡、「なかのムラ」（中野美保遺跡一帯）ではなく、それより北北東約四キロにある「とびすムラ」（青木遺跡・山持遺跡一帯）のほうだとする。青木遺跡からは、西谷墳墓群より更に古い四隅突出方墳丘墓が見つかっているが、当初、青木遺跡に居て、その次代くらいから西谷近隣の中野美保遺跡あたり（神門郡）のほうに遷居してきたのではなかろうか、というのが拙見である。ともあれ、原出雲国の王者が居たのは、出雲郡出雲郷の地ではなかったことになる（私には、同書の記事は衝撃であった）。

菱沼勇氏が「井泉神」を祀るという**御井神社**は、出雲国には秋鹿郡と出雲郡にそれぞれ式内社があり、出雲郡のほうは出雲市斐川町直江の地に鎮座する。同郡神名火山の北麓にあって、生井《いくい》・福井《さくい》・綱長井の三柱（三井）の神を祀り、日本最古という三つの井戸をもつ神社であり、安産長寿の霊水とされる。秋鹿郡のほうは、いま秋鹿神社に合祀され祭神が罔象女神《みずはのめ》とされるが、その南百㍍弱に旧址が残り、森のなかに井が三基あって、水が今も湧き出るという（菱沼勇氏）。佐太神社境内にも御井神社の論社があり、前述した。

出雲郡のほうは「御井神＝木俣神」を祀る神社で、この神は出雲では大国主神と八上比売との間の子とされるが、筑後の御井郡にも通じる。御井郡には、高木神を祀る高良大社の末社に味水《うましみず》御井神社（久留米市御井朝妻。筑後国総社とされる）があり、高良山から湧き出る清水（「朝妻の清水」）

出雲郡の御井神社（出雲市斐川町直江）

を神体として、水の神様（水波能売）を祀る。伊勢の豊受大神宮所管にも上・下の御井神社があり、神宮の御料水の守護神である。御井神は、素戔嗚尊の子とも伝え、日本列島に樹種をもたらした五十猛神（素戔嗚尊）の子という位置づけのほうが「樹木」につながりがよい。紀伊国名草郡の式内社伊太祁曽神社は五十猛神（大屋彦命）を祀るが、同社の境内社に御井社があり、境内の山中に井戸があって清水（いのちの水）が湧き出る。

このように、御井神の実体は高木神（高魂命）かその関係水神とみられ、出雲国造族により祖神として祭祀されたものであろう。「御井神社」が出雲郷域の近隣にあることを重視したい。現社地の近くの尾根上に大社造の社殿の遺構とみられる九本柱の柱穴がある杉沢Ⅲ遺跡があって、八世紀後半頃の初期の社地と推定され、これが古い祭祀と分る。

同じ八世紀代と推定される出雲市上塩冶町の三田谷《さんただに》Ⅰ遺跡（上塩冶地蔵山古墳の南側）でも、九本柱建物が確認され、一棟のみ離れた場所で溝に囲まれる。その谷奥の湧水付近から「麻奈井」と記された墨書土器が出土した。湧水・井泉等と係わる立地性や、付属する建物という類似点が確認され、古墳時代後期から奈良時代にかけての九本柱建物こそが、「大社造」本殿のプロトタイプと呼びうるものだとみられている（浅川滋男氏など）。

同名の御井神社という式内社が、美濃にも各務郡と多芸郡にあり、同族の物部氏族（一族に水取連に関連する。多芸郡のほうは多芸連が関与したとみられ、鎮座地の岐阜県養老郡養老町金屋（鋳物師居住に因む地名）の南近隣に直江という地名も見える。大和国宇陀郡式内社にも御井神社があり、宇陀水取部（弟猾の後裔で鴨県主同族か）が奉斎したものか。

意宇郡の本拠地には、真名井神社もある。出雲西部の杵築大社の摂社でその東側には出雲井神社があって岐神を祀ると先に記したが、社殿の裏に巨岩がある。これと同名の出雲井神社が飯石郡、現・雲南市の三刀屋町殿河内にもあり（原型の祭神は岐神などを前述）、同社の横に「出雲井」の名前の由来の井泉がある。その東南方近隣の同町多久和の飯石神社は、伊毘志都幣命（天夷鳥命・天目一箇命と同体）の降臨の聖地で、巨岩の磐座がある。

『出雲国風土記』には島根郡に「邑美《おおみ》の冷水《しみず》」があげられ、老若男女に愛飲された。これは朝酌郷域の大海崎の清泉、俗称メナシ水（目無水）を遺蹟とする。同郷域の多賀神社（松江市朝酌町）は朝酌下社として風土記に記載され、素戔鳴尊を祭神とする。

山城国愛宕郡出雲郷には、出雲井於神社（祭神は須佐乃男命）が鎮座する。河内でも生駒山の西麓にある枚岡神社では、その祭神のうちの比売《ひめ》神は水の神とされ、同社は東大阪市出雲井町にあって、出雲井や白水井という湧水が重視され、社殿のなかで祀られる。近江国坂田郡の式内社・伊夫岐神社（伊吹山の南西麓の米原市伊吹に鎮座し、伊富岐大神・素盞嗚尊等を祀る）の付近で、姉川から取水する用水が「出雲井」と呼ばれ（伊吹村の出雲喜兵衛の引水に始まるという）、大原郷十六か村を灌漑した。

これら全国の諸事情から見て、イツモについて「井積、泉、井泉」など水源由来とみる説も無視できない。志賀剛氏の論考「出雲の神々―大穴持命の出雲統一」では、「イヅミ（泉）↓イヅモ（出雲）となる。もとより郡内には泉が多かったので出雲郡となったのであろう」と端的に指摘する。この見方をかつては看過していたが、いまはまったく同意する。

先に、宮沢明久氏が出雲における山・巨石や池泉への信仰・祭祀を指摘したと紹介したが、井泉関係が出雲氏族や同族に多く見えることに十分、留意される。例えば、摂津国嶋下郡の井於《いお》神社（旧訓はキノヘ。現・大阪府茨木市蔵垣内）も井泉祭祀の神社で、旧社地の宇野辺から推すると、物部連同族の穂積臣氏の勢力圏にあった。大和の石上神宮の元社という石上神社（天理市瀧本町）は、布留川の水神祭祀の場であり、桃尾の滝（布留の滝）を神体として祀るものであろう。

〔付論〕杵築大社創祀の謎

ここまで出雲国造氏を中心に出雲での長い歴史の流れを見てきたが、出雲の現地にあっては、平安後期より前の出雲史は、いわば「大きな闕史時代」である。中央史料の記紀やそれに続く六国史を除くと、出雲関係の記事は殆ど見えず、その出雲に『出雲国風土記』だけがほぼ完本の形でよく残ったものだと思われる。それ以外では、中央の正倉院文書として保存される天平六年の『出雲国計会帳』の断簡や、同十一年の『出雲国大税賑給歴名帳』が部分的に残るくらいである。出雲国衙の文書が平安後期に焼失したとしても、出雲大社やその他の古社では、史料がなぜ残らなかったのだろうかと訝らざるを得ない。

桃尾の滝（天理市滝本町）

こうした諸事情だから、肝腎のいわゆる出雲大社ですら、現実にはいつどのような事情で創祀されたのか、その後の祭祀状況（その時々の祭神や祠官諸家の活動状況）がどうなのかという要点がまるで不明なままである。千家尊統氏の高著『出雲大社』など、出雲と出雲（杵築）大社についての様々な記事や研究書・論考について、高名・無名の研究者のものまで含めて広範囲に読み漁るように読んでも、依然としてこの辺が解明がなされたとは到底思われない。本書は、出雲国造氏とその同族諸氏の研究をメインとするものであるが、関連して杵築大社の創祀について、最後に、やや大胆に追求、推測をしてみる。

杵築大社は、垂仁朝と斉明朝に二度、造成がなされたと社伝にいわれる。このうち、前者は、物言わぬ皇子ホムチワケに関して、垂仁天皇が出雲大神の加護（祟りの解除）を喜んで、社殿の修築を行なったという伝承を指すようである。それに関し、垂仁天皇の夢に「出雲の大神」が現れてなされたお告げで、菟上王《うなかみ》を遣わして社殿を修築したという。第二の斉明朝では、その五年（六五九年）に天皇の詔で社殿改修がなされ、今のような大社造りとなったという。この二度目の改修は、先にも何度か触れたように、「厳神の宮」が意宇郡の熊野大社のほうを指すのなら、当てはまらない。現存の「出雲国造神賀詞」には、「八百丹杵築宮」と見えるから、その頃までに創祀され、奈良時代以降は変わらない。

ホムチワケが応神天皇の前身である事情を考えると、当初の前身修造の実際時期は成務朝頃だったのかもしれない（書紀・風土記を考えると、ホムチワケ本人の出雲下向自体は疑問か）。ともあれ、所伝では成務朝時代にあたる四世紀中葉頃までに、杵築大社の前身の神社が創祀されたとしても、当初の場所はどこかは不明である（現在地に固定とみるべきではない）。

先に見たように、出雲郡出雲郷を含む出雲西部においては、出雲郷の南東近隣に位置して神名火山とされるのが仏経山であり、その山の嶺に鎮座すると『風土記』に見えるのが曾枳能夜《そきのや》社で、伎比佐加美高日子命という神を祀る。これが、出雲の開拓神たる味鉏高彦根命にあたる。この祭神が、この「キヒサの里」一帯を守る首長神とされ、祟り主の出雲大神にあたるとみるのが自然である。

『古事記』のホムチワケ伝承では、出雲大神の祟りがあって、唖のまま幼児期を育ったホムチワケが出雲にくだって、出雲大神たる「石硐《いわくま》の曾の宮」に坐す「葦原色許男神」を祀ったと見える（『書紀』では、出雲の宇夜郷で白鳥をとらえきて、これと遊ぶうちに物を言うようになったと見え、伝承が異なる。宇夜郷は後に健部郷になり、出雲郷の東隣に位置する）。

「曾の宮」については、確かめがたい面もあるが、杵築大社とする説と曾枳能夜神社とする説（原島礼二氏など）が管見に入る。曾枳能夜神社の由緒でも、当該伝承の「曾の宮」に当たると伝える。ホムチワケを接遇した「出雲国造の祖、伎比佐都美」の行動を考えると、本拠地とみられる出雲郷を含む斐伊川下流域あたりを重視して、仏経山やその北西麓の神氷に鎮座する曾枳能夜社のほうに当該出雲大神の社殿（鎮座地）を比定するのが割合、自然なのであろう。なお、内山真龍が風土記の神門郡滑狭《なめさ》郷条の説話に基づき、神西湖の南東で高倉山麓にある式内社・那売佐《なめさ》神社（出雲市東神西町。「岩坪明神」と呼ばれた）にイハクマ宮を比定した。この説を援用して、杵築大社よりもむしろ那売佐社ではないか、と本居宣長はみた（『古事記伝』）。那売佐社の祭神も葦原醜男命とされ、須勢理姫も祀る。

「葦原色許男神」は、『播磨国風土記』に頻出する神で（天日槍と土地占有をめぐって争う神）、播磨では大物主神に比定されようが（「大物主葦原色許」という表記も、同風土記に一箇所、美嚢郡志深里条に見える）、上古出雲にあっては、地理形状が「豊葦原」とか「葦原中国」とか呼ぶのが自然ではなく、大穴持命に比定するのは無理と思われる。出雲に葦原神社という式内社はなく、いま出雲市西郷町にこの名の神社があるのみで（風土記では、楯縫郡の神社として「葦原社」が四社記載も、今は西郷町の同名社にみな合祀かという）、祭神は葦原醜男命とされる。その場合、九州北部の「豊葦原」「葦原中国」の地（筑前の博多平野部）に育ち、出雲にやって来た味鉏高彦根命に比定するのが自然であろう。『尾張国風土記』逸文の吾縵郷条には、祟り主が「阿麻乃弥加都《みかつ》比女」とされていて、『古事記』と異なるが、この女神は味鉏高彦根命の妻神とされるから、説話の根源はほぼ同様である。このアジスキタカヒコネがホムチワケと同様に、「ヒゲが長く伸びるようになっても、夜昼泣いて、言葉を話せなかった」と『出雲国風土記』（仁多郡三沢郷条）に記され、この点でも祟り神がアジスキ神につながる。

　このように考えていけば、ホムチワケ伝承を基に祀られ修造された「出雲大神」の坐す神社が、杵築大社の前身であって、もともとは神名火山の山頂（ないし山腹）かその北西麓の出雲郷の地あたりに鎮座したとみられる。「いわくま」は、上記に見るように岩隈の義か。曾枳能夜社の旧地が山頂か山腹の巨岩のクマと伝えることが考慮されるし、いま、曾枳能夜神社の境内には岩神（神魂伊能知奴志命）、支比佐社（伎比佐加美長依彦命）があるのも、ホムチワケ伝承と符合しよう。風土記にはこれが「曾伎乃夜社」と見えるから、名の根幹は「曾伎」で、「曾」の宮に通じそうでもある。

　これがいつの頃か（あるいは斉明朝かもしれないが）、出雲郷あたりから西方の現鎮座地・杵築に遷座（ないし分祀）して、後の杵築大社につながるのであろう。杵築では、神魂伊能知奴志之命社（命主社）は、出雲大社の東の路地に鎮座する境外摂社でもある。この社殿背後に巨岩があって磐座とされ、江戸期にその下から翡翠の勾玉や銅矛が出土した（命主神社祭祀遺跡）。大社背後の八雲山からの湧水と併せ考えると、こうした組み合わせをもつ神社配置は、すなわち杵築大社の設置は、出雲国造一族の手によるものと考えられる。

出雲大社境内遺跡の発掘調査では、「境内から四世紀後半の土器や勾玉といった祭祀の遺物が見つかった」と笹生衛氏（國學院大學教授）が言う。これら勾玉・臼玉の古代祭祀遺物が出雲大社の初期に関係するかどうか不明であるが、この地点が古墳時代前期の祭祀遺跡だという蓋然性が高いのかも知れない。

出雲の上古代にあっては、大穴持命は最も重要な神であるのは確かである。だからといって、「国譲り」神話の舞台が実際には山陰道の出雲の地ではなかった（従って、国譲りの代償が壮大な神殿造営、すなわち出雲大社の創祀だ、という伝承は疑問が大きい。子孫がその後の百年超もの期間、出雲を統治したのだから、大穴持命が怨念を後世に残すはずがない）。そうした場合には、杵築大社やその前身の神社において、本来、祀られたのが同神ではなく、出雲の開拓神たる味鉏高彦根命であった。そのようにみるのが自然であると、私には思われる。そして、この神が、出雲の開拓神「神魂命」に当たるのであろう。その妹婿・天稚彦も、国造家遠祖神として併せて神魂命に合体されているのかもしれず、本書はこの両神の再発掘でもある。

おわりに

出雲の古代史研究は、日本列島の上古史研究の縮図のようで百家争鳴的である。これが、本書を書いてきた実感である。そこには、戦後の上古史や神話の研究の問題点(難点)が多く含まれている。その結果、出雲や出雲大社の歴史が曖昧なまま書かれたり、あるいは科学的な検討・史観という名のもとで人々の織りなす様々な事件からなる実体をもつ歴史が無視され、殆ど書かれない状態におかれたりしてきた。出雲氏とその同族諸氏について、私はこれまでも長い間、種々検討してきたが、今回、執筆にあたり改めて検討すると、驚くようなことが多く、現地の出雲では、平安後期より前の時代において、史資料が極めて乏しいことを実感する。だから、中央のほうに断片的に残る関係史料を基に、丁寧に検討する必要がある。これまで出雲が取り上げられた数多の著作・論考などを踏まえつつも、予断なしに総合的に物事を考えて行かねばならない、と思われる。

出雲氏とその一族を検討することは、上古からの出雲の歴史について生身の人々の行動を基に具体的に考えることでもある。その場合に、大国主神の「国譲り」をどう考えるかがたいへん重要なポイントになる。いわゆる「国譲り」が、出雲の地を舞台に実際になされたのかどうか。それによって、出雲という地域の上古史が決定されるはずなのである。この問題は、「出雲氏」の起源と一族の範囲という問題と共に、最後まで私の心中を離れなかった。その辺は、境港育ちの漫画家水木しげるさん(二〇一五年逝去、享年満九三歳)もそうだったのだろう。漫画作品とは言え、大和王権により打ち負かされた大国主神の無念さを思いつつ、ご逝去近くの頃まで、古代出雲に関して書き続けておられたという。

本書の執筆過程では、幅広くかつ興味深く出雲の歴史を様々に考えてみたいと思って、水木氏の『水木しげるの古代出雲』(二〇一二年刊)やアラハバキ神の研究書等々まで、広く読み漁ったが、出雲関係の神話・古代史の検討に関する難解さが様々に出てきた。

出雲に関する歴史記述とこれまでの研究は、後世に美化され虚飾された歴史・資料に囚われすぎ、予断ないし先入観に支配されすぎている。こう痛く感じる。私の「史実原型の追求」とは、実物大の歴史原像を冷静・合理的に探索することであり、これを改めて書かざるをえない。本書の執筆に当たって多くの書を改めて読み直してみて、出雲関係では系譜を含めて後世の偽造文書が極めて多い。このことは、この地域の大きな特色として留意される。それに加えて、神々の混同や同神異名や同名異神のケースも多くある。そして伝承の混同・転訛も甚だ多く、先入観という制約もある。こうした認識のもと、原型となる出雲の具体的な歴史像について、何度も考え直し、総合的に整理し直してきた。


これまでの出雲神話の解釈には、多大な疑問が種々ある。出雲の大穴持命はいわゆる「国譲り」などしなかった。国造家の初代とされる天穂日命とは、後世に創られた神名であり、高天原から派遣されて葦原中国のなかに取り込まれた、いわば裏切り者たる天若日子(天津彦根命)と同一人物であった(出雲国造家の所伝にも仮飾が多いことに留意)。この男神と筑紫の大己貴命の娘・高照姫との間に生まれた天御蔭命(天夷鳥命)こそが、出雲国造家の始祖であった。だから、同神が天上から出雲へ宝物をもたらしたと伝えるし、出雲郡には天若日子を祀る式内社が二社ある。関係する売布神社もある。出雲国造家が杵築大社を祀るのは、その祭神が男系ないし女系につながる祖神であったからなのであろう。もっとも、杵築社で祀られる主祭神が時代により変遷したことは、先に見てきたとおりである。古代の「出雲神」が総じて天御蔭命（天夷鳥命）にあたることも見てきた。

そうすると、本来は北九州の筑紫沿岸部にいたはず天御蔭命は、いつ出雲にどのように移遷して来たのか、出雲のどこに本拠をおいたのか（出雲国内での移遷過程も含め）。そして、先に出雲に移っていた味鉏高彦根命の一族との協力、競合関係も考えなければ、その後の具体的な歴史展開につながらない。同族の物部氏の祭祀や動向にも関係してくる。

執筆最後の段階まで、「出雲」の原義とその担い手の探索にも苦しみ、そして出雲大社でも摂社に祀られる神「アラハバキ」にも惑わされた。この神には多くの誤解があるが、韓地の「アラ（安羅、荒）」から渡来の製鉄・鍛冶神であって、だから青銅器大量埋納の地、荒神谷の「荒神」でもある。伊勢、遠江から関東、陸奥まで及ぶアラハバキ神祭祀の広範囲な分布は、出雲国造族の上古における活動と移遷足跡の範囲の広さを示唆する。

さらには、製鉄関連の楽々福神社及び関連社の分布と奉斎の氏族・諸氏にも留意され、美作北部の蒜山高天原伝承まで検討が及んだ。その場合、出雲国だけではなく、伯耆西部から美作北部に及ぶ地域を広く考える必要がある。「出雲」に絡まる物事は、きわめて多種多様で、広い地域や長い時代が歴史検討の対象であることを改めて感じる。

文献史料が乏しい以上、上古出雲の復元は考古学を十分に踏まえてやる必要があるが、そこには遺物・遺跡についての解釈・評価が基にあるから、この利用には十分で有機的多角度の検討が求められる。そして、考古遺物・遺跡だけの、血の通う生身の人物がまったく登場しないような歴史描写は、上古史分野にせよ、問題が大きい。このことは、松尾寿氏等著作の『島根県の歴史』（山川出版社、二〇〇五年刊）を読んで実感する。ともあれ、多くの試みを重ねたものが本書であり、執筆中に新たに認識したことも多い。

最後に、本書の著述に関し様々なご教示・ご示唆や刺激をいただいた多くの研究者やネット記事掲載関係者の学恩に対し、深甚なる敬意と謝意を表したい（いわゆる「専門家」ではない研究者の調査・検討にも、いろいろ有益な示唆・教示をいただいたことを改めて付記しておく）。

なかでも、幕末の景山粛や渡辺貞幸氏など現地地元で祭祀・遺跡の調査・検討にあたった人々の著述も、有益で示唆深い。太田亮博士の丁寧な史料探索と記述にも、おおいに助けられた。そこに、大著『姓氏家系大辞典』の意義も存すると感じる。そのほかでも、多くの卓見に導かれてきた。そして、種々ご教示の境港出身の足立倫行氏、及び中世の出雲国神門郡古志郷あたりに居たらしい私の先祖に対して、本書を捧げるものでもある。

資料編

1　出雲氏族の系図（試案）

①出雲国造一族
②土師氏系統
③東国分岐の流れ（主要部分）
④三上氏族の系図（主要部分）

第2図　出雲氏族の系図（試案）

※一部に推定を含む。時期は上古～江戸初期頃。

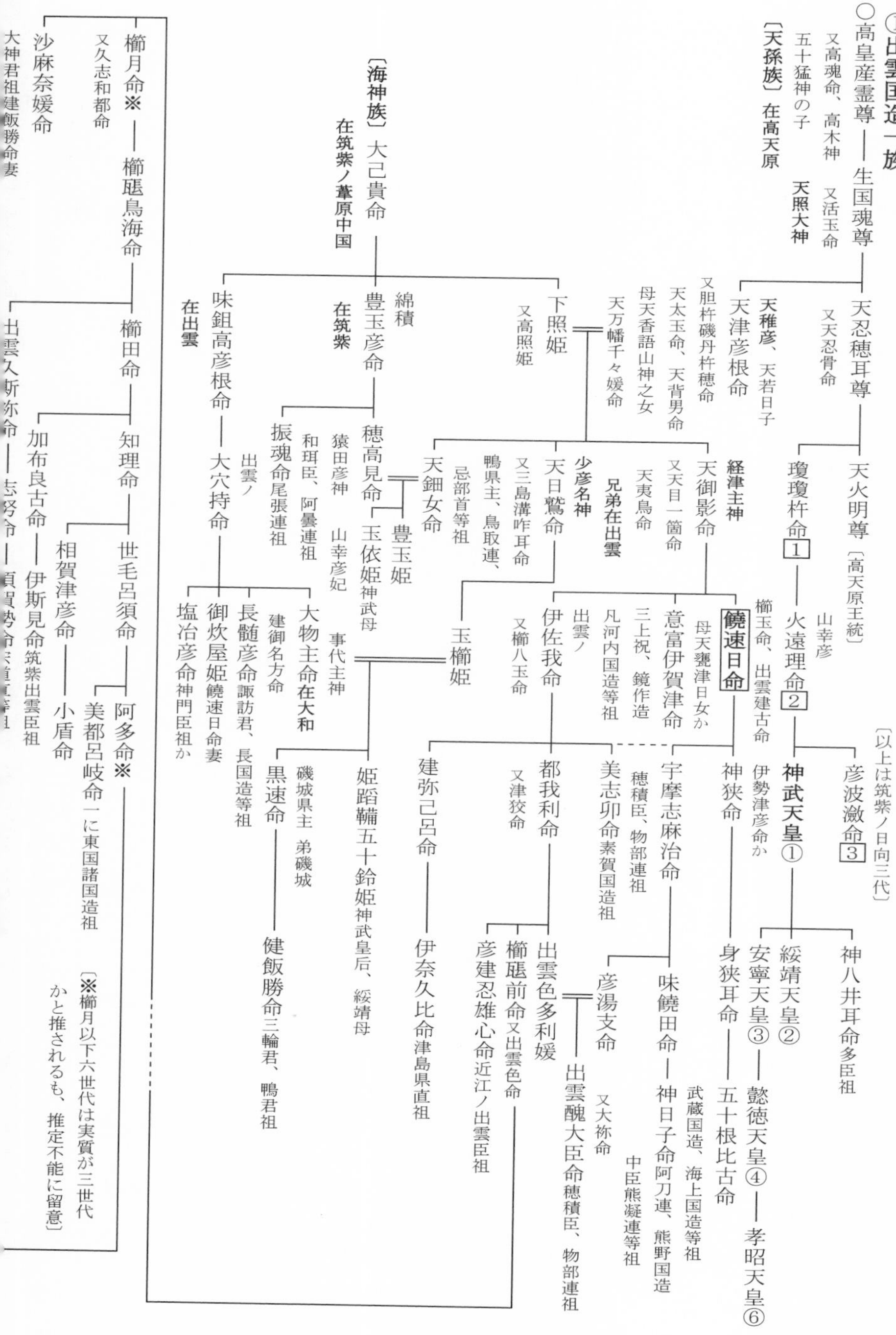

〔※櫛月以下六世代は実質が三世代かと推されるも、推定不能に留意〕

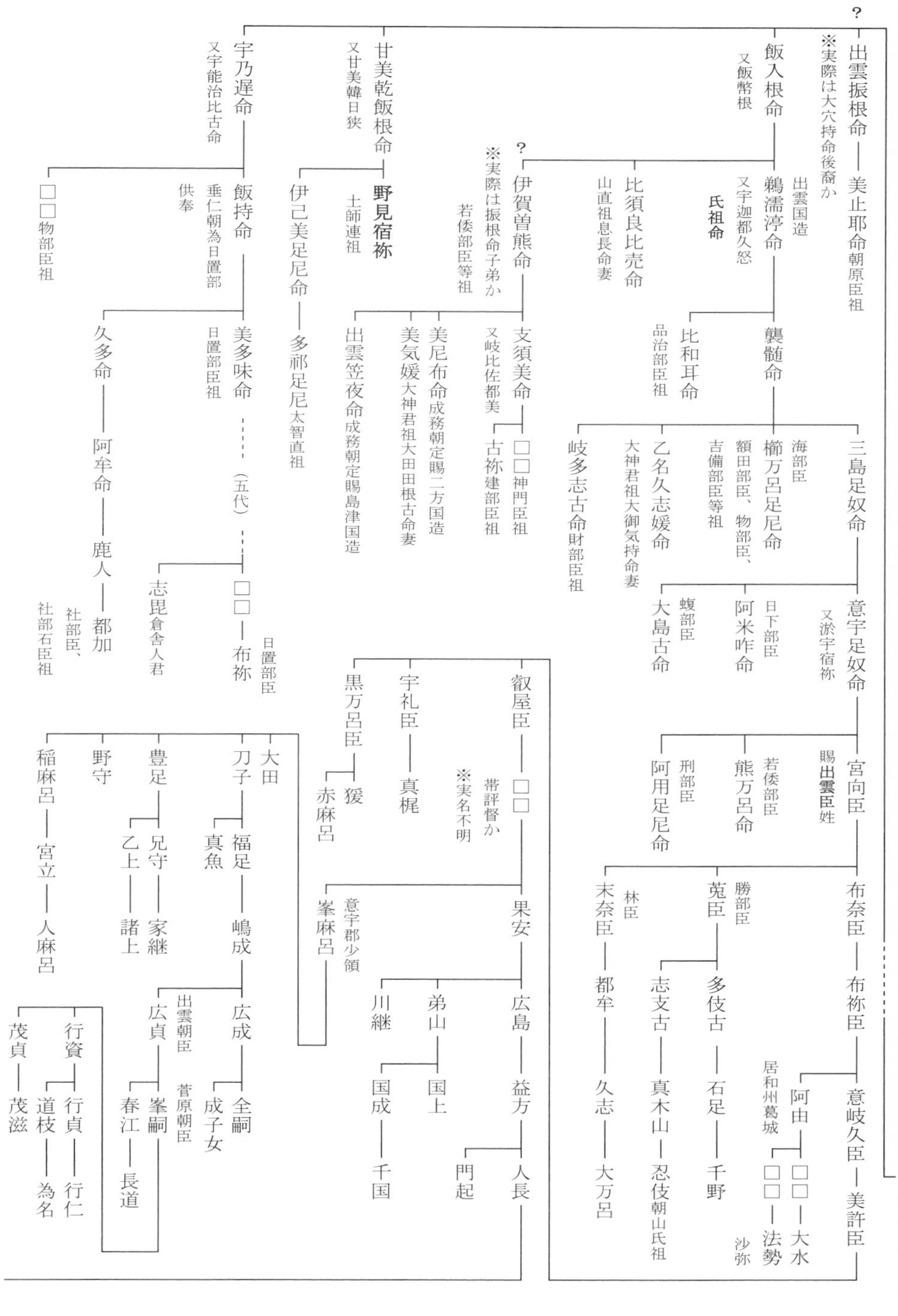

？
出雲振根命 — 美止耶命 朝原臣祖
※実際は大穴持命後裔か
飯入根命 又飯幣根
鵜濡渟命 出雲国造 又宇迦都久怒 氏祖命
比須良比売命 山直祖息長命妻
？
伊賀曽熊命 ※実際は振根命子弟か 若倭部臣等祖
甘美乾飯根命 又甘美韓日狭
野見宿祢 土師連祖
伊己美足尼命 — 多祁足尼 太智直祖
宇乃遅命 又宇能治比古命
飯持命 垂仁朝為日置部供奉
□□ 物部臣祖
襲髄命
比和耳命 品治部臣祖
三島足奴命 海部臣
櫛万呂足尼命 額田部臣、物部臣、吉備部臣等祖
乙名久志媛命 大神君祖大御気持命妻
岐多志古命 財部臣祖
支須美命 又岐比佐都美
美尼布命 成務朝定賜二方国造
美気媛 大神君祖大田田根古命妻
出雲笠夜命 成務朝定賜島津国造
□□ 神門臣祖
古祢 建部臣祖
美多味命 日置部臣祖
（五代）
□□ — 布祢 日置部臣
志毘 倉舎人君
久多命 — 阿牟命 — 鹿人 — 都加 社部臣、社部石臣祖
意宇足奴命 又於宇宿祢
阿米咋命 日下部臣
大島古命 蝮部臣
宮向臣 賜出雲臣姓
熊万呂命 若倭部臣
阿用足尼命 刑部臣
布奈臣 — 布祢臣 — 意岐久臣 — 美許臣
阿由 居和州葛城 — □□ — 大水
□□ — 法勢 沙弥
菟臣 勝部臣 — 多伎古 — 石足 — 千野
志支古 — 真木山 — 忍伎 朝山氏祖
末奈臣 林臣 — 都牟 — 久志 — 大万呂
叡屋臣 — □□ 帯評督か ※実名不明 — 果安 — 広島 — 益方 — 人長
門起
弟山 — 国上
国成 — 千国
川継
宇礼臣 — 真梶
黒万呂臣 — 猨
赤麻呂
峯麻呂 意宇郡少領
大田
刀子 — 福足 — 嶋成 — 広成 — 全嗣
成子女
真魚
広貞 出雲朝臣 — 峯嗣 菅原朝臣 — 長道
春江
豊足 — 兄守 — 家継
乙上 — 諸上
野守
稲麻呂 — 宮立 — 人麻呂
行資 — 行貞 — 行仁
道枝 — 為名
茂貞 — 茂滋

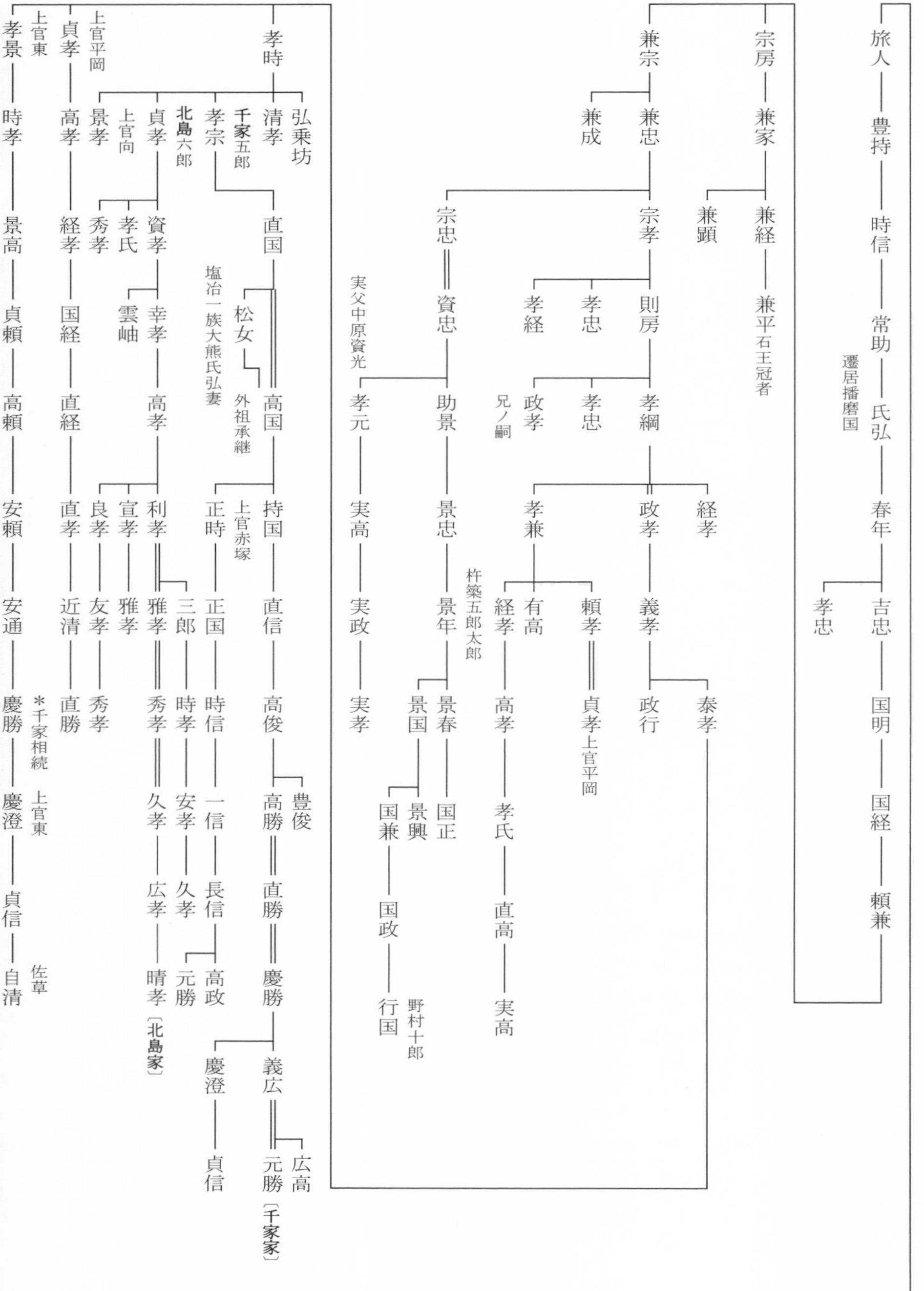

旅人―豊持―時信―常助―氏弘―春年―吉忠―国明―国経―頼兼
遷居播磨国
孝忠
宗房―兼家―兼経―兼平
石王冠者
兼顕
兼宗―兼忠―宗孝―則房―孝綱―政孝―義孝―泰孝
兼成
孝忠
孝経
孝忠
政孝
兄ノ嗣
経孝
孝兼―頼孝＝貞孝
上官平岡
有高
経孝―高孝―孝氏―直高―実高
政行
宗忠＝資忠―助景―景忠―景年―景春―国正
実父中原資光
杵築五郎太郎
景国―景興
国兼―国政―行国
野村十郎
孝元―実高―実政―実孝
孝時―清孝
弘乗坊
孝宗
千家五郎
直国―松女
塩冶一族大熊氏弘妻
高国
外祖承継
持国―直信―高俊―高勝＝直勝＝慶勝―義広＝元勝
〔千家家〕
豊俊
広高
慶澄―貞信
正時
上官赤塚
正国―時信―一信―長信―高政
元勝
貞孝
北島六郎
資孝―幸孝―高孝―利孝＝雅孝＝秀孝＝久孝―広孝―晴孝
〔北島家〕
三郎―時孝―安孝―久孝
孝氏
秀孝
雲岫
宣孝―雅孝
良孝―友孝―秀孝
景孝
上官向
貞孝
上官平岡
高孝―経孝―国経―直経―直孝―近清―直勝
孝景
上官東
時孝―景高―貞頼―高頼―安頼―安通―慶勝―慶澄―貞信―自清
＊千家相続
上官東
佐草

②土師氏系統

○野見宿祢 ― 阿多勝臣（又若桑宿祢） ― 磐昆臣 ― 身臣（仁徳朝為**土師連**供奉） ― 意富曽婆連 ― 小鳥連 ― 咋子連 ― 大保度連 ― 首連（一に此人無し）

- 野見宿祢 ― 三熊臣 ― 宇都見臣（出雲高草臣、秋鹿臣祖）
- 磐昆臣 ― 小熊臣（民直祖）
- 意富曽婆連 ― 布須古連 ― 高樹連
  - 布須古連 ― 生馬連（石津連祖）
- 小鳥連 ― 吾笥連（居于伊勢国） ― 米子連（贄土師連祖）
- 小鳥連 ― 水鶏連 ― 川名連（凡河内忌寸祖）
- 大保度連 ― 伊知良連（居河内之志紀県） ― 阿世連 ― 神吉連（恵我連祖）

首連
- 八島連（居河内之志紀郡 土師郷）
  - 八手連（土師宿祢祖） ― 千島
  - 身連（又身形子）
    - 根麿 ― 豊麿 ― 冠、位
    - 馬手（賜土師宿祢姓 壬申功臣）
      - 御目、田使
      - 甥（居大和国添郡菅原郷）
        - 宇庭 ― 古人（賜菅原宿祢姓）
          - 清貞
          - 清岡 ― 行成
          - 清枝 ― 永津、今津
          - 清公
            - 善主 ― 宗岳 ― 阿本 ― 嘉猷 ― 持堅
              - 宗岳 ― 衆好 ― 正好 ― 行範（内倉祖）
            - 忠臣
            - 興善 ― 明卿
            - 是善（従三位参議） ― 道善、道仲 ― 勝永、道真（右大臣従二位）
            - 是算
            - 康子（覚寿尼）
          - 清人（賜**菅原朝臣**姓） ― 清岑
        - 牛勝
          - 守人
          - 道長（賜菅原朝臣姓） ― 常人
          - 道久
          - 道時 ― 武益
          - 真仲（賜大枝朝臣姓） ― 直臣
        - 弟勝
        - 樽
- 兄国連（居大倭之添郡秋篠邑） ― 真敷連 ― 弟麿（又男麿）
  - 百村
    - 千村 ― 安人（参議従三位 賜**秋篠朝臣**姓）
    - 五百村
    - 島村
  - 百敷 ― 細目
- 菟連（居河内之百舌鳥野） ― 土徳連 ― 富杼（賜土師宿祢姓）
  - 祖麿
    - 犬養
      - 菅麿（賜大枝朝臣姓） ― 継吉
        - 継成 ― 氏雄 ― 弟常（万代、奥祖）（改賜大江朝臣姓）
          - 継成 ― 告子女
        - 氏子女
      - 萬麻呂
    - 牧万侶 ― 長人 ― 永山 ― 乙枚 ― 女子
    - 和麿
      - 氏万呂（賜大枝朝臣姓） ― 緑
      - 諸上
        - 本主 ― 音人（従三位参議 改賜**大江朝臣**姓）
          - 本主 ― 音峯 ― 氏清
        - 乙主 ― 乙平
          - 乙主 ― 安枝 ― 春高
        - 乙枝女
      - 公足 ― 真高
  - 真妹（倭乙継妻 高野朝臣新笠母 桓武天皇外祖母）
- 磐村連 ― 猪手連（土師娑婆連祖）

（大江朝臣音人）

公幹—清忠—如鏡—忠慶—師季—盛俊—資成—資家
玉淵—朝典—扶藤
玉淵—朝綱 参議—澄明—清通—定経—清経—清遠
朝綱—澄江—通直—佐国—広経—公仲—雅仲
千里—維明
千里—維繁
宗淵
染淵—義光
千秋
千古—維時 従三位権中納言—斉光—定基
維時—重光—匡衡
維潔
維明—理任—相兼
維明—仲宣—清言—公資—女子 号相模
仲宣—以言
匡衡—能忠—兼忠
匡衡—持棟—経成
匡衡—挙周—能高
挙周—成衡—匡致—女子 和泉式部
成衡—匡房 正二位権中納言
匡房—有元—時賢—信賢—有資
匡房—維順—匡行—棟房
維順—維光—広元
維光—時房
維光—匡範—周房—信房 北小路祖
維順—挙衡—匡成
挙衡—忠房
挙衡—匡資—匡朝
匡房—隆兼—匡隆
隆兼—匡周
広元—尊俊
広元—忠成 海東祖
広元—季光 毛利祖
広元—宗光 那波祖
広元—時広 長井祖
広元—親広 寒河江等祖

（菅原朝臣道真）

高規 イ高視—諸熙—資忠—孝標—定義
諸熙—雅規—良正
雅規—文時—薫宣—持賢—永頼—知頼
持賢—永家 美作菅党祖？
文時—惟熙—宣義
雅規—庶幾—輔元—師長—為輔—長輔
師長—陳経 柳生、中坊祖
資忠—致尚
孝標—基円
孝標—女子 更級日記作者
寧茂
景行—是成
景監—斯宗
淳茂—在躬—輔正—為理—実言
輔正—為忠—忠貞—安貞
輔正—為紀—修成—実平
修成—親行
在躬—幹正—宗正—忠親
幹正—為衡—良政—良清 河副祖
在躬—行正
在躬—祥全 安楽寺別当
淳茂—淳祐
舊風
弘茂—親俊
兼茂—宗臣
兼茂—逸倫
宣茂
淑茂—親職
淑茂—為職
滋殖
尚子 典侍尚膳
寧子 斉世親王妃
衍子 宇多天皇女御

定義—清房
定義—是綱—清隆—定隆—真充
是綱—淳中—定宗—輔兼
是綱—宣忠‖長守—為長 正二位参議
為長—長貞
為長—長成 高辻祖
為長—公良
為長—高長 五条、清岡、桑原、東坊城祖
為長—長明
定義—忠章
定義—在良—善弘‖在長—長守
善弘—善昇—信昇 大鳥井等祖
在良—時登—公賢—定正—公貞
在良—清能—貞衡‖在清—公輔 若江、唐橋祖
在良—為恒—真幾—高猷—忠慶 吉見祖
定義—正長
定義—輔方—宣資
輔方—是基—在長
是基—在茂—在高—淳高—良頼 土佐清岡祖
在茂—義高—高能—在綱

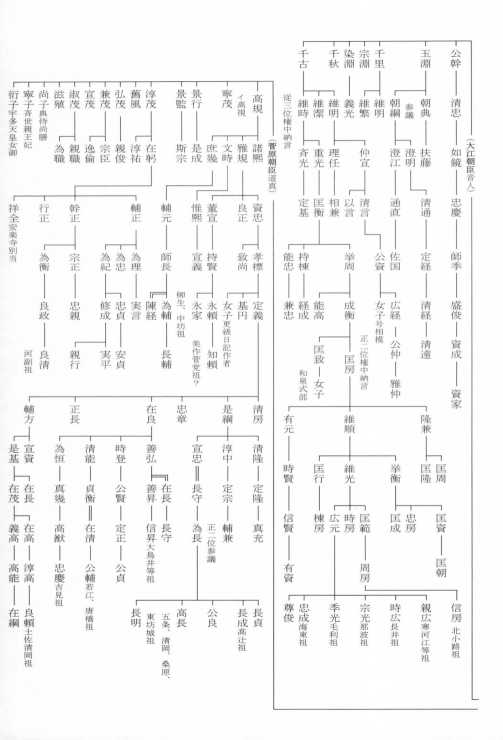

③東国分岐の流れ（主要部分）

天御影命（天夷鳥命、天目一箇命）の子

- 伊佐我命 出雲国造祖
- 饒速日命（櫛玉命、出雲建子命）
  - 神狭命（又諸忍毘古命）― 身狭耳命（又八拳命）― 五十根比古命（又高負比古命）― 毛呂寸美命（又天速古命）― 美都呂岐命（又弥都侶伎命）
    - 比古曽乃凝命（又日古曽乃己呂命）
      - 伊許保止命
        - 伊己侶止直 伊甚国造、伊甚直祖
        - 大滝直 定賜安房国造、負膳大伴直姓
        - 小須比売 忌部久豆美妻
      - 建御狭日命 ― 兄狭日直 多珂国造石城直祖
      - 大中伊志治命（針間ノ山直）― 由加米直（母出雲比須良比売）― 黒倍直（イ黒奈倍）― 息嶋 ― 菟 ― 石田 ― 須奈保
    - 忍立化多比命
      - 兄多毛比命（又大多毛比　定賜武蔵国造）
        - 荒田比乃宿祢 ― 宇志足尼
          - 筑麻古（イ筑磨）
            - 蚊手 ― 加志
              - 波留古
                - 使主（笠原直）
                  - 倉見 ― 角足
                  - 兄麻呂（物部直　入間宿祢祖）
                - 和爾古 檜前舎人直
              - 碓古 ― 小杵
            - 忍敷 刑部直
          - 乙名古 矢田部直（大部直）
          - 八背直
            - 牛頸直 ― 押熊直 ― 佐宜古直 ― 馬養直 ― 笠麿直 ― 鯛執直 ― 氷上万呂 ― 道足 ― 古麿 ― 不破麿（賜武蔵宿祢姓　武蔵国造）
              - 家刀自
              - 弟総（武蔵国造　野与、本田祖）
            - 強頸直
        - 大鹿国直（又大酒主直　定賜菊麻国造）
          - 弟媛 仲哀天皇妃 誉屋別皇子母
          - 小鹿直 来熊田造祖
        - 穴倭古直 定賜大島国造
        - 大八木足尼 定賜伯岐国造
      - 忍立毛比命（定賜海上国造）― 五十狭茅宿祢（神功皇后征韓供奉　為活田大神神主）
        - 稲庭直
          - 長止古直 上総宿祢（上海上国造　大伴登美宿祢、刑部直等祖）
          - 久都伎直 他田日奉直等祖（定賜下海上国造）
          - 武多乃直 定賜千葉国造
        - 彦狭知直（又諸手直　活田大神乃祝部）― 阿米 ― 比良弖 飛鳥部吉士、三宅吉士、壬生吉士祖（為吉士奉仕）
      - 弟武彦命（定賜相武国造　漆部直、相模宿祢祖）
    - 比奈良珠命（定賜新治国造）
  - 宇摩志麻治命 穂積臣、物部連祖

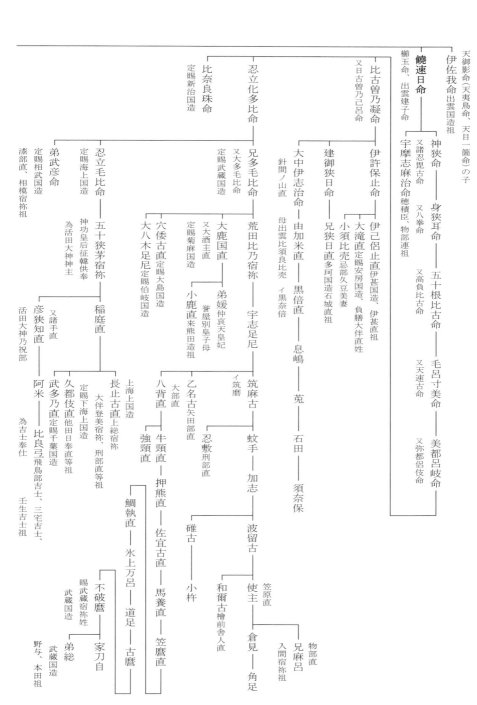

④三上氏族（主要部分）

- 意富伊賀津命（母針間荒田道主日女／三上祝、鏡作造等祖）
  - 彦伊賀都命（又彦稲勝命）
    - 天夷沙比止命（川枯首祖）
      - 川枯彦命
        - 坂戸毘古命
          - 国忍富命
            - 大加賀美命（又櫛努古理命）
              - 鳥鳴海命 ― 八倉田命 ― 室毘古命
                - 桜井命 ― 比賀多命（一、室毘古男） ― 多奇日子命（賜三上直姓）
                  - 都理 ― 三尾
                  - 矢田媛
                - 大原命
              - 速都鳥命（定賜穴門国造） ― 鳥耳命 ― 践立乃直（穴門直、神田直、賀田宿祢等祖）（住吉神荒魂祭祀）
            - 水穂真若命 ― 五十狭胡乃命 ― 小竹武乎命 ― 忍多気毛利命 ― 伊破古（蒲生稲置、菅田首祖）
            - 筑箪命
              - 息長己呂媛命（中臣連祖大鹿島命妻）
              - 忍凝見命
                - 建許呂命（又建凝命／倭建命東征時随従）
                  - 意富鷲意弥命（定賜師長国造）
                  - 大布日意弥命（定賜須恵国造）
                  - 筑波使主命（定賜茨城国造）
                    - 久等宿祢（為額田部供奉／応神朝針間国揖保郡佐々山奉斎出雲御影大神）
                      - 美呂浪足尼（額田部湯坐連、倭田中直、葦田首祖）
                      - 己呂毛足尼（高市県主／高市連、奄智造祖）
                      - 弟鹿足尼
                        - 武彦 ― 三野麻呂（為三枝部造供奉）
                        - 雄己志（鷹集造祖）
                    - 鏑子足尼
                      - 努賀毘古（建部祖）
                      - 真臣（若舎人部祖）
                    - 田守足尼
                  - 深川意弥命（定賜馬久田国造）
                - 阿閉色呂命（定賜筑波国造） ― 春山宿祢
              - 弟凝見命（忌鍛冶部、桑名首祖）
            - 加志岐弥命（白根造祖）
            - 息長水依比売命（彦坐王妃）
          - 新河小楯姫命
          - 富炊屋姫命
        - 坂戸由良都姫命
      - 川枯姫命
      - 御食津媛命
    - 鴈多祁比売命
  - 阿多根命（山背国造、山背忌寸、国宿祢祖） ― 知久留美命 ― 苫麻杵命 ― 伊加利乃命 ― 長溝命
    - 真木毘売命
    - 荒毘売命
    - 玉手毘売命
    - 大国不避命
      - 曽能振命 ― 山代根子命
        - 稲鋤毘古直
          - 長牟手乃直 ― 取石 ― 底波古 ― 古牟自 ― 那美古 ― 布自（山代宿祢祖）
          - 蘇祢古乃直（摂津広田神社奉祀） ― 石床 ― 小猪 ― 久志古 ― 麻佐 ― 羽鳥（鷹羽祖）
        - 葉山媛
        - 長媛（神功皇后紀）
      - 苅幡戸弁
      - 弟苅幡戸弁
  - 彦己蘇根命（凡河内国造、大県主等祖）……（二代略）……青玉繋
    - □□…（六代略）…香賜 ― □□
      - 味張 ― □□ ― 糠手 ― 矢伏
      - 稚子媛（宣化妃、火焔皇子母）
    - 埴安媛（武埴安彦命母）

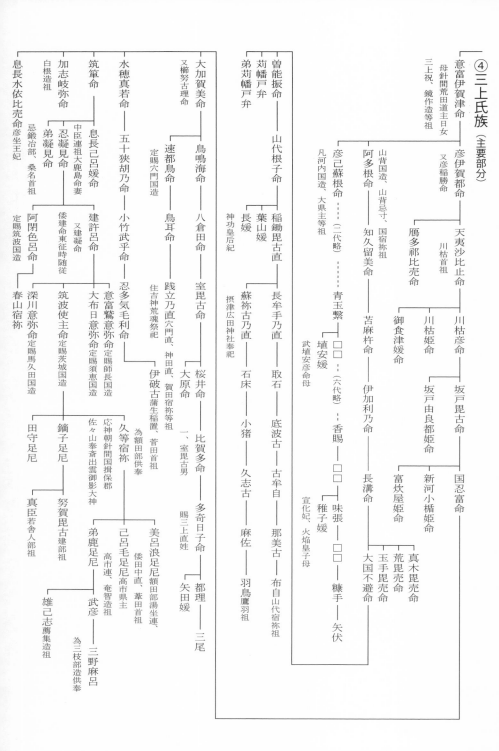

2　出雲氏族と関係同族から出た姓氏と苗字

出雲氏族概説─称天穂日命後裔

○出雲氏族は天穂日命、その子・建比良鳥命の後裔と称する氏族である。天穂日命の位置づけは、記紀など一般には天照大神の子とされるが、出雲神話にも登場する意美豆努命の子とする異伝もある。この氏族の由来としては、大国主命及び事代主命が大八島国の現事から退隠の際、天穂日命の孫とされる櫛八玉命（又の名を伊佐我命）が忌火を鑽り、天真魚咋を奉って以来、出雲国で大国主命を奉祀してきたと伝える。

ただ、出雲国造家の本来の奉斎神は大国主神ではなく、熊野大神であり、天穂日命の神名や活動事績には疑問があり、櫛八玉命の父祖の名前・系譜にも問題がある。

○宗族は出雲国造家として、意宇郡の熊野大社（祭神の実体は、素盞嗚神こと五十猛神か）を本来奉斎し、のちに併せて出雲郡の杵築（出雲）大社にも奉仕して、次第に後者に重点を遷し、上古以来、連綿と続いた。延暦期までは出雲国造は意宇郡大領を兼帯し、支族も出雲国内に繁衍し各郡の郡領職や古社祠官家の多くを占めた。本宗家は南北朝期に千家・北島両家に分れたものの、支庶家一族とともに出雲大社に奉仕して、現在に至る。

○出雲国造家の初期の系譜はかなり複雑で、その実態はなかなか判じ難い。上古、西部の杵築地方に大己貴命（大穴持命）系統があり、東部の意宇地方（とくに能義地方）に天目一箇命（及び少彦名命）の系統があって、当初、両統が併存しつつ出雲はゆるやかに統合していたが、後者が崇神朝に西部を併せて出雲全体の国造家主体となった（その結果、二つの系統の系譜が併合、混入して一系の形となったのではないかと推される）。

現在につながる系統では、その氏祖を崇神朝の鵜濡渟命としており、これ以降がほぼ信頼できそうにも見えるが、支族諸氏の祭祀・行動などを検討すると、その後も一系とみるには問題もある。すなわち、意宇と杵築（神門）の二系は習俗・祭祀・職掌などから考えると、実質的には氏の性格を異にして混存し、かなり後世まで続いたのであろう。前者は出雲国造本宗などの殆どの諸氏を含むが、後者も崇神朝に滅びたのではなく、神門臣・建部臣等が出雲にあり、二方国造・嶋津（嶋）国造も分出した。二方・嶋津の両国造は、各々大歳神を奉斎し、嶋津国造では犬養の職掌も行っており、海神族の色彩が見られた。

○出雲氏族には、原住地出雲国に長く留まった系統のほかに、畿内系統、東国系統という大きな支族群があった。畿内系統の主流は、垂仁朝に奉仕した野見宿祢の後裔である。東国系統は、神武朝に東国に遷った出雲建子命の後裔と称し、武蔵・常総を中心に大発展した。この東国系統の系譜は十分な検討を要するもので、実際にはいったん畿内に落ち着いた物部氏の支流であって、天目一箇命との関連が考えられる。

○諸国の国造としては、出雲国造、二方国造（但馬国二方郡）、嶋津国造（志摩国）のほか、東国に広く分布し、武蔵国造、相武国造（相模国東部）、新治国造（常陸国新治郡）、上海上国造（上総国海上郡）、下海上国造（下総国海上郡）、千葉国造（下総国千葉郡）、伊甚国造（上総国夷隅郡）、安房国造（安房国安房郡）、菊麻国造（上総国市原郡菊麻郷）、多珂国造（常陸国多珂郡。ただし、石城国造との関係で系譜には疑問あり）、と多数あげられる。このほか、伯岐国造（伯耆国）、大島国造（周防国大嶋郡）も武蔵国造同族の流れを汲むように「国造本紀」に見えるが、これらは疑問が大きく、安芸の阿岐国造の支流ではなかろうか。

また、領域や何時まで継続したかは不明だが、素賀国造もあり、更に国造級の津嶋県造（津嶋県直。対馬国）も初期の分岐支族にあげられる。

○出雲氏族の姓氏及びそれから発生した主な苗字をあげると次の通り。

(1)**出雲系統**……出雲在住の氏族、及び出雲に長く留まりやや遅れて畿内（山城国愛宕郡、摂津、河内など）に進出した氏族等である。

出雲臣の原始的姓氏は出雲積（後裔に首姓のものあり）の可能性も考えられるが、崇神前代においては、居住地などで不明な点が多い。出雲国一円に見られる日置部君・勝部君・語君（語部君）・雀部君・蝮部君など君姓の諸氏も、出雲国造家と何らかの関係をもつ同族・姻族ではないかとも推されるが、その系譜は不明である（これら君姓諸氏は、大国主神の流れの杵築系統であって、神門臣などと同族かもしれない）。

出雲臣（録・左京、右京、山城、河内や近江）、出雲宿祢（千家、北島―両家は出雲大社神主家

で明治に華族。出雲宿祢姓で記録に見えるが、宿祢の賜姓時期は不明。一族に高浜、井田、稲岡、富、阿宮、東〔日貫〕、東屋敷、平岡、赤塚、向―出雲大社祠官。津田、宍道―出雲人。杵築、野村―出雲人、或は勝部宿祢姓か）、

勝部臣、勝部宿祢（朝山―出雲国神門郡より起る、分れて京官人の九条家諸大夫・上北面にあり、大伴姓とも称。佐陀、勝部―秋鹿郡佐陀社神主。出雲各地に広く繁衍しており、大原、佐世、牛尾―大原郡人。長田、多久、本庄、法吉―島根郡人。万田―楯縫郡人。内―秋鹿郡人。仁田、横田、久野―仁多郡人。多祢―飯石郡人。建部―出雲郡人。新山、石坂、飯積、杉沢、河与〔川副〕、午田、湯―出雲人）、林臣（石坂、平林―意宇郡磐坂・志多備神社祠官）、刑部臣、日下部臣、語臣、蝮部臣、額田部臣（飯石郡住で製鉄業者の田部は後裔か）、吉備部臣、財部臣（別火―杵築社・意宇郡揖夜神社祠官で、もと称大宅姓。熊野、鈴木―意宇郡熊野大社祠官。富もこの姓の出か）、品治部臣、日置部臣（置部臣、日置臣。意宇郡忌部大宮神主の日置がそうか）、日置宿祢（小野―日御埼社検校で明治華族、出雲宿祢とも称す。三崎〔御崎〕、神西、真野―同社祠官）、社部臣、物部臣（意宇郡の神魂神社祠官秋上《アキアゲ》は、物部後裔というからこの一族か）、鳥取部臣、民臣、有臣、佐波臣、佐波宿祢。意宇郡の佐久佐神社祠官佐草や、出雲郡の都武自神社祠官の金築・佐田尾・竹下、雲根神社祠官の石塚、立虫神社の錦田なども、国造一族の後裔か、姓氏不明。飯石郡の須佐神社祠官須佐氏は稲田首姓と称するが、出雲国造の同族か。出雲郡御井神社の旧祠官家も稲田氏というが、姓氏不明。

京には出雲（録・左京）、出雲連、出雲宿祢（録・左京）、出雲朝臣、菅原朝臣（同上の改姓で医家官人）。

次ぎに、大国主神系統と所縁の杵築系統では、出雲西部を中心に分布しており、上掲の出雲臣系統と混淆して判別が困難であるが、この流れと推されるものをあげると、

神門臣（録・右京。出雲大社祠官の神門は末裔か。出雲郡の日御碕社祠官の古庄や、神門郡の塩冶比古神社祠官の本庄、永田〔長田〕も族裔か日置部臣一族）、健部臣、舎人臣、倉舎人君、若倭部臣、海部臣（海臣。日御碕社祠官の加持は族裔か。その場合、伯耆国会見・日野郡にも分布か）、宍道直、朝原臣、太智直。また、姓氏不明だが、飯石郡式内社の三屋神社祠官の三戸・宮脇も、神門臣一族の後裔か。同郡三刀屋城主で称大江姓の市川も、同様か。総じて、神門系統は子孫等が不明なことが多い。

志摩及び但馬に同族があり、嶋直（島直。島―志摩国答志郡人。菅原―陸前の栗原郡人。島、松峯、菅野―陸前国気仙郡人）、志摩（宿祢姓か）。志摩国志摩郡の犬甘直・証直（證直）も同族か。但馬の二方国造一族の姓氏は不明だが、他の例からみて、国造家は二方直か。刀岐直やその賜姓の滋岳朝臣は一族か。采女直・賀茂直もあったか。姓氏不明だが、二方郡式内社の二方神社祠官の中嶋や、大歳神社・大家神社祠官の立橋は、族裔か。

(2)**土師系統**……野見宿祢の後裔であり、一部が出雲及び因幡国高草郡に残ったが、垂仁朝に畿内の河内に遷住して繁栄した。土師連は土器製作・葬制を職掌とする土師部（土部）を管掌して、のち四腹に分かれ、宗族は後に大和国添下郡に住んで菅原朝臣となり、他の大支族は大江朝臣（和泉国百舌鳥郷に住んだ流れ）、秋篠朝臣（添下郡居住の支族の流れ）及び土師宿祢（河内国の志紀・丹比郡や周防の佐波など）などとなった。

菅原朝臣及び大江朝臣は公家、武家として栄えたので一族と称するものが多い（なかには系譜仮冒も多分にある）。特に頼朝に仕えた大江広元の後裔は、中世武家として出羽・越後及び安芸などに繁栄し、大族毛利氏を出した。周防国佐波郡で展開した土師支流もある。

土師臣、土師連（録・摂津、和泉）、土師宿祢（録・右京、山城、和泉。西川―河内人）。

菅原宿祢、菅原朝臣（録・右京。高辻、五條、唐橋、清岡、桑原、東坊城―京華族。西坊城、滋岡―公卿で絶家となる。若江―京官人、伏見宮殿上人。岡田―京官人で蔵人所衆・滝口。樋口―有栖川宮諸大夫。塩小路―九条家諸大夫。金川―大膳職史生で、もと中神という。東川―内蔵寮史生。菅谷―妙法院宮坊官。本阿弥、松田―京人、刀剣鑑定人。吉見―京の北野社務別当職。滋岡―大阪天満天神社神主家。山本、藤岡―春日神人。河副〔川副〕―肥前国佐賀郡に起る。江副―肥前国佐賀郡の竜造寺八幡宮司。清岡―土佐一条家侍、のち清岡子爵家となる。下山、村木―土佐人。植松、川西、諸星、楢田、小泉―信濃国佐久郡人。萩原―甲州山梨郡人。神谷―筑前博多の商人。

このほか、地方で繁衍した称菅原氏の主なものは次のようなものだが、筑前太宰府天満宮祠官一族以外では、系譜仮冒もかなり多かったか。

・大鳥居〔明治になり西高辻〕、小鳥居、水田―筑前太宰府安楽寺別当、天満宮祠官。八院、鐘ケ江、池尻、牛嶋、大坪、酒見、川浪、梅野、重松、永松、本村等―筑前、筑後人。水町―筑後国水町村より起る。

・内倉、大宮―武蔵国氷川社旧社務家、武蔵宿祢姓祠官の跡を襲う。氷川社旧祠官の称橘姓氷川も同族か。梅原―武州橘樹郡人、伊豆国田方郡に分る。秋元―武州橘樹郡人。

・前田―美作人、後に一族尾張国荒子に遷るは武家華族。有元〔有本〕―美作菅家党の本宗で勝田郡人、この一族の菅原姓出自には疑問も留保（あるいは久米氏族か弓削氏族か）。原田、石原、植月〔殖月〕、大町、百月、荻野、福光、鷹取、広戸、大岩、小守、寺島、山本、大田、須江、越尾、辻、福本〔福元〕、福井―美作菅家党とその流れで、勝田郡を本拠に周辺にも分布。戸川〔富川〕―備前人。佐用、三枝、鷲尾、安田、多賀―播磨人。森安―美作国勝田郡人。美作国勝田郡の皆木〔皆吉〕、皆川、梶並、前原、富坂、右手、小坂、戸国、豊田、野々上、小守、菅、菅納、松岡、弓削や江見なども、有本同族といい、英田郡の粟井、久米郡の羽賀（垪和）、久賀、勝田郡の中西、真島郡の鹿田、また津室、御戸、堀なども、各々菅原姓という（系譜には異伝が多く疑問のむきもあり、中山神社祠官家などと同様に別の美作古族の出か。ただ狭い地域で美作菅家党一族との通婚を繰り返して、判別がしにくい）。安芸国賀茂郡の財満〔在間〕、兼常一族も菅原姓といい美作菅家から出たという。

・柳生―武家華族で大和国小柳生荘より起る、菅原姓は仮冒で実際には和邇氏族櫟井臣の族裔の可能性もある。奈良、中坊、巽、木寺―大和人で柳生同族も、藤原南家流と称。添下郡の藤姓小泉も中坊一族か。

・久松―尾張国知多郡人で武家華族、京の高辻家庶流と称すが、実際の出自は和邇氏族の知多臣後裔か。苅谷、小川―知多郡の久松一族。

・美濃部―近江国甲賀郡人。堤、竹島（武島）、口分田、萩原、倉垣、青山、黒川、余語、沢、前田、比佐、神松、馬渡、富河、堀、川瀬、米田―近江国甲賀郡の美濃部一族。佐々―江北の余語一族から出て、尾張に住。これら近江の一族は梅鉢紋を用いたものの、実際の出自は菅原姓とは別か。美濃部一族と余語一族が同族であったかも、確認できない。

・菅―淡路人。野村、田辺―近江人。萩原、前田、西条、清岡―越前人。若崎―周防人。浅井、加納―近江人。清水―美濃人)。

秋篠宿祢、秋篠朝臣(録・右京。秋篠―大和国添下郡人。一族に尾崎、南。同山辺郡の内山氏は秋篠姓と伝える)、御井朝臣、土師沙婆連、土師宿祢(同上族で称菅原朝臣姓。松崎―周防国松崎神司。武光、重枝―同上族。津戸、下山、清水、伏見―武蔵国人。広田、忍―武州埼玉郡人。黒須―同州入間郡黒須庄より起る。杉山、茶畑―黒須一族)、佐波宿祢(佐波部宿祢)、恵我連、恵我宿祢、恵我(録・山城未定雑姓。おそらく連又は宿祢の姓が脱漏)、凡河内忌寸(録・摂津)、贄土師連(録・大和)、石津連(録・和泉。石津、陸野《くがの》―泉州大鳥郡石津神社神主)、民直(録・和泉)、日置首。

出雲・因幡方面に、高草臣(因幡国高草郡式内社の天穂日命神社・天日名鳥神社等の祠官宇田川は族裔か。同郡式内社の大野見宿祢神社祠官の称藤原姓の霧林〔喜里林〕も同様か)、秋鹿臣。

大枝朝臣(録・右京)、大江朝臣(北小路―三家あり、中世は近衛家諸大夫を世襲し、後に堂上二家となり、ともに京華族。諸大夫家も残る。矢嶋、徳岡―京官人、内蔵寮兼造酒司。広瀬―京官人で内舎人。垣内―内蔵寮官人。土田―大炊御門家諸大夫。山中―下北面、近衛府の官人。宮城―陸奥人。花井―相模国花井住。樟葉―河内国樟葉住人。梅津―山城国葛野郡梅津住人。由利―但馬人。大島―肥前国大島住人。万代〔毛須〕、奥―和泉国大鳥郡人。治田―伊勢国員弁郡人か。

毛利―相模国愛甲郡毛利庄より起り、越後国刈羽郡に遷住し、さらに分れて安芸国高田郡吉田荘に遷したのが武家華族。北条、南条、安田、佐橋、神田、石曽祢〔石曽根〕―越後国刈羽郡佐橋荘人。桂―相州津久井郡桂邑より起り、安芸国吉田庄桂村に移遷、坂一族から継承あり毛利重臣。坂、有富、麻原、門田《モンデン》、中馬、長屋、平佐、志道、口羽、信常〔延常〕、光永、兼重、相合、敷名、北、小山、世良、見付、吉岡、奈古屋―安芸国高田郡等の毛利支族。厚母―長門国豊西郡人。長井〔永井〕―甲斐国八代郡永井荘より起る、出羽国置賜郡に住。福原―安芸国高田郡福原邑より起る、その一族に三田、秋広、宮庄。上山―備後国世羅郡人。田総―備後国甲奴郡田総郷住。

上山―出羽国村山郡人。寒河江、左沢《アテラサハ》、萩袋、溝延、上田、小沢、貫見、古川〔古河〕、西目、高屋、大舩、高嶽、白岩、松根、君田、高松、平井、丸沢、柴橋、小泉、石河〔石川〕―出羽国村山郡人。法泉寺―羽前国村山郡法泉寺邑より起る。郷―美濃国方縣郡人、郷男爵家を出す。田中、松本、岡田―美濃の郷一族。岩田―出羽人、尾張に分る。那波、荒井―上野国那波郡人。力丸―上州勢多郡人。城戸―遠江人。海東、山口―尾張国海東郡人。芦沢―信濃・甲斐人、これは系に疑問ありか。竹尾―駿河国花沢に起り、三河国額田郡に遷住と伝え、称藤原姓・源姓、加茂郡人の鴨県主姓竹生と同族か。

・なお、次のものは大江朝臣姓としては疑問か。黒田、百地、滝野―伊賀国名張郡人。酒井〔坂井〕―三河国幡豆郡坂井郷住人、譜代大名家で武家華族。成瀬―坂井の同族、武家華族。杉―周防国玖珂郡人。羽積、郷原―石見国邇摩郡人〉。

(3)**東国系統**……出雲建子命〈伊勢津彦。諏訪神建御名方命と同神とみる見方もあるが、別神〉の後裔と称するが、実態は天目一箇命の後裔で、中央の物部氏族とも近い一族である。

この系統の祖・神狭命は神武東遷に抵抗したものの、敗れて諏訪神族らとともに東国へ遷住し、当地で繁衍して諸国造を多く分岐させた。この族裔は奥羽にも広く繁衍し、奥羽各地の丈部として見える。東国系統からは平安中期以降、武士団として成長するものがあり、武蔵の西党、私市党などが出た。武蔵国騎西の野与党も、系譜に不明点があるも武蔵国造一族の出とみられる。村山党も武蔵宿祢氏の跡を秩父氏一族（桓武平氏良文流と称するが、実際には知々夫国造後裔の可能性が高い）の者が襲っている。横山党・猪俣党も武蔵国造族の大伴直の後が小野朝臣姓を称した可能性が大きいが、ここでは省略する。

无邪志直、无邪志直膳大伴部、膳大部直（大部直、大伴直）、武蔵宿祢（武蔵、鳩谷、野与、宮城―武蔵人。本田―武州人で支族が大隅に遷、称平姓。針原―薩摩国出水郡の本田一族）。藤原姓と称した足立郡の足立氏や、鎌倉幕府重臣安達氏の一族も国造の族裔とみられるが、姓氏不明。足立一族では、武蔵に淵江、伴野（友野）、平柳、安須吉、河田谷、貴志、外島。丹波国氷上郡佐治庄に遷住して繁衍し、足立のほか佐治、久保田、小和田、水越、稲土、市原、阪本（坂本）、堀、小倉、徳畑、平野、杉名、田口、小佐治、松村、遠谷、大内などの諸氏を出した。安達一族には、大曽祢、大室、関戸、小野田など。

笠原直（笠原―武蔵国埼玉郡に起る、賀美郡長幡部（姫大神）神主の笠原も同族か。橘樹郡の源又は藤姓の笠原・富川も同族か）、物部直（岩井―武州氷川社神主家。東角井、西角井―武州氷川社祢宜家。守戸―相州鎌倉郡杜戸社神家。長岡―武蔵国稲毛人。護上―武蔵人。松村―下総人。飯田―相模人）、入間宿祢（録・左京。入間、仲、小山、古尾谷、向山―武蔵国入間郡人、称平姓）、伴直（降矢、鎌田―甲斐人。林、武蔵鐙―武蔵人）、檜前舎人直（舎人―武州足立郡人。西沢―武蔵人。石渡、檜隈―相模人。檜熊、浅井―武州浅草三社権現祠官）、刑部直（越坂部―武州人。栗山―下総人）、矢田部直、鳥取部直、丈部直。

●野与党は、武蔵武芝の孫・武蔵四郎胤宗（平忠頼の猶子）の孫に野与六郎基永が出て党祖となった。同党諸氏の分布は、埼玉郡の元荒川の流域、中世に騎西（埼西）郡と呼ばれた地域に集中する。その苗字の地の多くには、久伊豆神社（本社は現騎西町の玉敷神社。祭神は大己貴命とするのが多いが、三島明神、事代主神とするものもあり、少彦名神かその祖神とするのが妥当か）が鎮座する。野与党の発展の過程で、武蔵国造同族の笠原直氏の流れと融合したことは、可能性としてありえよう。野与党の諸氏には、

野与、多名、鬼窪、萱間〔栢間〕、金平、道智、柴崎、道後、笠原、渋江、須加〔須賀〕、利生、高柳、箕勾、柏崎、戸田、神倉、古志賀谷、大相模、須久毛、横根、八条、金重、野崎〔一に野嶋〕、大蔵、西脇、南鬼窪、小笠、白岡、黒浜、大村―武蔵国埼玉郡人。多賀谷―埼玉郡に起り、常陸国下妻で発展。

檜前舎人直、上総宿祢（上総国海上郡の海保は族裔か、称安房里見氏族）、伴登美宿祢（富―下総舟橋神主）、海上直（村田―摂津国八部郡生田神社神主、初海上氏）、他田日奉直、日奉宿祢（橘川、海上―下総国海上郡人。武蔵国多摩郡西部で繁衍した西党も出た。中関白藤原道隆の後とも称するが、仮冒。西党の諸氏では、西〔多西〕、藤橋、大沢、日野、大石、細山、由木〔柚木〕、川口、田口、長沼、伊乃〔イ、伊方かという〕、上田、雨馬〔雨間〕、二宮、稲毛、平山、平井、由井、駄所、田村、土渕、立河〔立川〕、平目、中野、須恩寺、狛江〔駒江〕、高橋、得恒、小膝、若林、高幡など。小川〔小河〕―西党で、薩摩国甑島に分る。師岡―西党、又常陸に住。小宮―西党から出て伊予国越智郡弓削島に住）、丈部直、軽部直、孔王部直（高根、野木―下総人）。阿波に日奉姓があり、名東郡の田村・佐古や板西郡の津田が称したが（『故城記』）、あるいは西党の庶流か。なお、下総に日奉舎人部が見えるので、これを管掌する日奉舎人（直）もあったか。

大私部直（のち私宿祢を賜姓か。熊谷―武州大里郡人で私市党、安芸・近江・三河・陸奥本吉郡等に分る。高力、梁田、八橋―三河国額田・八名郡の熊谷一族。入野―遠江の熊谷一族。三須、水落、友近、桐原―安芸国安芸郡三入荘の熊谷一族。根岸―武州比企郡人。久下―武州大里郡人で、丹波国多紀郡に遷住。宮田、岩内―丹波の久下一族。河原、太田、小沢、市田、草原、楊井、須賀、成木、肥塚、私市、春藤―武蔵国私市党で大里・埼玉郡に住。三山―下総人。なお、埼西郡の成田、別府、奈良の一族も私市党とみる説もあるが、別系統か〔知々夫国造の関連か？〕）、大伴直、伴富宿祢（富―下総国葛飾郡の船橋大神宮〔意富比神社〕神主家。いま千葉を号す）、飛鳥部吉士、壬生吉士、三宅吉士、来熊田造（熊田、岡井、茂原―上総人。上総国市原郡の菊間神社神主の根本は族裔か）。

漆部直（染屋―相模人）、相模宿祢（長原―河内国渋川郡人）、壬生直（相模の三浦、鎌倉、大庭、長尾の一族もこの族裔か）、丹比部、大田部直、伊甚直（江沢、中原、椎木―上総国夷隅郡人。埴生郡の一宮玉前神社祠官の田中、風袋、宮本、小塚、飯塚は族裔か）、春部直、伴直（保津、牧田―安房人）、新治直（黒須―常陸人）。

山直（録・和泉）、山宿祢。

●相模国三浦郡の三浦党は、桓武平氏と称したが、系譜に混乱多く、相武国造族の末流とみるのが妥当。三浦一族の苗字は相模・安房・武蔵に多く分布するが、主なものでは、

三浦―相模国三浦郡に起る、安房や陸奥美作周防三河越後等に分る。三河国碧海郡の三浦は武家華族。佐原、林、山口、三戸、横須賀、宮田、走水、鮎川、杉本、和田、金窪、高井、長、大井、由井、

津久井、二宮、芦名、武、大多和、中尾、糸久、土橋、多々良、山内、舞岡、長井、宮田、出口、沼間、佐野、平佐子、八坂など—相模国三浦・鎌倉郡などに住。岡崎、佐奈田〔真田〕、土屋、石田、平塚—相州大住郡人。市川—下総人。水原、石塚—伊豆国岡崎に住。大河戸〔大川戸〕—武蔵国葛飾郡人。吉江—越後国蒲原郡人。上寺—越後国古志郡人。讃井、宇佐川—越後国蒲原郡奥山荘人。高田—美作人。なお、三浦本宗滅亡時に安房に逃れたという正木（子孫は紀伊徳川家の重臣で、江戸前期に三浦を称して明治に華族）は、安房忌部末流とみられ、三浦後裔とするのは疑問大。

陸奥国岩代の会津地方に分れた三浦一族には、中世の大族芦名を始めとして、会津、猪苗代、小田切、北田、原、岩橋、藤倉、金上、加納、新宮、蜷川、針生、川北、小荒井、平田、大槻、小檜山など。金上は芦名重臣で、会津地方の河沼郡に起り越後国蒲原郡にも居て、一族は多く、佐原、飯島、和田、薄、細越、谷沢、野村、玉井、佐藤、宮川、三浦、荒川、笠目、面川、上条、津川。

周防国吉敷郡の三浦一族には、平子〔太楽〕、仁保〔のち三浦〕、深野、恒富、吉田、下蒲生など。平子は越後にもあり。佐久間—安房国平群郡に住、尾張三河に分る。その族に尾張の寺内・奥山、三河の桜井。朝夷名、水原〔三原〕—安房国朝夷郡人。このほか、安房に住んだ三浦和田一族多し（『里見家由緒記録』に拠ると、龍崎、大多和、三浦、和田、佐久間、石井、正木、網代、小倉、堀江の諸氏）。越後国蒲原郡奥山荘の三浦和田氏の一族には、中条、羽黒、小山、金山、西、築地、御宝殿、清水、赤河、上、北条、黒川、草水、南条、関沢、高野、関など。秋庭〔秋葉〕—相模国高座郡に起り、備中に分る。深堀—肥前国彼杵郡人。肥前の深堀一族には高浜、野母、高木。宮沢—信濃住。

●相模国の鎌倉・高座郡の鎌倉党も、三浦氏と共通して鎌倉諸氏の居住地に御霊社が勧請されており、長江・長尾は三浦被官となるなどの事情から、三浦同族とみられる。この一族は当初、鎌倉を

名乗ったが後に分れて、主な苗字には、

大庭—相模国高座郡人、武蔵三河に分る。懐島、深沢、俣野—相模国鎌倉郡人。大場、稲吉、米山—三河国額田郡人。青砥〔青戸〕—上総人。豊田—相模国大住郡人。梶原—鎌倉郡人で播磨や尾張国丹羽郡に分る。平手、稲田、木村、大崎—尾張の梶原一族。石原—相模国淘綾郡人。荻野—相模人。上坂—近江国坂田郡人。酒匂—薩摩住。なお、越後国魚沼郡の登坂は梶原一族と称するも、疑問留保。

長尾—相模に起り上野越後に分る、上杉家宰として上野の白井を本宗に、惣社、足利、鎌倉、高津などの諸家。深井—武蔵住の長尾一族。越後の長尾一族では、三条、府内、上田、古志〔栖吉〕、下田、蔵王堂などの諸家あり。支流に頸城郡の三本寺〔山本寺〕、刈羽郡の刈羽や、浅井。長江〔長柄、永江〕—相模国三浦郡人、美濃陸前に分る。岩手、長屋—美濃国不破郡の長江庶流、美濃国守護代富島も長江・長屋の一族か。深谷、矢本〔谷本〕、三分一所《サンブイチショ》—陸奥国桃生郡の長江一族。香川〔香河〕—相模国高座郡人、安芸備後讃岐等に分る。八木—安芸国佐伯郡人。三沢—備後人。尾張に分れて、伊木。そのほか、鎌倉郡などに山内、古屋、小坂、柳本、金井、板倉、甲斐に小佐野、陸奥国安積郡に只野。

●山陰の伯岐国造は、東国の牟邪志国造と同族とするが、祖先が武蔵から直接分れたとする「国造本紀」の記述は、地理的にみて疑問。実系は少彦名神後裔で、安芸国造の支流か。

(4)対馬系統……神武朝に津島県造となったと伝える建弥己呂命の後裔である。この一族はのち系譜を中臣連等と混同させたようで、難解なものとなっている（紀伊氏族にも関連）。
上県直、下県直、津島直、夜良直、直宿祢、阿比留宿祢（阿比留―対馬国下県郡鶏知住。西山―対馬人）、津島部。

三上氏族概説―天津彦根命後裔

○天照大神の子と記紀に記される天津彦根命の後裔を「三上氏族」として一括する。天津彦根命の子、天御影命（天御蔭命。またの名を天津麻羅命、天目一箇命）とその子孫が、北九州（故地は筑前国夜須郡か）から出雲・播磨などを経て近江国に遷った。後裔は同国野洲郡の三上山麓三上郷を中心に居住し、御上神社（名神大社、旧官幣中社で、滋賀郡野洲郡野洲町三上に鎮座）を奉斎した。宗族は三上祝（御上祝、後に直姓を賜るが、御上君として君姓をもつ時期もあった）であり、「三上氏族」と呼ぶこととする。太田亮博士はこの氏族を凡河内氏族と呼ぶが、凡河内国造家は畿内に住するものの一支族にすぎず、総称としては適切ではない。鍛冶部族という意味で、「額田部氏族」（田中巽博士の表現）と呼んでもよかろう。
○この氏族は、当初、出雲に到来した伝承をもち、これは『出雲国風土記』に見える。飯石郡波多郷条には、波多都美命（天津彦根命か天御影命かの別名）が天降りした処ゆえに波多というとする記事があり、意宇郡屋代郷条では、天乃夫比命（天穂日命）の御伴として天降りした天津日子命が浄めて留まりたいと考えた社（ヤシロ）だという地名伝承を記し、社（屋代）の伊支（稲置と同義）の祖と伝える。近江に移る前に、出雲にも子孫を残した。
○三上氏族には、近江の本拠地に留まった系統、分れて山城・河内など畿内に定住した系統のほか、さらに東国の常陸・上総方面で国造家として栄えた系統があり、特に東国系統は日本武尊の東征に随従した建許呂命（建凝命）の子弟の後裔に位置づけられる。

諸国の国造では、山背国造（山城）、凡河内国造（新国造として摂津国造を分岐する）のほか、東国の茨城国造（常陸国茨城郡）、筑波国造（常陸国筑波郡）、師長国造（相模国餘綾郡磯長郷）、須恵国造（上総国周淮郡）、馬久田国造（上総国望陁郡）、さらに山陽道の穴門国造（長門国）、周防国造など多数にのぼる。彦坐王後裔と称する淡海之安国造も実際にはこの一族と考えられ、甲斐国造は三上氏族説もあるが彦坐王後裔が妥当か。

ただ、陸奥の石背国造（陸奥国磐瀬郡）、菊多国造（陸奥国菊多郡）、道口岐閉国造（常陸北部説のほか、備後国深津郡岐閉説など諸説ある）の三国造はおそらく系譜混淆であり、本来は、別系とされる石城国造（多氏族や阿倍氏族と称も疑問）と同族ないしは同じもので（実際には、道口岐閉国造、菊多国造とともに石城国造の別名か）、陸奥に繁衍した丈部の流れか。周防国造についても疑問があり、おそらく阿岐国造の支流であろう。

○後裔では、地方の祠官家や近江の蒲生一族や三上氏、甲斐の三枝一族などが中世武家で残る。京官人では国（邦）宿祢が平安中期頃まで見えるが、朝臣賜姓の氏は見えない。

○三上氏族及びそれから発生した主な苗字をあげると次の通り。

(1)**近江伊勢系統**……御上君、三上直（鈴木眞年は蒲生直とする。三上—近江国野洲郡三上社祝、のち清和源氏義綱流とも称するが、系譜仮冒。大谷、平子、平野、平川、宮城、苗村、竹田—三上社家、なかに藤原秀郷流と称するものもあり、これも仮冒。古高、立入〔称藤原姓〕、小島、中内、桜辺〔桜庭〕、久乃部、木部、神山、阿部子、松本、山崎、高野、竹城、桟敷、佐久良、手原、愛智、山口―近江国野洲郡に住。竹上―但馬人）、菅田首（録・山城。菅田―和泉人）、篠原首（篠原、山本―近江国野洲郡人、称清和源氏賀茂次郎義綱後裔）、小竹原《シノハラ》部、馬道首、三上部。野洲郡の酒上首も同族か。安直、安宿祢（蒲生家臣の安井氏は族裔か）、近江国甲賀郡郡領で見える川直、愛智郡領の服直（服部直）は安直一族か。川造、川宿祢もその同族か。浅井郡の古族浅井（姓氏は不明も、浅井直か）も安直一族か関係氏族か。

蒲生稲寸（蒲生稲置。蒲生―江州蒲生郡に起り秀郷流藤原氏と称するも、蒲生稲寸の嫡流。桐原、船木―近江国人。片岡、瓜生津、小堀、音羽、森沢、和田、勢多、師子、日野、田上、井上、佐久良、小谷、狗月〔駒月〕、布施、室木、儀俄、猪野〔井野〕、必佐、野口、池、寺倉、佐治、青山、三木、松田、石塔寺―蒲生同族、称藤原姓。なお、青山は後に三河に遷り武家華族というが、豊原姓という別説もある。沼―上野国利根郡沼田に生じ、のち江州蒲生郡に遷住。駒井―沼同族で江州人。椎塚―常陸国河内郡に起る。なお、大隅国姶良郡の蒲生氏一族は、近江の蒲生一族と同族と称するも疑問が大きく、大隅の隼人族日下部宿祢一族の出自か）。

犬上県主（録・大和未定雑姓。近江国犬上郡の多賀神社大神主犬上氏、同日向神主大岡氏は族裔か）、川上舎人。近江の川背舎人、川瀬舎人造、川瀬舎人連も同族であり、犬上神社大神主家の川瀬氏は族裔かあるいは称中原真人姓か。近江佐々木一族と称する犬上郡の河瀬〔川瀬〕、神崎郡・出雲の川副〔河副、川添〕も同族か。近江国犬上郡の蜊江連は、河内の津夫江連と同じか。

忌鍛冶部（忌鉄師部。忌鉄師―伊勢人）、伊勢ノ忌部、筑紫ノ忌部、白根造（横山―備前人。備後国神石郡にも分かれ、宮氏家臣にあり。備前の長船鍛冶・吉井鍛冶も同族か）。

桑名君、桑名首（録・右京。桑名―近江人。桑名郡多度神社祠官の小串氏は族裔か、その一族に小山。員弁郡の多度も族裔か）、桑名宿祢。桑名氏は具体的な系譜が知られず、祖とされる天津彦根命の男、天久志比刀命とは、天目一箇命と同神とされようが、その弟の天日鷲翔矢命の血も混じるか。平安末期に桑名郡を本拠として桑名・安濃・鷲尾を名乗る伊勢平氏の一流は、実際には桑名首氏の流れで、伊勢平氏を系譜仮冒か。支族が三河国の八名郡多米郷に遷住して、多米を号した。子孫は北条早雲に随い関東に行き北条氏重臣。

(2)**畿内系統**……凡河内直、凡河内連、凡河内忌寸（録・摂津、河内）、凡河内宿祢（広峯―播磨国飾磨郡の広峰神社祠官。小河、恒川〔恒河〕―広峯同族で、恒川は播磨尾張にあり。長野―尾張人。御巫―摂津座摩社祠官）、国造（録・摂津）、国宿祢（邦宿祢）、都下国造（渡辺―摂津の座摩社司）、大県主（録・河内）、大県連、大県宿祢。摂津国河辺郡の津直も同族か。

山代直（山背直。録・摂津。鷹羽、中村、越水―摂津国武庫郡の広田社祠官。録・未定雑姓山城の山代直も同族か。山代凡直とも、単に凡直ともいったか）、山背連、山代忌寸（山背忌寸。録・山城）、山代宿祢（松井、大崎―城州八幡人。大道寺、田原―山城国宇治郡小栗栖人で一伝に息長姓。大道寺は北条早雲に随行して関東下向、武蔵川越城主）。

津夫江連（津保江連。録・河内）、都布江（蜊江）、桜井田部連、桜井田部宿祢、川枯首（録・和泉。故地は江州甲賀郡で、式内川枯神社を奉斎。保井、中島―同社の氏人頭。治武、秀熊、佐治、味岡、西沢、宮本―同社宮座）、大庭造（録・和泉。物部神従者後裔）。

(3)**東国系統**……筑波国造の一族たる建許呂命は、日本武尊東征の際に随従して功績が大きく、子弟の後裔は茨城国造を中心に東国で繁栄した。額田部連などの諸氏が畿内にも進出したので、この関係の畿内氏族もこの項に掲げる。

額田部連（額田連）、額田部河田連（額田部川田連。録・大和）、額田部湯坐連（録・左京、河内。額田―大和、近江にあり）、額田部（録・左京）、額田部槻本首。『姓氏録』に明日名門命の後裔と伝える額田部連、額田部宿祢（録・右京、山城、摂津）、額田部（録・摂津）、額田部湯玉（録・右京）も同族。明日名門命とは、天津彦根命のことである。

倭田中直（田中―大和国添下郡田中邑人。河内国茨田郡枚方邑の禁裏鋳物師で称藤原姓の田中氏も同族か。紀伊国那賀郡の田中氏は田中宿祢姓というが、族裔か）、葦田首（録・大和未定雑姓）、薦集造（録・大和未定雑姓）、薦集連、茨木造（録・和泉未定雑姓）、高市県主（録・和泉）、高市連（録・右京。高市―下総人）、奄智造（録・左京、大和）、奄智連。薦集部首も、高市水取連も同族か。

三枝部造（福草部造）、三枝部連（録。左京、大和）、三枝宿祢（三枝―甲州人、在旗本。野呂〔能呂〕―甲斐国山梨郡野呂郷より起る、出羽に分る。輿石―同郡輿石より起り、肥後に分る。古屋、石禾、立河、隠曽〔於曽〕、林部〔林戸〕、鎌田、浦野、川北、神戸、葉山、宮田、八代、上戸、石原、一宮、金子、石坂、山下、窪田、辻、萩原、内田、沓間〔久津間〕、栢尾、菱山、柏倉―以上は甲州住の同族。水尾―武州秩父郡人。これら三枝諸氏は甲斐国造族とするのが実態かもしれない）。

丈部、丈部造、宗我部（猿渡―相州足柄郡に起り武蔵では府中六所宮神主、一族は薩摩に分れる。村山―猿渡の後で、幕臣にあり。曽我―相模国足柄郡人で陸奥津軽に分る、称桓武平氏。鎌倉幕府の執権北条氏も、桓武平氏と称も、実際には曽我同族か〔後述〕）。

壬生連、壬生宿祢（筑波―常陸国人）、三村部（三村―常陸国筑波郡人、信濃国筑摩郡洗馬郷住、支族は備中に遷住して、ともに中世の大族。一族には信濃国筑摩郡の古曽部、岩垂、金次、後庁や、備中国小田・川上郡の上田、平林、山田、鵜野）、末使主（録・和泉）、額田部、湯坐部、膳大伴部、建部、若舎人部（若舎人―常陸国行方郡人、称平姓）。

●相模の師長国造（姓氏は丈部造か）の後裔は端的には見えないが、平忠常の子・山辺禅師頼尊の後裔と称する中村一族がそうであろう。この一族には、

中村、堺〔境〕―相模人。風祭―相州足柄郡人。土肥―相模国足柄郡に起り、越中近江に分る。有沢―越中の土肥一族、水橋・堀江にもあり。酒井、高田―近江の土肥一族。福王寺《フクワウジ》、寺田、永田、堂領―土肥一族で、日向国諸県郡三俣院に住。新開〔新階〕―武蔵国榛沢郡人、阿波に分る。牛岐―阿波国那賀郡人。小早川―相模国足柄郡に起り、安芸で沼田郡を中心に繁衍した（三河守源範頼の庶子が土肥養子に入るともいう）。安芸の小早川一族には舟木、秋光、竹原、赤川、猪熊、小泉、小坂、浦、乃美、生口、末広〔末弘〕、土倉、東、篠原、近宗、徳光、弐分、真良《シンラ》、梨羽〔梨子羽〕、椋梨、大草、上山、小田、国元、中山、和木、吉河、岳、金迫、田中、西など多い。飯泉―相模国足柄郡に起り、阿波に分る。小梨―安芸国賀茂郡人。このほか小早川の一族には、小松、熊倉、阿多古、北方。裳掛、高山―備前国邑久郡人。

土屋―相州足柄郡人、甲斐に分る。大葦、箇川―土屋一族で、出雲国島根郡人。二宮―相模国淘綾郡人。渋見、河勾、蒲野、平田―相模の二宮一族。山陰山名の重臣で但馬の垣屋〔柿屋〕氏は平姓で、土屋の同族。古田、桜谷も一族か。坪倉、藤倉―丹後国竹野郡人。

●師長国造同族とみられる宗我部の族裔としては、伊豆国田方郡に起り、桓武平氏直方流と称した北条・南条一族が推せられる。北条氏の系譜は、阿多見禅師聖範より以前は不明（直方の子と称するも、疑問大。天養元年に源義朝の配下として大庭御厨に侵入した和田太郎平助弘の族裔か）。北条氏は鎌倉幕府の執権として一族多く、義時以降の家では、得宗家のほか、江馬、名越、田伏、赤橋、極楽寺、塩田、普恩寺、金沢、甘縄、規矩、伊具、佐介、大佛、常葉、小町、苅田、阿曾、桜田、糸田などの諸家。上田、上村―越中人で、名越庶流。

時政の父・伊豆介時家（時兼。原木とも号）の兄弟までに分岐した苗字では、田方郡熱海の和田〔輪田〕、伊豆国田方郡に起った平姓で北条氏被官の南条（駿河国富士郡住）、曽我（陸奥国津軽等に住）、大見などの諸氏。陸奥の曽我一族には、大光寺、芝山、西畠、岩楯。大見はもと宇佐美といい、越後国蒲原郡白河庄に遷住して水原《スイバラ》、山浦、安田を出す。下條―越後国蒲原郡人。同国頸城郡の柿崎、沼垂郡の杉原は大見一族の後か。伊豆国田方郡長崎に起る得宗家の内管領長崎氏や、田方郡の平姓の堀・沢なども同族か。

北条氏被官の肥後氏も同族の出とみられるが、大隅に定着して横川、早崎、岩河、財部、黒河などを出し、室町期以降の同国種子島島主の種子島氏もあり、島津重臣で武家華族、その一族に西村、河東、下村、美座、国上、北条などの諸氏。

田方郡久須美荘を本拠とした久須美〔葛見、楠美〕、伊東、河津、宇佐美も本来、同族か縁由の深い一族（後者の場合は、伊豆国造族末流か）。日向に遷した伊東本宗は、工藤狩野一族から養嗣を迎えた関係で、藤原南家為憲流の系譜をもつが、久須美入道寂心（祐隆）の位置づけには疑問あり、武家華族伊東の祖工藤祐経は平姓を称した事情もある。

●同じ遠祖をもっても、実際には陸奥の石城国造・丈部の同族の流れとみられるものを一応ここに掲げておくが、阿倍氏族及び玉祖氏族にも関係するか。

磐瀬朝臣（磐瀬〔岩瀬〕―陸奥国住、後に今川氏に仕えて三河国宝飯郡に遷、称藤原姓二階堂一族）、吉弥侯部（吉美侯部）、湯坐菊多臣（菊田―陸奥人）、湯坐亘理連（出羽国飽海郡遊佐郷に起る遊佐氏は族裔か。遊佐は足利一族畠山氏の家臣として、河内越中紀伊及び陸奥国安達郡などに住）、宗何部。椋椅湯坐も同族か。

(4)**長門系統**……穴門国造とその一族。

穴門直、長門凡直、神田直、賀田直、賀田宿祢（荷田宿祢。山田、賀田、荷田、中島―長門国豊浦郡住吉荒魂神社大宮司家と一族。中村―長門人、同社権大宮司家。安富、安成、林―同社祠官。阿武―長門国阿武郡人。荷田は分かれて山城の稲荷大社祠官）、額田部直。

豊浦郡を三つに分けたうちの豊田郡の郡領豊田氏は、藤原姓を称するが、賀田宿祢姓とみてよいのではないか。その一族には豊田、菅田、八道、引地、稲光、宇奈井、新木、高山、光富、田耕、麻生、稲田などがおり、伊予国二神島に遷じた二神氏も出た。

(5)**出雲系統**……社印支。出雲郡漆治郷の漆治印支（漆治稲置）、大原郡斐伊郷の樋印支も同族か。樋印支の祖とみられる樋速日子命は、天目一箇命かその近親神か、『姓氏録』に服部連の祖神とされる熯速日命に通じる。このほか、出雲には同族らしき諸氏が残る。

【著者】

宝賀　寿男（ほうが・としお）

昭和 21 年（1946）生まれ。東大法卒。大蔵省を経て、弁護士。古代史、古代氏族の研究に取り組み、日本家系図学会会長、家系研究協議会会長などを務める。

著書に『古代氏族系譜集成』（古代氏族研究会）、『巨大古墳と古代王統譜』（青垣出版）、『「神武東征」の原像』（青垣出版）、『神功皇后と天日矛の伝承』（法令出版）、『越と出雲の夜明け』（法令出版）、『豊臣秀吉の系図学』（桃山堂）など、著作・論考が多数。

「古代氏族の研究」シリーズは、①『和珥氏―中国江南から来た海神族の流れ』、②『葛城氏―武内宿祢後裔の宗族』、③『阿倍氏―四道将軍の後裔たち』、④『大伴氏―列島原住民の流れを汲む名流武門』、⑤『中臣氏―卜占を担った古代占部の後裔』、⑥『息長氏―大王を輩出した鍛冶氏族』、⑦『三輪氏―大物主神の祭祀者』、⑧『物部氏―剣神奉斎の軍事大族』、⑨『吉備氏―桃太郎伝承をもつ地方大族』、⑩『紀氏・平群氏―韓地・征夷で活躍の大族』、⑪『秦氏・漢氏―渡来系の二大雄族』、⑫『尾張氏―后妃輩出の伝承をもつ東海の雄族』、⑬『天皇氏族―天孫族の来た道』、⑭『蘇我氏―権勢を誇った謎多き古代大族』、⑮『百済氏・高麗氏―韓地から渡来の名族』に次いで 16 作目。

古代氏族の研究⑯

出雲氏・土師氏―原出雲王国の盛衰

2020 年 7 月 29 日　初版印刷
2020 年 8 月 8 日　初版発行

著者　宝賀寿男
発行者　靍井忠義

発行所　有限会社　青垣出版
〒636-0246 奈良県磯城郡田原本町千代３８７の６
電話 0744-34-3838　Fax 0744-47-4625
e-mail　wanokuni@nifty.com

発売元　株式会社　星雲社
（共同出版社・流通責任出版社）
〒112-0005 東京都文京区水道１－３－３０
電話 03-3868-3275 Fax 03-3868-6588

印刷所　モリモト印刷株式会社

printed in Japan　ISBN 978-4-434-27825-9

奈良の古代文化①
ISBN978-4-434-15034-0
纒向遺跡と桜井茶臼山古墳
奈良の古代文化研究会編
大型建物跡と２００キロの水銀朱。初期ヤマト王権の謎を秘める２遺跡を徹底解説。
Ａ５変形判１６８ページ　本体１，２００円

奈良の古代文化②
ISBN978-4-434-16686-0
斉明女帝と狂心渠《たぶれごころのみぞ》
靏井 忠義著
奈良の古代文化研究会編
「狂乱の斉明朝」は「建設の時代」だった。百済大寺、亀形石造物、牽牛子塚古墳の謎にも迫る。
Ａ５判変形１７８ページ　本体１，２００円

奈良の古代文化③
ISBN987-4-434-17228-1
論考 邪馬台国＆ヤマト王権
奈良の古代文化研究会編
「箸墓は鏡と剣」など、日本国家の起源にまつわる５編を収載。
Ａ５判変形１８４ページ　本体１，２００円

奈良の古代文化④
ISBN978-4-434-20227-8
天文で解ける箸墓古墳の謎
豆板 敏男著
奈良の古代文化研究会編
箸墓古墳の位置、向き、大きさ、形、そして被葬者。すべての謎を解く鍵は星空にあった。
Ａ５判変形２１５ページ　本体１，３００円

奈良の古代文化⑤
ISBN978-4-434-20620-7
記紀万葉歌の大和川
松本 武夫著
奈良の古代文化研究会編
母なる川—大和川（泊瀬川、曽我川、佐保川、富雄川、布留川、倉橋川、飛鳥川、臣勢川…）の歌謡（うた）。
Ａ５判変形１７８ページ　本体１，２００円

邪馬台国時代のクニグニ　南九州
ISBN978-4-434-19063-6
石野博信・中園　聡・北郷泰道
村上恭通・森岡秀人・柳沢一男著
香芝市二上山博物館友の会
「ふたかみ史遊会」編
隼人や熊襲の本拠地で、「神武のふるさと」でもある南九州の３世紀の考古学。
四六判２７４ページ　本体１，７５０円

大集結　邪馬台国時代のクニグニ
ISBN987-4-434-20365-7
石野博信・高橋浩二・赤塚次郎・高野陽子・武末純一
寺澤薫・村上恭通松本武彦・仁藤敦史著
香芝市二上山博物館友の会
「ふたかみ史遊会」編
考古学の第一級研究者が最新の研究成果を発表。倭国の２・３世紀のクニグニの状況を明らかにする。
四六判３４０ページ　本体２，０００円

邪馬台国時代の関東
ISBN978-4-434-21224-6
石野博信・赤塚次郎・大村　直・西川修一・比田井克仁・深澤敦仁・森岡秀人著
香芝市二上山博物館友の会
「ふたかみ史遊会」編
近畿派と東海派の競合、在地勢力との軋轢。邪馬台国時代（2・3世紀）の関東の状況を追求する。
四六判２９２ページ　本体１，９００円